大数据背景下基于双边模式的物流市场竞价交易研究

周乐欣 著

科学出版社
北京

内 容 简 介

大数据技术的创新为构建交易平台，打破时空限制，实现市场大范围的非面对面交易提供了基础条件，破解建设统一市场面临的信息传递难题。在此基础上，高效的物流市场建设还需要解决交易中面临的信息不对称问题，而满足说真话约束的交易机制设计是解决这类问题的交易成本比较低的交易方式。本书针对物流市场大量存在的信息不对称交易问题和较大规模的交易需求，对不同类别的市场结构进行基于竞价形式的交易模式创新，主要是对双边多对多交易模式进行研究，并结合交易平台的创新性设计，从而实现物流市场交易效率的提升。

本书适合从事物流市场等相关市场交易、拍卖机制设计的研究学者及相关研究人员交流阅读，也适合从事相关交易组织的第四方物流交易平台，乃至在大数据条件下不同行业实现交易创新的市场组织者阅读，以推动在线群体竞价交易模式成为标价、议价以外的被广泛采用的交易模式，提升市场的资源配置效率。

图书在版编目(CIP)数据

大数据背景下基于双边模式的物流市场竞价交易研究 / 周乐欣著.
—北京：科学出版社，2023.9
ISBN 978-7-03-075674-9

Ⅰ.①大… Ⅱ.①周… Ⅲ.①物流市场-研究-中国 Ⅳ.①F259.22

中国国家版本馆 CIP 数据核字（2023）第 101794 号

责任编辑：刘莉莉 / 责任校对：彭 映
责任印制：罗 科 / 封面设计：墨创文化

科学出版社 出版
北京东黄城根北街16号
邮政编码：100717
http://www.sciencep.com

四川煤田地质制图印务有限责任公司 印刷
科学出版社发行 各地新华书店经销
*
2023 年 9 月第 一 版　开本：B5（720×1000）
2023 年 9 月第一次印刷　印张：11 1/4
字数：225 000
定价：119.00 元
（如有印装质量问题，我社负责调换）

前　　言

物流产业正在迎来深刻的数字化变革，射频技术、分布式网络、物联网、信息平台等为物流信息的读取和汇聚提供了有力的工具，并使物流市场迎来大数据时代。大数据的全数据分析、长尾效应和大批量数据处理等，使得大数据条件下的物流市场具备了交易模式创新的条件。竞价从本质上而言是一个群体(集体)决定资源价格及分配的过程，是构建公开、公平、高效的交易市场的有力手段。传统的交易方式(标价、议价)与竞价交易模式相比，不能在较广范围内以便捷和低成本的方式了解到物流服务的真正市场价值，并形成交易价格。本书的研究目的就是在上述市场环境下，设计合理的竞价交易规则来实现物流服务的有效交易和物流资源的高效配置，通过信息平台的数据处理提升匹配效率，并通过博弈机制设计来突破交易的信息不对称问题，以实现大数据背景下的物流市场交易模式创新。

我国从计划经济向市场经济的变革，使得专业化的第三方物流崛起并持续高速发展，正是这些独立的交易主体的出现、成长和自身特点及互联网数字化技术的发展，使得竞价交易模式在物流领域更为广泛的替代性应用成为可能。在这一市场基础上，本书通过分析物流需求方和供给方的交易关系，指出他们之间存在的信息不对称问题，并在这种信息结构下，设计新的竞价交易模式。本书基于包含市场组织者的第四方物流交易平台，对包括经济区域物流中心专用资产投资与运营、多式联运二级市场、多属性交易、物流多环节采购双边市场、多单位同质双边物流交易市场、公共物流资源招标的竞标合谋规避、网约车市场的双边报价交易、公路货运信息平台交易等方面的竞价交易机制设计进行了研究。

本书主要由周乐欣撰写，参加课题研究和本书撰写工作的还有研究生周清清、李鑫、王丽丹、何康、杨阳阳、刘本强、李艳、张一洲、赵恒、凡杰等。本书在研究中参阅了大量论文和资料，在此谨向相关专家和学者表示感谢。本书研究成果得到国家自然科学基金项目"基于 VCG 机制的区域物流双边多对多在线竞价交易机制模型、算法及仿真研究——以西南区域物流市场为例"(项目编号：71461003)的资助，在此一并表示感谢。

由于作者学术水平有限，书中难免有不足之处，衷心希望读者批评指正。

目　　录

第一章　大数据时代的物流服务交易 ··· 1
1.1　理论基础 ··· 2
1.1.1　大数据交易理论 ··· 2
1.1.2　竞价交易理论 ··· 4
1.2　大数据时代物流服务采购竞价交易模式 ····························· 20
1.2.1　物流交易信息不对称问题 ································· 22
1.2.2　国内外物流竞价交易研究现状 ···························· 24
参考文献 ·· 27

第二章　物流采购大数据竞价平台构建 ·· 33
2.1　物流市场交易主体 ·· 33
2.1.1　第三方物流的产生及特点 ································· 33
2.1.2　各种所有制的物流企业 ···································· 35
2.1.3　政府机构 ·· 36
2.2　资质及指标能力评级系统 ·· 37
2.3　物流大数据信息及在线竞价交易平台 ······························· 38
2.4　基于数据加速的企业治理效能提升 ·································· 43
参考文献 ·· 43

第三章　物流专用资产投资运营竞价机制 ·· 44
3.1　相关理论文献回顾 ·· 45
3.2　区域物流中心专用资产招投标问题说明 ····························· 46
3.3　最佳专用物流储备规模确定 ·· 47
3.3.1　基于趋势曲线图确定 ······································ 48
3.3.2　基于市场机会确定 ··· 48
3.4　专用物流资产二维成本变量招投标 ·································· 49
3.4.1　多阶段多轮序贯招投标 ···································· 49
3.4.2　期望成本最小化招投标 ···································· 54
3.5　二维成本招投标与传统一维成本招投标的差异分析 ··············· 56
3.5.1　传统一维成本招投标 ······································ 56
3.5.2　二维成本招投标与传统一维成本招投标的差异 ········· 58
3.6　新旧招投标的差异及市场风险规避仿真实验分析 ·················· 59

  3.6.1 新旧招投标的差异 ·· 59
  3.6.2 算例仿真 ·· 59
 3.7 结论 ·· 61
 参考文献 ··· 62

第四章 多式联运二级市场 VCG 机制 ··· 63
 4.1 多式联运二级市场的基础概念及交易结构 ······························ 64
  4.1.1 相关基础概念 ·· 64
  4.1.2 二级市场交易平台 ·· 65
 4.2 模型建立 ·· 65
  4.2.1 运输路线成本最小化模型 ··· 65
  4.2.2 分配规则 ·· 67
  4.2.3 支付规则 ·· 68
 4.3 博弈结构与机制性质分析 ··· 69
  4.3.1 博弈结构分析 ·· 69
  4.3.2 机制性质分析 ·· 70
 4.4 控制模型 ·· 71
  4.4.1 分配规则 ·· 71
  4.4.2 支付规则 ·· 72
  4.4.3 机制性质分析 ·· 73
 4.5 算法及算例仿真 ·· 73
  4.5.1 算法 ·· 73
  4.5.2 算例仿真 ·· 74
 4.6 总结 ·· 76
 参考文献 ··· 77

第五章 多属性密封竞价交易 ··· 78
 5.1 问题描述 ·· 79
 5.2 第一评分招投标模型 ··· 80
  5.2.1 分配规则和支付规则 ·· 80
  5.2.2 竞标过程描述 ·· 81
  5.2.3 竞标方最优均衡策略 ·· 81
  5.2.4 招标方的最优均衡策略 ··· 82
 5.3 算例 ·· 83
 5.4 总结 ·· 85
 参考文献 ··· 85

第六章 物流多环节采购双向竞标机制 ··· 86
 6.1 采购平台 ·· 87

6.2 双向竞标模型 ... 88
6.2.1 相关变量 ... 88
6.2.2 价值最大化的分配规则 ... 89
6.2.3 支付规则 ... 91
6.3 机制性质 ... 93
6.4 信息平台交易模式交易效率比较及仿真分析 ... 96
6.4.1 信息平台传统标价交易模式 ... 96
6.4.2 信息平台传统议价交易模式 ... 97
6.4.3 信息平台三种交易模式的社会效益分析 ... 98
6.5 最优组合演化激励中的作用分析 ... 100
6.6 结论 ... 103
参考文献 ... 104

第七章 多单位同质双边竞价交易机制 ... 106
7.1 多单位同质物流采购双边竞价交易机制 ... 106
7.1.1 物流双边竞价交易的框架 ... 107
7.1.2 物流双边竞价交易模型 ... 108
7.2 参与理性约束与激励相容约束分析 ... 112
7.2.1 参与理性约束分析 ... 112
7.2.2 激励相容约束分析 ... 112
7.3 算例仿真 ... 113
7.4 结论 ... 114
参考文献 ... 114

第八章 物流基础资源采购竞价合谋及规避 ... 116
8.1 物流基础资源采购单边竞价模式的合谋问题 ... 118
8.2 第一价格竞价交易下的合谋 ... 118
8.2.1 合谋规则 ... 118
8.2.2 竞标合谋转移支付机制 ... 119
8.2.3 激励相容性分析 ... 119
8.2.4 参与理性分析 ... 120
8.3 估价均匀同分布条件下的合谋分析 ... 121
8.4 算例 ... 122
8.5 结论 ... 124
参考文献 ... 124

第九章 网约车市场双边报价交易机制 ... 126
9.1 网约车双边报价平台构建 ... 127
9.2 双边报价机制模型 ... 128

    9.2.1 赢得交易者确定 128
    9.2.2 价格生成 129
    9.2.3 交易配对及预算平衡分析 130
  9.3 机制性质 131
  9.4 投机报价策略仿真分析 137
    9.4.1 单个投机报价交易者仿真 137
    9.4.2 多个投机报价交易者仿真 139
  9.5 结论 141
  参考文献 141

第十章 公路货运平台竞价交易机制 143
  10.1 研究目的和意义 144
    10.1.1 国内外研究现状 145
    10.1.2 研究内容和技术路线 147
  10.2 公路货运信息平台概述 148
    10.2.1 公路货运信息平台的内涵 148
    10.2.2 公路货运信息平台的运营模式 149
    10.2.3 公路货运信息平台现有交易方式分析 151
  10.3 公路货运信息平台的竞价交易机制分析 152
    10.3.1 主要大数据理论基础 152
    10.3.2 平台 VCG 竞价交易运行机理分析 153
    10.3.3 平台功能需求分析 153
  10.4 公路货运信息平台 VCG 竞价交易机制设计 156
    10.4.1 货运市场信息处理 156
    10.4.2 同质货物间 VCG 竞价机制设计 157
  10.5 以"货车帮"信息平台为例 160
    10.5.1 "货车帮"信息平台现状 160
    10.5.2 "货车帮"信息平台竞价交易构思 162
    10.5.3 竞价交易的价值体现 167
  10.6 结论 167
  参考文献 168

后记 171

第一章　大数据时代的物流服务交易

随着信息技术的不断发展，人类生产生活中呈几何级数增长的数据信息预示着大数据技术将改变世界[1]。尤其是近年来移动终端的普及，人类已经迎来大数据时代。在大数据背景下，物流产业也在转型升级，其正由初级状态向服务专业化、特色化的高级状态不断蜕变。射频技术、分布式网络、物联网、信息平台等为物流信息的读取和汇聚提供了有力工具，物流第一、二方及第三方之间的信息交流和共享将会变得更加便捷。在大数据推动产业融合及万物互联背景下，物流生态系统与产业经济系统之间的互动交流变得越来越频繁，物流创新驱动的产业间价值关联不断呈现新的形式，利用网络技术将竞价交易模式引入物流信息平台变得越来越有可能。大数据是指基于大量设备和经济活动创造出的大量各类数据，针对大数据的研究无疑将是影响各行各业发展的关键方面之一，并将催生众多的商业模式和产业生态的变革。

在物流市场中，服务采购方和供给方之间是典型的委托-代理关系。这一市场前提下，物流服务的供给方具有需求方所不具有的信息优势，从而使传统的标价交易方式产生信息不对称问题，使议价交易方式产生交易成本高的问题，造成传统交易方式不能在较广范围内以便捷和低成本的方式了解到物流服务的真正市场价值，并形成交易价格。竞价交易方式是一个集体决定资源价格及分配的过程，是构建公开、公平、高效的交易市场的有力手段。不完全信息博弈重要的应用领域之一就是竞价交易的博弈。现代物流交易市场的发展是以经济的高速发展和现代物流产业第三方崛起为代表的市场结构变革为背景的。竞价交易方式有悠久历史，古代战争结束后，竞价方式就被战争的赢家用来出售战俘、战利品等。古罗马时期就出现了竞价交易形式，通过竞争性报价的方式，交易包括艺术品、贵重物品等非常广泛的物品。这些古代的竞价交易和现代的竞价交易虽然有很大的不同，却已经具备了竞价的基本特征，但由于传统竞价交易形式的束缚，竞价交易长久以来被限制在非常小的领域内，信息技术时代使得竞价交易方式获得了突破固有束缚的物理和技术条件。

基于大数据平台的物流竞价交易模式具有节约成本、供需快速匹配、为商业企业扩大潜在市场范围、提升信息处理能力和增强供应链整合能力等优势，而基于物流大数据平台的竞价交易系统具有交易个体多、进入退出费用低、交易时间短、交易效率高等特点。因此，现代意义上的竞价交易如何借助大数据工具突破传统的交易模式，以及如何构建具有公开性、公平性和公正性的高效交易平台等将成为值得研究的问题。

1.1 理论基础

1.1.1 大数据交易理论

1. 大数据特征及物流采购交易

据统计，2012年全球各类数据的总量达到了2.7~3.5ZB，2020年全球数据产生量达到47ZB，而到2035年，这一数字将达到2142ZB，全球数据量即将迎来更大规模的爆发[2]。在日常生活中产生的大量数据以不同形式在网络空间里传播，数以亿计的数据等待着挖掘。在大数据时代，数据扮演石油对于工业时代的类似角色，在人类技术创新、新商业形态的形成中起到越来越不可替代的作用。在新的技术条件下，双边"多对多"的竞价交易机制设计，能够支撑较多数量的买方和卖方在已知交易规则下实现同时交易。大数据技术将从四个方面支撑物流竞价交易市场的高效运行[3]：①数据源产生；②数据采集与存储；③数据处理与集成；④数据分析与解释。依托射频识别、条形码、传感器、搜索引擎、移动互联终端等信息技术设备的采用，可采集并存储海量数据，形成快速发展的大数据运行环境，为大规模的群体竞价提供可靠的运行环境及技术支撑，再通过对已经采集到的数据进行适当的"处理""清洗""去噪"，从而实现数据的标准化和进一步集成存储等运用。为了适应大数据的趋势，需要依托云计算(cloud computing)技术和一系列分布式平台对海量数据进行快速处理。云计算是大数据诞生的前提和必要条件[4]，是集中采集和存储数据的商业基础。在大数据时代，传统的数据显示方法已经不能满足数据分析、结果输出的需求。通过竞价机制设计来对大量的交易信息进行处理、生成交易价格并实现市场出清将有力提升交易效率，使得大数据环境为将竞价机制引入物流市场交易提供了基础。传统依靠人工进行数据搜索并进行讨价还价的机制，只能局部搜寻有限的交易机会，而基于竞价机制的交易模式，可以通过机制设计来搜索所有交易机会，并在非常短的时间内完成交易匹配。

在现有的技术、竞价理论和信息经济学理论基础上，构建一个区域化的竞价交易系统和交易中心，将使得物联网、第四方物流平台、竞价理论及竞价系统成为该交易系统的重要理论支撑。物联网的产生源于对电子数据进行交换的需要，并最先运用在国际海运过程中，实现了国际化标准电子数据标签的交换，但在深入到港口转铁路、公路运输的过程中，现代管理的链条断裂了。第三次信息技术革命以物联网为核心，物联网离不开全球定位系统、射频识别和云计算等信息技术，并可以与移动信息化实现有机结合，有关大数据的处理技术，有助于物流、资金流、信息流的"三流合一"。目前，在医药、农产品、食品、烟草等行业领域，基于万物互联技术的产品追溯体系发挥着货物追踪、识别查询、信息采集与管理、车辆定位、运输物品监控、在线调度与配送可视化及管理的巨大作用，对传统产业效率的提升发挥了重要作用。我国物流通过建设物联网形成了集成化的信息平台，并把面向企业的局部物流扩展到面向全社会的物流，从而实现了物流系统的管理现代化。通过物联网实现的物流、信息流与商流的"三流合一"，能够保证在同一规模化市场中物流供需双方在同一物流项目中实现竞价"标的"的标准化和无异议化。因此，物联网是物流竞价交易系统突破信息障碍的必要保障，物流竞价交易系统也将拓展物联网获取信息的应用领域。

2. 大数据条件下的竞争性价值发现机制

在传统的决策模式中，由于技术手段的限制，决策者主要关注大概率区间的信息(图1.1的A区域，该区域集中了消费者的主要诉求)，而忽略了小概率区间的信息(图1.1的B区域，该区域是消费者个性化需求的集中反映)。这使得决策体现了"抓大放小"的特点，市场受交易成本的限制将服务限制在一定范围内。但在大数据时代，商业已经开始更多地关注个性化、分散化和定制化的服务及商品需求。通过交易模式的创新来反映个性化需求的成本及价值，将更好地满足有价值的个性化需求，这就构成了大数据技术驱动下呈现的市场长尾理论特征。

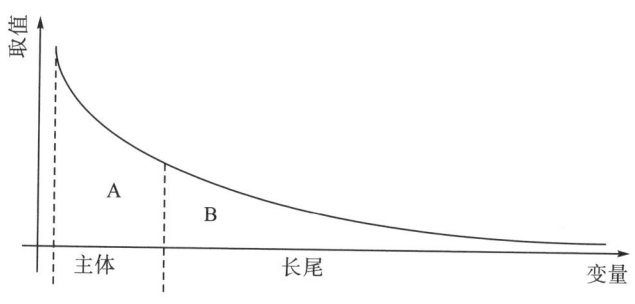

图1.1 长尾理论结构图

长尾理论的核心发现在于：当技术创新使得市场对各种产品的存储和流通渠道变得越来越宽时，在传统市场中需求不旺或销量不佳的产品经过重新对市场进行定义并发掘市场需求后，能够与大市场分割产品相抗衡，甚至能够实现更高的销售额，通过市场交易模式的创新将很多低销售额产品汇聚起来，能够产生匹敌大市场产品的市场能量[5]。因此，"长尾效应"的意义在于：将所有传统市场中非流行的市场累加起来，形成一个比流行市场还大的交易市场[6]。20世纪末，经济学者帕累托(Pareto)通过观察19世纪英国人的财富和收益模式，并在大量调查研究的基础上，发现在很多领域都存在的"二八定律"：社会人群中20%的人占有80%的社会财富。二八定律意味着80%的产品即使是优秀产品也会被埋没。在互联网时代,在传统市场中二八定律揭示的处于长尾部分不显现的产品交易问题,被通过关注该区域的商业创新所解决,比如亚马逊平台针对长尾部分的产品进行营销,使其销售额达到与传统意义上的热门产品足以匹敌的水平。通过交易模式的创新及利用新技术挖掘市场中的长尾商品,就服务而言,无论是对用户还是对企业均具有巨大的价值。随着大数据时代的到来,新技术支撑下的平台化交易对长尾部分商品及服务价值的挖掘力度越来越大,个人在面对产品和服务的采购需求时都会得到与自己的真实需求相契合的产品推荐,这使得产品推荐对于每个人来说都实现了定制化。可以预见,在物联网、移动互联、云计算、存储等技术支撑下的大数据分析技术将会有越来越成熟的未来,长尾产品的市场范围和价值贡献将会越来越大。物流作为产品生产与再生产过程中的重要一环,其对应的现实经济环境的需求是个性化、多样化的。只有在大数据环境下,物流服务的采购方才能被广泛发现和深度满足,物流交易的"长尾"才能真正形成。其原因在于:第一,大数据能有效找到个性化物流需求。可通过对物流采购方大数据的全面采集,精准反映用户的需求,并通过机制设计显示用户价值。另外,大数据还具有打破"数据孤岛"的效应,海量数据的"关联性"能实现物流服务的定制化。第二,市场决策的分散性和资源配置的优化需要构建统一大市场的冲突,被大数据技术的使用改善;从理论上来说,每类物流服务需求聚合成一个小群体,其交易需求具有个性化。

1.1.2 竞价交易理论

1. 竞价理论介绍

竞价交易是一个简单但实用的能够反映卖者或买者估价的价格发现机制,特别是在物品或服务的价值不确定时。随着竞价交易理论和现代信息技术的发展,竞价交易被不断地用于构建多个领域的现代交易市场,比如排污权交易市场、电力市场和债券市场等。这些市场的一个共同特点就是,由于交易者的立场、拥有信息多少等的不同,交易的各个可能买方或卖方对同一商品或服务的价值认定可能不同,进而他们的支付意愿也就不同。高效率的资源配置需求要求资源流向能发挥其最大价值的地方,从交易的角度就是要让资源流向估价最高的交易方。物流作为产品生产与再生产过程中的重要一环,其对应的现实环境是个性化、多样化的,因为物流市场也表现出了上述特点,即物流供给方对物流成本等信息的私有化。而作为一种市场交易机制的竞价交易,是一种价格发现和实现机制。这一机制是通过竞争性报价,多个具备个体理性的博弈方在特定规则下做出最优决策的过程。竞价交易过程中各竞标方将自己的所有私有信息,包括成本、估价和偏好等,都反映在其竞标价或竞标向量中,并最终在各竞标方竞标向量的相互比较中确定资源的流向，这实际上就是现有市场条件下资源价值的发现过程，进而确定商品或服务的交易价格。随着互联网技术的日益成熟和完善，构建一个覆盖广泛和使用便捷的交易平台，以及通过竞价按一定规则进行分配和支付的交易方式变得更加现实。与传统的议价交易方式相比，该种交易方式必然大大减少等量信息获取情况下的交易成本。当然竞价交易这一交易方式的最终高效运行还需借助相关制度和配套机制的构建，比如更为专业化的资质评价体系和更为标准化的物流服务划分。这些配套措施使得交易双方在交易前即对将被交易的物流服务"标的"达成共识，并保证其交付。

竞价交易通常指一个包含了卖方和数个买方的实例(买方为获得拍品相互竞价)，然而采购竞价交易却是反向竞价交易，因为这里由卖方竞标。当我们将竞价交易理论运用于物流交易时，最终演化出来的研究问题可能是探讨社会福利最大化的问题，也可能是探讨使商品或服务的出售方或采购方收益最大化的问题，但这都不违背通过竞价交易理论来构建高效的物流交易市场的基本原则，只是要依据具体的交易条件来设计不同的分配规则和支付规则，从不同角度去实现物流资源优化配置的目标。竞价交易的历史和研究的核心问题揭示，在特定的交易条件下，竞价交易是揭示商品或服务的真正市场价值的最优方式。这一市场条件下，商品或服务的需求方具有出售方所不具有的信息优势，从而使传统的交易方式(标价、议价)不能在较广范围内以便捷和低成本的方式了解到商品或服务的真正市场价值。本书希望对一些特定条件下的物流交易进行探讨，从而设计出相对应的物流竞价交易机制，使得物流资源在一个较大市场范围内实现优化配置。物流作为一种商品或服务，既具有一般商品的普遍特性，也具有其自身的特征，针对物流领域所特别具有的一些交易问题进行探讨是本书的主要目标。

现代意义上的竞价交易具有的显著特点是公开性、公平性和公正性，并因此深受交易双方和社会的认同。随着社会经济的发展，竞价交易被越来越多地运用到现实的产品交易市场和资本交易市场。

竞价交易是一种关于资源配置和价格形成的经济机制。在"一对多"、"多对一"和"多对多"的市场结构下，竞价交易的设计一般要求有一个事先声明的规则、一个或多个对拍品感兴趣的竞标者和一个或多个用于出售的物品，并将物品按交易规则公开地出售给出价最高的竞标者[7]。这是一个多个具备个体理性的博弈方通过竞争性报价在特定规则下做出最优决策的过程。随着经济的发展，竞价交易作为一种交易形式被越来越多地采用，这是市场经济发展的必然结果，恰当的竞价交易形式是资源分配的有效方式[8]。

Benameur等将市场定义为这样一个环境：卖者和买者为出售和购买商品或服务而相遇在一起[9]。依据卖者和买者数量的不同，不同的交换机制被采用：

①一个买者，一个卖者——谈判；

②多个买者，一个卖者——正向(经典)竞价交易；

③多个卖者，一个买者——逆向(采购)竞价交易；

④多个买者，多个卖者——一般的市场机制。

市场环境②下的经典竞价交易形式被研究得最多，但是市场环境③下的(采购)竞价交易在本质上和经典竞价交易没有什么区别，只不过是竞标者为赢得出售物品或服务的权利而进行竞争。随着竞价交易理论的发展，该市场环境也可以通过双向竞价交易来进行资源配置，如市场条件④。在特定的市场条件下，研究者对多种竞价交易形式进行了研究，包括多属性竞价交易、多物品竞价交易和组合竞价交易等。这些竞价交易形式的研究，都根植于经典的竞价交易基础理论，如收入等价原理和私有价值、共同价值等理论。

2. 竞价的方式及博弈本质分析

对竞价交易方式进行理论性研究的是拍卖理论，Cassady 将拍卖形式划分为英式拍卖(English auction)、荷兰式拍卖(Dutch auction)、密封第一价格拍卖(first price sealed-bid auction)、密封第二价格拍卖(second price sealed-bid auction)和最后期限拍卖(deadline auction)[10]。最后期限拍卖中，在一个固定的停止时间点以前，拥有持续最高报价的竞标者成为赢家者。1980 年，Wiggans 将竞价交易的形式归为三类：密封式拍卖、升价式拍卖和降价式拍卖[11]。1994 年，Rothkopf 和 Harstad 依据拍卖的流程将拍卖分为公开式拍卖和密封式拍卖[12]。随着拍卖研究的不断深入，又出现了新的划分方式，即单向拍卖和双向拍卖。在讨论拍卖形式时，要考虑如下特征，即竞标者被要求对标的物进行投标(他们为得到标的物而愿意支付的货币)，同时这一投标也决定了谁将赢得标的物和赢标者的支付。若一个竞价交易形式的规则规定竞价最高的竞标者获得标的物，则该竞价交易形式被称为标准竞价交易形式[13]。在所有这些竞价交易形式的划分中，许多竞价交易问题的讨论都基于如下四种标准的竞价交易形式。

(1)英式拍卖：又称公开升价竞价交易，在这一竞价交易过程中有多个竞标者，每个竞标者都对目标拍品进行报价，拍卖者从一个较低的价格开始逐渐抬高叫价，当只有一个竞标者对拍品感兴趣时停止竞价，报价最高的竞标者赢标，并且其向竞价交易方支付的价格等于最后一个放弃竞标的竞标者的报价。在英式拍卖中，每个竞标者都知道当前的最高竞拍价。无论竞标者的信息是否对称，英式竞价交易中每个竞标者的占优策略都是保持竞价，直到叫价达到自己的估计价值为止，估价最高的竞标者将以略高于次高价格的价格购得竞价交易品，由于估价高者将赢标，所以该竞价交易形式是帕累托有效的。该方式简单，便于操作，在艺术品、土地使用权转让等交易中被广泛采用，是大众最为熟知，也是采用得最为广泛的一种竞价交易形式。

(2)荷兰式拍卖：又称公开降价拍卖交易，该拍卖方式在形式上和英式拍卖相反,拍卖方从一个足够高的价格开始叫价(一般没有竞标者会在这一价位上对拍品感兴趣),然后逐渐降低价格,直到有一个竞标者表示出对拍品的兴趣,那么这个拍品就以这个价格卖给该竞标者。在荷兰式拍卖中,每个竞标者的报价必然严格低于自己的估计价值,并且最终导致估价最高者赢标,这同样是满足帕累托有效性的。要特别说明的是,荷兰式拍卖有着显著的混合性质,若价格在下降的过程中,有两个竞标者应价,此时拍卖转入升价竞价交易程序,直到只留下一个竞标者。该竞价交易形式常被用于易腐烂物品的竞价交易,在鲜活农产品的交易中常被采用。

(3)密封第一价格拍卖:竞标者通过一个密封的信封递交他们的竞标价,竞价最高的竞标者赢标并支付他所竞标的价格。在这一拍卖形式中,竞标方的目标是期望收益最大化,他们必须在考虑其他竞标方信息的基础上确定自己的均衡出价策略。由于风险偏好不同或对其他竞标者估价的估计不同,竞标者有不同的竞标策略,估价最高的竞标方不一定就是竞价最高的。该种拍卖方式与英式拍卖在现实的社会经济中被广泛运用,是被采用得最为广泛的拍卖形式之一。

(4)密封第二价格拍卖:竞标者通过一个密封的信封递交他们的竞标价,竞价最高的竞标者赢标并支付所有竞标价中的第二高价格。这一竞价交易形式的一个显著特点就是,竞标者的最优策略是以自己的真实估价参与竞标,所以该拍卖形式是满足激励相容约束的。由于这一拍卖形式是由Vickrey(维克里)提出来的,所以又称Vickrey拍卖。该拍卖形式有理论上的优点,但在现实中被采用得比较少。

上述竞价交易形式,均运用在"一对多"的情况,即一个卖者多个买者,或一个买者多个卖者。当市场结构是"多对多"时,即买卖双方都不止一家,就出现了新的竞价交易形式——双边竞价交易。在双边竞价交易中,买卖双方的所有成员按照事先约定的规则,提交各自的投标,再按照一定的配置规则来实现交易。一般供需双方的投标按从高到低的排序生成列表,通过匹配买家出价(价格从高到低移动)和卖家出价(价格从低到高移动)来确定最大的可交易数量,同时按照一定的价格生成机制确定均衡价格。双边竞价交易被广泛地运用在股票市场的交易中。在竞价交易形式上,随着竞价交易研究的不断深入,逐渐产生了很多对竞价交易形式的讨论,包括几种特殊的竞价交易形式,如组合竞价交易、双向竞价交易、逆向竞价交易、多属性竞价交易等。

在上述几种特殊的竞价交易形式中,组合竞价交易指卖家要出卖的物品不止一件,而是一套物品的组合,这些物品之间可能存在互补性或者可替代性,所以买卖双方更倾向于将这类物品组合在一起交易,比如飞机票、频谱等的交易。组合竞价交易的最大特点就是买家可以对一件或多件商品的组合进行竞价,正因为如此,其比单一物品竞价交易更为复杂,且与传统竞价交易形式相比在多物品竞价交易中更有效率[14]。组合竞价交易中的一个难题是如何非常简洁地实现买方对竞价交易物品的组合竞标,另外就是如何确定优胜者。好的组合竞价交易设计应该具有如下一些特点：效率较高、收益最大化、交易费用较低、公平性和规模性。双向竞价交易指多个买家和多个卖家同时对既定的物品进行招投标交易，所以与单向竞价交易的"一对多"形式不同，双向竞价交易是"多对多"的竞价交易。双向竞价交易的显著优点是其将买卖双方置于一个平等的地位，并在这一基础上设计竞价交易机制来解决信息不对称的问题，使得竞价交易变得非常有效[15]。股票市场的交易就是一个典型的双向竞价交易。逆向竞价交易与标准竞价交易的不同之处是逆向竞价交易由买家发起，卖家进行竞价。逆向竞价交易中买家依据卖家的报价选择价格最低的卖家进行交易，常说的招投标就是这种竞价交易形式。逆向竞价交易和正向竞价交易的基本原理和竞价策略无本质区别，实践中多用来进行采购招标等。

竞价交易是一种典型的不完全信息博弈，所以贝叶斯均衡的概念在对竞价交易的分析中非常重要[16-20]。竞价交易也是不完全信息博弈的重要应用领域之一。博弈论又称对策论，是一门研究决策主体的行为发生直接相互作用，以及这种决策的均衡问题的学科。Myerson 将博弈论定义为对理性决策者之间冲突与合作的数学模型的研究[21]。近代博弈论始于 Zermelo、Neumann 和 Morgenstern 的研究，其中 Neumann 和 Morgenstern 合著的《博弈论与经济行为》为博弈论的奠基之作[22-24]。博弈论发展的根本动力之一是许多数学家和社会科学家希望在社会科学领域理解人类的行为，且创造社会体制来调节冲突中的人类行为。事实证明，博弈论在多方面得到了发展，特别是在经济学领域。博弈论按局中人对其他竞标者的收益信息的掌握情况将博弈分为完全信息博弈和不完全信息博弈；按局中人心动的先后顺序，将博弈分为静态博弈和动态博弈。不完全信息博弈又可称为贝叶斯博弈，该博弈中的不完全信息是指至少有一个博弈方在博弈过程中不完全清楚其他某些博弈方的收益或者说收益函数，因而只能对其他某些博弈方的收益赋予一定概率的估计，即博弈方只知道其他博弈方收益分布的可能范围和概率。竞价交易博弈的过程实际上可抽象为几种博弈方数量不同的静态和动态博弈模型，这些模型均是不完全信息博弈模型。

考虑竞价交易为单个不可分物品的密封竞价交易，假设局中人的竞标人数量为 n，在这一竞价交易博弈中，局中人都有这样的私有信息：如果他竞标且赢得这一物品，则这个竞价交易品对于他有价值。假设存在某个正数 M 和某个递增的可微函数 F，使得每个局中人都认为这个"标的"对于其余 $n-1$ 个局中人的价值是相互独立的随机变量，且它们都是从区间 $[0, M]$ 抽取，累积分布为 F。在这一分布下，任何一个给定的局中人都认为被拍物品对于他的价值小于 v 的概率为 $F(v)$。在这个竞价交易过程中，每个局中人 i 都向竞价交易方提交一个大于零的密封报价 b_i，出价最高者得到被竞价交易物品，并支付他的报价。因此，令 $b = (b_1, \cdots, b_n)$ 表示 n 个竞标者的出价组合，同时用 $v = (v_1, \cdots, v_n)$ 表示竞价交易品对 n 个局中人来说的价值组合。在这一博弈结构下，局中人 i 的期望支付为

$$\begin{cases} u_i(b,v) = v_i - b_i, & \{i\} = \arg\max_{j \in \{1,\cdots,n\}} b_j \\ u_i(b,v) = 0, & i \in \arg\max_{j \in \{1,\cdots,n\}} b_j \end{cases}$$

这就是一个贝叶斯博弈，其中每个局中人的类型就是他对被竞价交易物品所估计的价值。很多学者对如何找到每个竞价交易博弈的贝叶斯均衡进行了研究分析，而上述独立个人价值(每个竞标人都知道竞价交易物品对自己的实际价值)的有关结果已由 Vickrey 和 Reichert 推导得出。

Krishna 探讨了几种标准竞价交易模型之间的等同关系。她指出，如果两个博弈结构，它们的博弈参与人采取各自的占优策略时，得到的博弈结果一样，那么就可称这两个博弈是策略等同的。因此，考虑私有价值，荷兰式竞价交易与密封第一价格竞价交易是策略强等同的，而英式竞价交易和密封第二价格竞价交易是策略弱等同的(弱等同是因为只在私有价值情况下成立)[25]。

上述密封竞价交易博弈的核心问题是，博弈方的收益与他对标的物的主观性估价相关。由于不同的竞标者在认识、判断能力和立场等方面必然有差异，因此他们对同一个标的物的估价也会有差异，而每个差异性估价都是竞标者的私人信息。因此，在密封竞价交易模型中，竞标方无法确定其他竞标方的收益，只能有一个大致的判断，这就是竞价交易博弈的不完全信息的本质体现。正是竞价交易的信息不完全性，使得竞价交易问题比完全信息博弈问题更为复杂，也更值得研究。因此，竞价交易问题已经成为博弈论、信息经济学和经济学领域的一个热门研究问题。

3. 竞价基础理论

竞价交易是一种包含了多种明确规则的市场交易机制，这些规则包括竞价规则、分配规则及支付规则等，在市场参与方进行竞价的基础上，按照竞价交易分配物品并形成市场出清价格。竞价交易研究的突破性进展出现在 20 世纪 70 年代末，越来越多的研究者从那时开始认识到竞价交易是一种形式简单且具有信息不对称本质的博弈形式，是分析经济环境中各主体间不完全信息博弈很好的框架。在此基础上，相关学者不断将博弈论、实证检验等研究方法和工具引入对竞价交易的研究中，使得竞价交易理论得到了迅猛发展，成为经济学研究中的一个热点。

竞价交易存在的历史悠久，但对竞价交易的研究却从近代才开始。Friedman 较早地提出了一个模型来推算竞标者在密封第一价格竞价交易中的最优竞价策略，但这一模型只讨论了竞标者只有一个竞标策略的情况。虽然他运用运筹学的方法来分析这一问题，但是他还是预见到了博弈理论是分析竞价交易问题的有力工具。当 Friedman 根据竞标者的最优竞标策略分析竞价交易问题时，Vickrey 则从组织者的角度分析竞价交易的配置效率和收益大小问题。Vickrey 在竞价交易的开创性著作《投机、竞价交易与竞争性密封投标》中采用博弈论的方法处理竞价交易问题，并提出了竞价交易理论的多数关键问题，大大推动了竞价交易问题的研究[26]。Vickrey 分析了几种常见的竞价交易方式的均衡策略和配置效率问题。他指出，在公开升价竞价交易中，无论竞标者的估价分布是否对称，其最优的竞价策略都是保持竞价，直到叫价达到自己的估价为止。最终，估价最高的竞标者就会以略高于次高估价的价格得到竞价交易物品，并且这将是帕累托有效的配置结果。而荷兰式竞价交易只有在竞标者的估价是对称分布的情况下才是帕累托最优的，最终也是估价最高者成为赢家。遗憾的是，早期学者对竞价交易理论的研究没有得到足够的重视，以至于在 Vickrey 做出开创性研究之后的二十多年里，竞价交易理论的研究几乎没有取得较为重大的进展。直到 20 世纪 70 年代，欧洲部分国家开始采用竞价交易这一方式来销售本国国债并获得成功以后，人们对多单位物品的竞价交易问题才越来越关注，从而使得 Vickrey 提出的多物品竞价交易机制又受到重视。此后，一大批代表性人物和重要的理论成果不断涌现出来，使得竞价交易理论的研究被大大推进。这里将相关的重要理论成果进行梳理。

1) 收入等价原理

收入等价原理是一个简单但非常有力的结论，其构成了私有价值竞价交易的基准，所有私有价值竞价交易领域的其他结果都背离这一原理，并可以被该原理所检测[27]。Vickrey 精辟地分析并指出，竞标者在密封第一价格竞价交易和荷兰式竞价交易中的竞价策略是完全等价的，这是由于竞标者在两种竞价交易形式中所面对的环境是完全相同的。他在这一基础上，首次提出了密封第二价格竞价交易，该竞价交易形式有一个非常显著的特征就是竞标者的最优均衡策略是报出自己的真实估价，因为该竞价交易机制满足激励相容约束。由于在该机制下，赢标者仍然为估价最高的竞标方，因此该机制是帕累托最优的。同时，Vickrey 证明了竞标者对称时荷兰式竞价交易和英式竞价交易中产生的期望价格相同，并结合竞标策略等价关系得到了竞价交易理论中最重要的定理——收入等价定理，该定理是整个竞价交易理论研究的起点。收入等价原理的四个关键假设是：①独立的私人价值，即不同竞标者对标的物的价值估计是独立分布的；②风险中性，即所有竞标者都寻求他们的最大化期望收益；③无预算约束，即所有竞标者都有能力支付他们心中对标的物期望的估计价值；④信息对称性，即所有竞标者对标的物的价值估计服从同一概率分布。在这四个假设前提下，对竞价交易方而言，英式竞价交易、荷兰式竞价交易、密封第一价格竞价交易和密封第二价格竞价交易这四种标准竞价交易形式给竞价交易方带来的期望收益是等同的。

收入等价原理中的四个假设被提出后，很多学者对该原理的影响进行了研究。Holt 等在研究采购招投标的问题时得到，当放松竞标者的风险中性假设后，对称的风险厌恶型竞标者参与的第一价格竞价交易给竞价交易方带来的期望收益大于同样条件下的第二价格竞价交易[28]。这是因为风险厌恶的竞标者在第一价格竞价交易中为赢得标的物会提高自己的报价。Che 和 Gale 讨论了面临预算约束时，第一价格竞价交易中竞标者有均衡策略的充要条件，且得到此时第一价格竞价交易给竞价交易方带来的期望收益大于第二价格竞价交易[29]。Vickrey 指出，非对称竞标者参与竞标的第一价格竞价交易将导致资源配置的无效率，并具体分析了两个竞标者参与的特例情况。Plum 延伸讨论了更为一般的非对称分布下的竞标者均衡策略，而 Marshall 等提出了几个计算非对称竞价交易下竞标者策略的方法[30]。Riley 更为详细地研究了非对称第一价格竞价交易中均衡策略的性质，并得到了一些竞价交易形式能够为竞价交易方带来更高期望收益的充分条件[31]。Gupta 和 Lebrun 研究了带有重新出售的第一价格竞价交易模型，不过他们没有发现重新出售会导致资源配置的无效率[32]。他们假设在不考虑收益的情况下，竞价交易过程中所反映出来的竞标者的估价是被公众所知道的。那么，竞价交易以后，竞标者的估价就是完全信息，所以转售不会影响资源配置的有效性。

Riley 和 Samuelson 详细描述了私有价值正向竞价交易理论[33]。他们讨论了英式竞价交易和荷兰式竞价交易，同时在风险规避和风险中立型卖者情况下对两种类型的竞价交易进行了比较，他们的研究是拍卖理论文献中被提到最多的。Mcafee 和 Mcmillan 给出了很多关于竞价交易理论的一般性讨论，且主要集中在对单物品竞价交易的讨论上[34]。Klemperer 对竞价交易理论进行了一个非技术性的调查，主要集中调查多单位物品竞价交易和风险厌恶的情况[35]。Park 对与竞价交易相关的信息进行了广泛的收集，在对称和非对称情况下，不同类型的有效信息被考虑，包括私有和共同价值信息[36]。Lunander 基于共同价值下的密封第一价格和密封第二价格竞价交易发展出了一个采购竞价交易模型[37]。他考虑了两种类型的信号（价值）分布（均匀分布和韦伯分布），以及每种分布下的竞标函数。在一个正向竞价交易中，买者的估价代表一个买者在竞价交易中为获得物品而表现出来的期望水平。采用竞价交易是因为卖者不确定标的物在所有买者心中的价值。若卖者能准确知道该物品在买者心中的价值，他可以直接把物品卖给估价最高的买者。卖者和买者面对的估价不确定，是竞价交易的本质特征。在一个逆向竞价交易中，价值指卖者为生产出售的物品所估计的成本。私有价值是指每个竞标者竞标时知道的"标的"对于他自己的价值，这个价值不被别的竞标者所影响。关联价值是指标的物对于一个竞标者的价值可能被从其他竞标者处获得的信息所影响。

2) 私有价值与关联价值

如果每个竞标者在竞标时知道标的物对于他自己的价值，则称这一价值为私有价值。这一情形暗含没有竞标者能确切地知道其他竞标者对标的物的估价，即使知道其他竞标者对标的物的估价，也不会影响该竞标者对标的物的价值估计。

很多情形下，在竞价交易时标的物的价值不被竞标者所了解。竞标者只拥有一个对一些类型或一些私人已知信号(这些信号是与标的物的真实价值相关的)的评估,可能是专家的评估,或者通过测试得到。事实上,其他竞标者可能拥有额外的信息(可能通过额外的专家评估或测试获得),而这些信息将影响一个特定竞标者对标的物的估价。因此,在这一情形下,标的物对于一个特定竞标者的价值是不确定的,并且会被其他竞标者获得的对他们有效的信息所影响。这一价值称为关联价值,在特殊情形下,一个物品可能会在竞价交易后重新出售。当竞标者信号关联时,通过相关学者的研究可导出收益等级原理,且可以得出二价(全称第二价格)竞价交易的收益大于一价(全称第一价格)竞价交易对应的收益。若一个竞标者自己知道的信息和他获得的别人将如何竞标的信息之间的联系越紧密,他为赢标而报出的期望价格将越高。收益等级原理也再次提示,竞标者的信息独立性是收入等价原理的基石。收益等级原理最先被 Milgrom 和 Weber 提出和采用[38],同时他们还提出了公共信息的问题。在许多情况下,卖者可能有一些对潜在竞标者有用的信息,那么这时候他该怎么办呢?是将这一信息隐藏还是公开,或者只在有利的情况下公开这一信息?无论是在一价竞价交易还是在二价竞价交易中,对潜在竞标者有用的公共信息的披露都会增加卖者收益。

3) 共同价值与赢者诅咒

共同价值是指标的物的价值对于所有竞拍人都是一样的,但有趣的是,竞拍人在竞价时并不知道标的物的价值是多少。很多竞价交易问题都有着共同价值竞价交易的特征。矿产开发权竞价交易、石油租赁竞价交易等都是纯粹的共同价值竞价交易。对于一件艺术作品,竞拍人可能由于个人爱好而购买,此时反映的就是一种私人估价因素,但是当他们为进行投资和最后的转售竞价时,就反映了共同价值的因素[39]。在纯粹的共同价值竞价交易中没有效率问题,因为标的物的价值对于所有竞拍人都是一样的。那么在理论和实践意义上,最重要的是不同的竞价交易机制对于提高收益的效果。在共同价值下,由于标的物对于所有竞拍人的价值是一样的,但竞拍人事先并不知道这一价值,因此他们对标的物的估价不同,这就有可能导致赢者灾难。赢者灾难最初由 Capen、Clapp 和 Campbell 提出,他们三位作为石油工程师发现 20 世纪六七十年代石油企业的油田租赁收益出乎意料的低。他们把出现这一现象的原因归结为竞标人的竞价过分地依赖对标的物的无条件可预测价值(竞拍人自己的估价),当有许多竞拍人参与竞价且竞价最高者获胜时,意味着获胜者对租赁的估价是超值估价。由这一逆向选择造成的制度性失灵被称为赢者灾难:竞标者获胜了,却输掉了钱[40]。赢者灾难的存在性被很多经济学家激烈讨论,在现实的环境中,有很多赢者灾难的情况出现,如职业橄榄球的自由球员制度市场和房地产竞价交易市场,相关学者也开始从实验上对赢者灾难问题进行研究[41,42]。

4) 风险厌恶

标准竞价交易的研究都建立在风险中性假设基础上，当放弃这一假设时，各种竞价交易形式会呈现出不同的属性。Matthews 指出对于卖方为风险中性，但对竞买方为风险厌恶时[43]，在第二价格竞价交易中竞买方的竞价策略不会随着风险厌恶性而变动，因此最终的期望均衡价格也不会受到影响。然而在第一价格竞价交易中，风险厌恶的竞买方愿意为防止失标而提高自己的报价，因此其报价会高于竞标方为风险中性时的报价。Wolfstetter 证明了，不管竞价方的估计价格是何种分布，第二价格竞价交易得到的均衡价格都被第一价格竞价交易得到的均衡价格二阶随机占优[44]。所以，一个风险厌恶的物品竞价交易方更愿意选择第一价格竞价交易形式。Vickrey 很早就注意到，和英式竞价交易相比，荷兰式竞价交易有很小的卖方盈利方差，因此风险厌恶的卖方更愿意选择荷兰式竞价交易。

5) 合谋问题

物品卖方在交易中采用竞价交易方式来出售物品，主要是为了通过鼓励竞争最大程度地实现物品的价值，从而最大化卖方的期望收益。然而，如同硬币的"两面"，在竞价交易的实践中，竞标方在竞标过程中有动力去通过合谋减少竞争，从而得到更多的交易剩余。Robinson 讨论了竞价交易中的重要问题[45]，与一价竞价交易相比，二价竞价交易中竞标方更容易形成和维系合谋关系。这里不考虑竞标方的合谋被发现的情况，也不考虑竞标方达成协议的额外成本。在二价竞价交易中，可通过一定的协议产生一个合谋的赢家，并且该赢家可以通过任意高价参与竞标而其他竞标者的竞标价为零。在这一情形下拍品将被以保留价转让，并且合谋方将获取合谋收益，因为没有任何竞标方愿意背离合谋。但是在一价竞价交易中，所有竞标方都要通过协商形成合谋赢家并以一个很低的价格进行竞标，在这一情况下其他的合谋成员就有很大的动力背离合谋协议。

Graham 和 Marshall 对独立价值下的二价竞价交易合谋进行了分析[46]，他们认为当竞标过程公开时，更有利于竞标方实施合谋，因为这有利于合谋组织者监督合谋的各方，并在以后的竞标中对背离者进行惩罚，且会产生较高的收益。当将他们的观点引入竞标者非对称的情况时，对于一个进行合谋的卡特尔集团，重要的工作是要选出优胜者，并且在卡特尔成员之间进行有效的利益分配。合谋能否成功的一个关键就是合谋环中的买方具有私人信息时，他们是否能够找到一个激励相容的合谋机制来协调各参与方的报价和对合谋利润的分配。Mcafee 和 Mcmillan 通过论证得到，当所有竞标方都属于合谋环并且他们的估价都服从同一分布时，他们形成有效合谋机制是有可能的，并且能够通过安排参与竞价交易来加以实现[47]。他们只分析了所有竞标者中的一部分，并且成员之间没有转移支付的"弱"卡特尔集团，认为此时比较好的办法是所有卡特尔成员以相同的价格来让竞价交易方随机选取胜出者。竞价交易方也可以在密封竞价交易中通过不公布赢家的报价或不采用随机确定赢家的方法来破坏合谋。Hendricks 和 Porter 较早地对这一问题进行了调查，并引用了美国司法部门的有关卡特尔集团的反垄断调查[48]。他们指出，被竞价交易物品的特别性质和竞价交易的规则设计在合谋的原因中为重要因素。物品的竞价交易方可以通过设置保留价等改变竞价交易规则的办法来防止或限制合谋的有效性。

很多学者也对合谋的存在性和合谋的成本问题进行了实证性的研究。Porter 和 Zona 以及 Graham 和 Marshall 证明了竞价交易合谋的存在性[49,50]，通过存在卡特尔和不存在卡特尔时的竞价排列分布，设计了检验卡特尔的机制，并在美国长岛地区的高速公路招标竞价交易中应用。Baldwin 等*对木材市场的竞价交易进行了研究，通过估计竞争者分别采用合谋和竞争时的结构模型，比较了这两种情况下模型的绩效表现，发现对竞标者而言合谋能够带来更高的收益。Porter 和 Zona 分析了美国加利福尼亚州学校牛奶供应招标中的合谋现象，并对合谋的成本进行了分析[49]。Mcmillan 提出了计算卡特尔集团在竞价环境中产生的损失的办法，并分析了日本政府采购中竞标者的合谋行为和这种行为带来的纳税人的成本增加情况[51]。

4. 竞价形式的发展

1) 多单位物品竞价交易

传统竞价交易问题的研究都集中在单物品竞价交易问题上，对多物品竞价交易问题的研究可以追溯到 1961 年 Vickrey 进行的研究，他认识到歧视价格竞价交易和统一价格竞价交易都是无效的。正因为如此，他提出了一个新的有效的支付规则——Vickrey 价格支付规则。他还指出，多单位物品竞价交易中的歧视价格竞价交易和统一价格竞价交易的无效性不是因为出售物品具有多单位及多样性，而是因为竞标者有着多单位需求。多单位物品竞价交易中常用的三种竞价交易形式（歧视价格竞价交易、统一价格竞价交易和 Vickrey 竞价交易）的分配规则都是等同的，就是将所有竞标者对多个物品的竞标价从高到低排序，然后出价较高的几个竞标者获得物品，他们只是在支付方式上有所差异。多单位物品竞价交易研究越来越成为竞价交易理论研究中的热点之一。Hahn 将 Myerson 对最优竞价交易的分析推广到了服从独立单参数分布和具有下斜同质产品需求曲线的竞买方的情形[52]，同时证明了当买方具有多单位需求时多单位物品竞价交易的等价收益原理。Palfrey 则研究了单个卖方或买方在异质商品捆绑和分拆销售间的偏好[53]。他的研究表明，卖方将异质物品捆绑销售的意愿随着买方人数的增加而下降。

---

* Baldwin L H, Marshall R C, Richard J F. Bidder collusion at forest service timber sales[J]. Journal of Political Economy, 1997, 105: 657-699.

Wilson 率先对份额竞价交易进行了分析[54]。在此竞价交易中，每一个卖方提交一份估价报价单，以说明他为获得任一份额所愿意支付的价格。该研究证明在一个以单一价格支付的竞价交易中，存在高度合谋的纳什均衡，且这一均衡中的价格会比将所有份额一次性捆绑出售时的价格低很多。因为当统一定价时，各个买方会对超出自己需求部分的份额进行报价以阻止其他买方获得更多份额，这导致各个买方之间可以隐性地以非常低的价格分享所有出售的份额。至少有两种方法可以用于避免上述低价格均衡的出现，第一种方法是进行差异价格竞价交易，即要求各个买方的支付价格为其竞标报价，这可以阻止买方对自己不需要的部分报出超高价，从而使买方的需求曲线更为平坦且具有更为剧烈的边际价格竞争。但 Yao 证明，如果买方价值和份额购买量之间不是线性关系，那么买方仍然有隐性合作的可能[55]。第二种方法是在竞价交易的"标的"的需求或供给中加入不确定性。Klemperer 和 Meyer 正是基于这一想法得到当买方价值和卖方估值间为线性关系时，供给的不确定性足够大可以充分地减少单一价格下的多重均衡，使其最终只剩一个高度竞争的均衡[56]。他们的模型中的需求曲线是向下倾斜的，因而交易数量是由价格内生决定的。学者在赢家通吃的情况下研究了内生数量，一级价格竞价交易比二级价格竞价交易更有利于卖方，而且也有利于社会效率的提高。买方也更可能希望采用第一价格竞价交易，因为第一价格竞价交易从生产效率的角度更被看好（交易数量反映了赢家的价值），同时也更有利于凶猛出价。相关学者对多单位物品竞价交易中的竞标者均衡策略和卖方收益进行了研究。Engelbrecht 和 Kahn 分析了私有价值统一价格竞价交易中竞标者的均衡策略[57]，并分析了歧视价格竞价交易下竞标者的均衡策略[58]。Reny 揭示，当竞标者具有独立的私有价值时，歧视价格竞价交易有一个纯策略均衡[59]，同时，在竞标者对称的情况下，存在一个对称的纯策略均衡。Bresky 扩展了 Reny 的研究，揭示了包括统一价格竞价交易和歧视价格竞价交易的所有经典竞价交易都具有纯策略均衡，而在一个独立私有价值（independent private value，IPV）集中，纯策略均衡可能是不对称的[60]。虽然歧视价格竞价交易和统一价格竞价交易通常是无效率的，然而，Swinkels 等揭示，当竞标者的数量足够多时，歧视价格竞价交易的无效性将趋于零[61]。

2）竞价交易机制设计

竞价交易机制设计是基于竞价交易理论和机制设计理论发展起来的。其中，机制设计理论也是西方经济学研究的热门领域。机制设计理论最早由 Hurwicz 在 20 世纪 70 年代所创立，其理论成果中的委托-代理模型从经济学的角度给出了研究激励相容问题的框架[62]。在此之前，当经济学家把传统的经济均衡理论运用到充分竞争的市场环境时，发现信息和激励导致了新的问题。最先发现这些信息和激励问题的是一些统计学家。Whittle 和 Hill 在对产品质量控制进行抽样研究时发现，产品质量的分布与生产过程中的质量控制密切相关，然而生产过程中的质量控制又有赖于生产工人的努力水平,而这个努力水平是很难控制的,因而产生了道德风险问题[63,64]。Good 和 Mecarthy 在研究如何使预报者报出自己的真实估计时发现,预报者为了自己的利益会出现谎报的逆向选择问题,因此如何激励他们说真话就成为一个需要研究的问题[65,66]。在传统的研究中,资源配置的机制被当作给定的,新方法中将它作为未知变量。Marschak 是 20 世纪 50 年代研究机制设计问题的经济学家,他认为当资源配置产生信息不对称时,可以通过重新设计配置规则使得交易中的所有成员在最大化个人利益时也会使组织目标得以实现[67];但 Marschak 仍没有得到理论上可靠的分析框架。经典的市场经济理论和均衡分析框架中的假设为:完全的竞争和完备的信息市场,以及经济人的同质化。而当传统经济理论发展到对经济主体的行为和组织结构进行研究时,这一假设就不再成立,最终促使了信息经济学的诞生[68]。Hurwicz[62]及后来的一批经济学家通过不断努力,发展出了一个机制设计理论的完备框架,并逐渐统一到委托-代理理论框架下。这一分析框架为解决信息分散情况下多代理人的资源配置问题提供了有效的分析方法。机制设计是经济学中的核心问题之一,其要解决的主要问题就是信息不对称情况下的激励问题,这最终决定了资源配置效率。为实现社会福利最大化进行的激励机制设计中的一系列规则应考虑两个基本约束:激励相容性约束和参与理性约束。前者是指委托人进行机制设计时必须能够促使代理人积极暴露出自己的真实信息,为此委托人必须对代理人进行一定的激励补偿,即信息租金。后者是指委托人设计的机制必须使得代理人的参与给他带来的收益为正,这样才能使双方在自愿的基础上达成协议。也就是说,代理人参与交易时得到的效用一定要大于其不参与时的效用。竞价交易设计理论实际上就是非对称信息下决策理论与经济实例的结合。可将机制设计看成典型的三阶段贝叶斯(不完全信息)博弈过程[69]:首先,委托人确定一个机制;接着,代理人决定进入或不进入该机制;最后,如果代理人决定进入,则选择在机制约束下符合其意愿的行动。为了在这一博弈过程中达到较强的均衡,就要使用激励理论中重要而基本的"显示原理"。该原理表明,在因存在信息不对称而导致逆向选择和道德风险问题时,社会组织中所有的间接机制等价于一个满足激励相容约束的直接机制,在该机制下具有私有信息的各博弈方均向社会组织者报出各自的偏好,并最终由社会组织者代替其选择一个行动。如此一来,代理人的类型空间就等同于信号空间,社会选择问题可被转换为一个不完全信息博弈问题来进行分析,从而大大降低了解决问题的复杂度。在一般情况下,代理人只需要报告自己的类型信息(如估值大小、生产成本),然后由委托方来确定资源分配、生产计划和支付计划等。在这一过程中,委托方为了激励代理人说真话,必须付出一定的信息租金来换取代理人的信息显示,从而使资源在完全信息下实现最优配置。同时委托方放弃的收益也不可太多,以免影响自己的收益,所以在权衡牺牲资源配置效率和付出的信息租金时,委托人选择满足激励相容的机制则是最优的,并可使得配置结果为帕累托次优。

在竞价交易中,站在出售方的立场来看待分配问题时,出售方要考虑的问题是采用何种机制去出售物品。在所有机制中,竞价交易是出售方可以采用的将不知道真实价值的物品出售给买方的许多种方式中的一种。同时,出售方也可以采用别的方式,比如以固定的标价出售给第一个愿意支付的买者,或通过和众多买者中的一个进行谈判来出售。那么,哪种方式是分配物品的最好方式?这就要用到 Myerson 设计的一种贝叶斯框架,其从机制设计的角度讨论了这一问题[70]。在讨论任何机制的可行性时,"显示原理"将我们的注意力限制在了一种小得多的类别上,而这一原理证明了:将注意力集中在简单要求个体揭示他们的信息(博弈方的类型)的直接机制,以及可激励真实行动上就足够了。显示原理最重要的贡献在于其提供了强有力的工具来分析物品出售的执行问题。一个典型的机制包括两个规则:分配规则和支付规则。分配规则和支付规则一般由相应的函数确定。在进行机制设计时,当没有对竞标者的竞标集合或信息集合作出假设时,机制设计可能会变得非常复杂。简单地说,显示原理就是指对于一个给定的机制和该机制下的一个策略均衡,存在一个直接机制,在这一直接机制下有:①每个竞标者的均衡策略是报出自己的真实估价;②这一机制得到的结果与原来给定的机制所得到的结果是相同的。这里,机制要求竞标者直接报出一个对标的物的真实估价。如果在机制设计的分配规则和支付规则下,每个竞标者的均衡策略均为报出自己的真实估价,则称该机制存在真实均衡。一个竞价交易机制要确定一个分配和支付规则,且这一机制要满足两个约束:激励相容约束和参与理性约束。激励相容约束是指,在竞价交易机制下竞标者的弱占优策略是报出自己的真实估价。满足激励相容约束的竞价交易机制可以使物品流向效率更高的地方。参与理性约束是指,竞价交易机制需要使一个竞标者参与竞标时所得到的收益大于不参与竞标时的收益,只有这样,才能吸引所有潜在的买家参与竞标。若一个机制是满足参与理性约束的,则所有竞标者在均衡策略下的期望收益必须是大于零的。

相关的原理与机制,比如一般收益等价性原理、最优出售机制都是由此发展起来的。Bulow 和 Roberts 将标的物事实上的价值解释为"边际收益",并分析了关于最优机制设计问题的类推法[71]。他们认为最优竞价交易机制从本质上来讲就是将二价竞价交易和垄断企业的三级歧视价格定价方式结合在一起,从而可以从边际收益—边际成本这一分析逻辑来理解竞价交易问题:就像具有价格垄断权的企业希望把产品出售给边际收益最高的顾客一样,期望实现最大交易剩余的竞价交易方也会选择将拍品卖给边际收益最高的竞买人。从这一最优竞价交易理论可以导出两条进行竞价交易机制设计的基本原则:①独立性。竞价交易方在设计机制的支付规则时,最好尽量使得赢标方的最后支付价格能够独立于该竞标人的个人报价,也就是说,竞标人的个人报价决定了其是否赢标,而其支付价格却由别的竞标人的报价决定。通过这样的设计,可以保证每个竞标人的最优策略都是报出自己的真实估价,使得竞价交易是满足激励相容约束的。②公开性。竞价交易的竞价过程应该是公开的,这能够保证各竞标人在递交报价时能够尽可能地获得信息。特别是当共同价值与竞买人信号关联时,竞价过程的公开会使得竞标方的竞价行为比其在密封状态下的竞价行为更为进取,这会为竞价交易方带来更高的收益。在单物品竞价交易时,这两条基本原则对于英式竞价交易非常重要。从竞价交易方的角度来看,竞价交易机制设计的目标可分为两类:一类是最大化机制设计方的期望收益;另一类是最大化社会福利。前者一般称为最优机制设计,后者一般称为效率机制设计。在机制设计中,有一类机制被广泛运用,那就是VCG(Vickrey-Clarke-Groves,维克瑞-克拉克-格罗夫斯)机制,该机制以社会福利最大化为目标。

3) 在线逆向竞价交易

随着互联网的高速发展,在线竞价交易模型更加多样化,网络竞价交易的数量也在逐年增加。传统的竞价交易通常由卖者发起,买者为获得出售物品进行竞标。然而,近年来越来越多的竞价交易是由买者发起,卖者为获得订单而竞标,且竞标价最低的卖者获得订单。这种竞价交易形式称为"逆向电子竞价交易"。采购是一个重要的商业功能,一个好的采购系统将有助于提升企业的竞争力。因此,采购实践与企业对成本优势的获得有着非常紧密的联系。当一个企业使用一个采购系统时,维持成本优势需考虑的因素包括:被采购产品的规格和性能、供应商数量、运输成本、安装成本和供应商的遴选过程等。由于互联网技术的独特优势,通过互联网采购能降低成本,同时可提高效率。

越来越多的交易通过互联网实现。其中,通过互联网进行的竞价交易也在刺激性增长的电子商务中扮演了一个重要的角色。Smeltzer 和 Carr 集中研究了被企业所采用的逆向电子竞价交易模式[72]。美国 GE(general electric,通用电气)公司率先在 1995 年采用逆向竞价交易实现了很有成效的成本缩减。GE 首先通过设立一家名叫 FreeMarkets 的公司去帮助其他公司构建逆向竞价交易系统。FreeMarkets 是世界逆向竞价交易系统的主要提供者。FreeMarkets 公司声称,它可以为客户节省 20%的采购费用。另一家名叫 CommerceOne 的公司也为需要逆向竞价交易系统的企业提供相似的服务。鉴于逆向竞价交易的优势,SaShi 和 Boeing 在 CommerceOne 的帮助下构建了一个采购平台[73]。在中国台湾,也有很多它们的客户,包括 TSMC、Delta、UMC 和 Lite-On 等[74]。很多全球性大企业,如 Nokia、Motorola 和 Sony Ericsson,都开始通过逆向竞价交易要求它们的供应商来竞争采购订单。但在 2004 年,FreeMarkets 被 Ariba 兼并,同时 Ariba 开始在中国大陆拓展它的业务,在中国大陆成为全球制造业中心的今天,逆向竞价交易在采购中的运用势必激增。

依据 Beall 等的研究,由于一些内部及外部的发展和力量的结合,在过去的几年中逆向竞价交易被越来越广泛地采用,主要原因包括以下几个方面[75]。

(1) 企业为应对产业环境的挑战而产生的获得或维系竞争力的愿望,使得企业有强烈的降低外部资源获取和服务成本的需求。

(2) 企业力图合理化(通常是减少)它们的供给来源,使更多的交易基于更少的供应商,或者相反地,增加新的供给来源以规避风险。

(3) 企业希望增强自身通过集成的 ERP 系统整合货物和服务需求来源的能力。

(4) 通过互联网,所有买者和卖者能够实时进行更为经济且广泛的沟通。

(5) 发展健全、用户友好且基于软件系统的逆向竞价交易系统技术。

(6) 在某些产业中,出现了过量的供给,这使得买方有了更多的讨价还价能力。

(7) 通常,采购成本的减少将增加产品的边界收益,而这部分收益并没有通过消费者以更低的价格获得产品的形式被消费者拥有。

(8) 在质量的提高程度和周转时间已被给定的情况下,更低的价格往往变成主要的决定因素。

(9) 买者在战略采购过程中利用逆向竞价交易来增强他们的竞争力。

(10) 发展中国家产品质量的不断提高,以及低人力成本的产品供应使全球化采购变得更加重要,而逆向竞价交易能使全球供给更有效率。

目前,学者们对网络竞价交易机制的设计还处在起步阶段。通常的网络竞价交易更常见于英式竞价交易、荷兰式竞价交易等标准竞价交易形式。随着电子商务的活跃,网络竞价交易机制的设计也越来越受到学者们的关注。Hahn 确定了一个在线竞价交易设计的框架,认为在线竞价交易设计由三个部分组成——技术结构、市场运营和物品展示[76]。Wurman 等通过将微观经济原理和多代理系统进行结合,提出了竞价交易设计空间的参数化视点,因而拓展了多维竞价交易理论[77]。特别地,他提出了在离散资源下具有很好的均衡解的多维 k-绑定(k-bundle)竞价交易。电子商务中的交易安全问题也非常关键,互联网的交易诈骗中又以在线竞价交易中存在的诈骗更为显著,这就给网络竞价交易带来了安全问题。通常为了解决网络交易的安全问题,一方面要不断地完善计算机网络技术,另一方面要设计出合理的交易机制。有学者设计了一种适用于多单位物品竞价交易的密封多轮竞价交易机制,该机制能够防止假名竞标者且简单易行。但这一机制仅考虑了如何防止假名竞标者的问题,没有考虑对更为广泛的欺诈行为的防范。有学者分析了如何防止竞标方通过虚假身份实施合谋的问题,指出对该类行为的防范非常重要。Pavlou 和 Ba 认为对在线竞价交易各方在交易中形成的交易信誉的评价对于构建健康的网络竞价交易环境也非常重要,买方可以通过向卖方支付一定的额外费用来激励卖方提升自己的信誉度,特别是在涉及的交易金额较大的情况下[78]。Dewan 和 Hsu 也实证性地指出 eBay 和别的专业网站之间的交易价格存在一定程度的差异,这是由它们各自的市场中信誉机制具有不同的有效性所导致的[79]。

1.2 大数据时代物流服务采购竞价交易模式

竞价交易理论(拍卖理论)是经济学领域的一个成功"故事"[80]，无论是从实践还是从理论来看，竞价交易都是很重要的。在现实的经济实践中，很多重要市场都是竞价交易市场。竞价交易有着非常久远的历史，在古代，人们就用其来进行战利品、债务人财产等的竞价交易。在现代社会中，大量的交易活动采用了竞价交易这一交易方式。政府通过竞价交易来出售债券、外汇、特许经营权证、矿产资源开采权等，企业通常采用密封竞价交易方式进行原材料和服务的采购、分包工程项目，在这些过程中人们寻求以最低价格获取自己所需的资源。随着经济的发展，通过竞价交易构建起来的古玩、住房、农副产品、汽车等的交易市场不断发展。

我国从 2004 年 8 月开始实施的《中华人民共和国拍卖法》将竞价交易(拍卖)定义为："以公开竞价的形式，将特定物品或者财产权利转让给最高应价者的买卖方式。"在竞价交易理论的发展过程中，学界对竞价交易的一个普遍共识是："竞价交易是一个集体(竞价交易群体)决定物品价格及分配的过程"。对竞价交易理论研究有重要影响的经济学家 Mcafee 对竞价交易的定义为："竞价交易是一种市场状态，在此状态下有明确的交易规则并在此规则下通过参与者竞价来决定资源配置和资源价格。"同时，竞价交易是不完全信息博弈重要的应用领域之一。所以，贝叶斯均衡理论对竞价交易的分析非常重要。随着我国社会主义市场经济的发展，我们越来越需要一个公开、公平、透明的市场环境，在多种所有制并存的物流市场同样如此，这使得竞价交易方式因其自身的特点而有着广阔前景。

在国民经济发展中，物流产业是具有战略性、基础性、先导性的支撑产业，经济高质量发展的关键前提和重要内容之一是物流的高质量发展，物流产业是推动经济实现高质量发展的关键力量之一。随着经济的发展，国内物流产业的发展正处于高速阶段。据统计，2019 年物流费用总额达到 14.1 万亿元，与美国相比其效用仍有较大的提升空间。比如，就社会物流总费用占 GDP 的比重而言，2019 年我国与美国的占比分别为 14.7%和 7%～8%，美国显著高于我国。2020 年，我国人均 GDP 已连续两年超过 1 万美元，并且消费对于经济增长呈现出巨大的拉动作用，其对经济增长的贡献率超过了 60%。我国强劲的国内消费市场推动了内需的扩大和消费的升级，使得内需型和消费型物流快速增长。2019 年 1～11 月，我国单位与居民的物品物流费用总额达到了 7.5 万亿元，与 2018 年同期相比增长幅度达 16.4%。预计未来十年，我国物流产业的发展将呈现以下几个特征：①累计商品进口额预计将超过 22 万亿美元；②新的发展格局必将使得国际物流格局不断调整优化，以便与我国对外贸易的方向结构、贸易方式和货物出口等的变化更好地匹配；③与居民消费及生活相关的电商物流、冷链物流、同城速递、即时物流等将成为下一阶段市场经济增长的热点；④伴随着我国成为拥有全部工业门类的制造大国，工业品物流将继续在相当长的时期内是我国社会物流需求的主要来源。

在商品经济的大背景下，人类社会生产与再生产过程由三个环节组成，分别为生产、流通与消费。在生产过程完成了有形产品的物质实体生产后，通过流通将这些物质实体送达消费者手中，最终通过消费使其价值得以实现。所以，生产、流通、消费共同构成了人类经济循环的完整过程。在这一过程中，生产是前提条件，消费是目的，同时又反过来促进了生产的发展。而流通则通过沟通生产与消费，对两者的发展都发挥了巨大的作用。流通串联产品链中的各个生产企业，同时通过各种渠道与方式最终将消费品送达消费者手中。因此，高效的流通一方面可以降低生产部门的生产成本，使投入与产出比更优，另一方面可以使消费者享用同等物质资料时付出更低廉的代价。所以，流通在生产与再生产过程中发挥着非常重要的作用。在将实体产品从生产领域运输到消费领域的整个过程中，流通主要解决了三个方面的问题：空间阻隔、时间阻隔和所有权阻隔。而在解决这三个阻隔问题的过程中，空间阻隔和时间阻隔共同形成了"物流"，所有权阻隔则形成了"商流"。物流和商流之间的关系往往是密切的，尤其是在经济发展水平较低的阶段，物流和商流往往是同时形成的。但在经济发展过程中，随着实体产品的生产分工不断专业化、国际贸易日益频繁和结算体系的不断创新，物流和商流又逐渐分离。在这一过程中，物流越来越独立存在于商流，成长为流通中的一个关键部分。

1962年，美国经济学家德鲁克于《财富》杂志上发表了《经济的黑暗大陆》，首次将物流领域称为"经济黑暗大陆"。他形象地指出人们对物流领域尚未认识和了解，在经济发展中需要用理论去照亮这片"黑暗大陆"，并发掘深藏于其中的宝藏。从新的管理理念来考察，物流在与商流逐渐分离的过程中形成了现代物流和独立的物流服务供给公司或企业。现代物流将工商企业内的存货管理、在制品的流动、企业与企业间的供需联络，乃至整个市场商品流通过程中的运输、仓储、配送、装卸搬运、流通加工、包装等活动都进行了整合，进而达到降低整体成本、加速商品流转、提升整体效率与效益的目的。我国国家标准《物流术语》(GB/T 18354—2021)对物流的定义是："根据实际需要，将运输、储存、装卸、搬运、包装、流通加工、配送、信息处理等基本功能实施有机结合，使物品从供应地向接收地进行实体流动的过程。"

进入20世纪80年代后，随着生产和销售企业开始产生对"第三物流方(third party logistics，TPL)"的需求，第三方物流企业及相应的业态应运而生。独立于商品生产和销售的第三方物流具有的显著特点是服务的专业化、高效化和一体化。这些特点给其他工商企业带来了巨大的管理收益和经济收益，也为全球化经济的发展注入了强大的推动力。同时，当物流服务本身作为商品独立存在时，物流业就逐渐成为集物流、商流和信息流于一体的综合产业，而这一产业的形成正是基于第三方物流的出现。第三方物流中的"第三方"，是与"第一方"发货人及"第二方"收货人相区分而言的。也就是说，第三方物流作为独立的一方，既不属于第一方发货人的企业，也不受第二方收货人的支配。它通过与第一方或第二方，或者这两方的合作来提供专业化的物流服务。所以，第三方物流可以被理解为：为外部客户在物流作业方面提供控制、管理及专业化作业服务，而本身不拥有货物的公司或企业。据中国仓储与配送协会进行的第三次物流市场调查：我国57%的生产企业和38%的商业公司或企业正在寻找新的第三方物流代理商。随着市场信息化水平的提升和网络等工具的完善，将竞价交易制度应用于物流市场的交易具有很大价值。

1.2.1 物流交易信息不对称问题

在物流发展的各个阶段，物流的交易大部分采用传统交易方式：议价和标价。在这两种交易方式中，标价无法突破物流交易中存在的信息不对称问题，而议价由于其"一对一"谈判形式的束缚，无法在较大的市场交易环境下迅速有力地降低交易成本。现代物流服务随着商业形态不断变化发展，需求与供给不断趋于个性化、多样化，并产生了海量的数据，因此对物流信息的传播和对物流价值的评估成为实现物流资源高效配置的重要方面。简单地说，就是各物流需求方和各物流交易方如何迅速地去评估和认定物流的真实价值，并将物流资源运用于最有价值的物流项目，这是甄别物流的商业价值的前提，也是更为高效地发展现代物流业的重要助力。如何提升物流领域的资源配置效率成为极具研究价值的一个课题。从20世纪末诞生第一台个人电脑，到21世纪初物联网的概念及技术悄然出现并不断深入影响经济运行的当下，研究如何基于物联网提供的海量物流信息及竞价交易理论的博弈机制去构建新型的物流竞价交易机制是实现物流领域物联网环境下交易成本优化的有效途径。

目前，国内外学者还没有着眼于利用竞价交易机制的设计来实现规模化市场的物流资源配置，也没有实现竞价交易机制对物流交易类型中别的交易方式的规模化替代，当然这与信息技术和竞价交易理论的最新进展有关。而我们的目标是构建一个具有"多对多"环节的平台化竞价交易系统，并展开基于这一系统的竞价机制、模型、算法和仿真研究工作。如同纳斯达克公司通过电子竞价交易来实现股票的交易，我们希望通过信息技术构建一个交易系统以实现物流交易，只是物流的平台化双向(供需)群体化竞价交易比股票交易要复杂得多，需要借助更为复杂的信息汇聚机制和竞价交易机制设计。

应构建一个基于信息技术的物流交易中心，并在该交易中心运行双边"多对多"平台化竞价交易系统，研究基于这一系统的竞价机制、模型、算法和系统仿真，是在大数据时代极具价值的一个课题。平台化竞价交易系统支撑的交易中心排除了讨价还价及标价交易形式，也不由某个采购商发起招标，它是由独立市场机构组织的物流竞价交易市场。

将基于竞价交易理论的竞价交易机制设计引入物流交易领域时，遇到的最大瓶颈就是信息的汇聚与甄别。在现实的经济运行中，整个社会物流作业分布是任意的，这导致物流交易竞价"标的"的形态具有多样性[81]。物流领域的竞价交易机制有别于淘宝、机票、纳斯达克股票市场等的成熟竞价交易机制，其设计、算法实现相当复杂。复杂之处在于四点：①多目标，物流"标的"涉及价格、数量、敏捷性、非破损率、安全性、保鲜技术（如新鲜时蔬）等；②组合与序贯交易，物流链包含采购、包装、搬卸、仓储、运输、批发、零售等多个环节；③信息多结构，物流"标的"通常面临"关联价值""预算约束""估价非对称"等问题；④物流作业分布的任意性。上述四点导致物流竞价交易机制实现对供需有效配置"最优性"和"有效性"的分析变得更为复杂。本书的目标是构建一个包括尽可能多的物流供需方的平台化竞价交易系统，并由独立的市场组织者进行管理。该物流交易系统的组织者为政府机构或一家依法成立的中立机构，其不是物流的第一、二方（物流采购商），也非物流第三方（物流供应商），是获取佣金（市场交易剩余的一部分）的物流市场第四方。该物流市场第四方是市场的组织者，其目标为通过竞价组织有效的交易市场，实现整个物流市场的交易剩余最大化。在该物流竞价交易系统下，物流供需双方的每一个交易个体通过交易系统终端输入自己的交易信息向量，系统向其提交向量函数，并提供相应的匹配机制和价格生成机制，同时在全区域物流市场自动搜索该市场条件下最优的交易对象，实现市场出清和交易价格生成。系统采用交易机制，通过满足参与理性约束和激励相容约束实现两个目标：①揭示该市场条件下个体交易方的真实信息；②使市场整体实现社会福利最大化。该交易机制可最大程度地减少市场各参与方因私有信息而产生的物流资源的无效配置，充分揭示物流供给商因自身管理能力、技术能力、运营能力等不同而导致的不同的供给能力，充分挖掘市场运行过程中随机产生的物流供给商实时服务成本和物流采购商实时交易剩余。本书将结合以成都、重庆、南宁、贵阳为中心的西南物流区域的模拟物流交易市场，研究如何通过构建一个区域物流竞价交易中心，支撑区域内物流供需双方的规模化竞价交易。现在各层次的区域政府都在打造物流信息平台，这些平台的打造为物流信息的收集做了必要的基础准备。然而，这些信息平台仅具备较为原始的信息汇聚作用，并没有真正运用相关的信息经济学理论和交易机制设计去分析和揭示这些物流信息所包含的市场价值，以及由此通过快速、有效的供需匹配来推动物流资源配置的优化。借助物联网技术深入商品流通的全生命周期进行交易信息提取，为支撑更为精细化的物流资源配置机制提供了基础。基于物联网、第四方物流、竞价交易理论及竞价系统去构建一个区域物流竞价交易中心，是一个需要在扩大化的复杂环境中探索如何基于相关最新竞价交易理论和物联网技术成果构建一个有效的物流竞价交易系统的课题，这一课题兼具理论和应用价值。

2008年爆发的全球性金融危机，直接或间接地推动了以物联网为核心的第三次信息技术革命。物联网离不开全球定位系统、射频识别技术、云计算技术等，并与移动信息化实现了有机结合，有助于物流、资金流、信息流的"三流合一"。我国物流发展需要物联网，通过物联网的建设可形成集成化的信息平台，实现物流系统的现代化，通过现代化管理可使物流业的外包实现真正的现代化外包。应把企业的局部物流扩展到全社会的物流，最大限度地降低成本，实现物流系统现代化。本书不针对物联网技术加以研究，而是研究物联网技术在可预期的未来给我们带来的信息获取结果及对交易模式变革的底层支撑，以及由其导致的物流采购交易模式的创新。通过物联网实现的物流、信息流合一能够使得在规模化的同一市场中"多对多"的物流供需方对同一物流项目、竞价"标的"实现标准化和无异议化，从而使得规模化的竞价交易模式产生，并最终在交易领域实现物流、信息流、商流"三流合一"的变革。物联网是物流竞价交易系统突破信息障碍的必要保障，物流竞价交易系统是物联网获取信息应用领域的拓展。

1.2.2 国内外物流竞价交易研究现状

1. 国外研究现状

国外学者Tully、Cohn等研究指出，货运领域的物流竞价交易将服务效率提高了5%～40%，平均节省成本达15%～20%[82,83]；除了节省成本以外，竞价交易还为物流交易带来了其他一些好处，比如供给和需求的快速匹配，为商业企业扩大了潜在的市场范围，增强了信息流和供应链的整合。Song和Regan从承运人的角度研究了组合竞价交易中的竞标问题[84]。Figliozzi等和Figliozzi研究了招投标(竞价交易)机制对城市区域物流的影响[85,86]。Figliozzi认为，在了解货物到达状况和分布情况的基础上安排合理的运输路线和竞价交易方式能够创造好的收益[86]。Smith认为在物流实践中很多不同类型的竞价交易都是用于一些独一无二的产品(比如农产品)，这些产品的价格难以估计，同时它们的需求和供给都呈现出较大的波动状态[87]。Figliozzi和Yamashita以及Tadahiro等、Huang等给出了一个利用序贯竞价交易研究运输市场的框架，并且探究了序贯竞价交易中的竞标策略，评估了竞价交易市场中不同车辆路线策略的竞争程度，研究了竞标学习机制(强制学习和虚假参与)的影响和运输市场汇总的竞价交易设计(一价或二价竞价交易)[88-90]。同时他们研究了考虑机会成本情况下，时间敏感市场运输问题的序贯竞价交易。Figliozzi提出了一个承运人(竞标者)面对的决策问题的博弈理论均衡，并且认识到一个棘手问题，即如何获得分析承运人行为和竞标的理性工具[91]。Duin 和 Tavasszy 讨论了如何通过缩减货运服务混合系统来最小化由需求变动导致的物流成本，其将需求分为基本量和峰值调剂量两部分，并通过实时招投标来实现峰值调剂量[92]。Song 和 Regan 认为，为了使供应方和需求方能够有效率地匹配，也可以通过竞价交易在众多运输承运人之间形成协作网络[93]。

随着网络技术的出现和广泛使用，网络越来越成为一个方便买卖双方交易、整合供应链、联系伙伴和雇员的平台。很多研究者从买者（竞价交易人）的角度来设计竞价交易机制或分析已存在的竞价交易机制[94,95]。其中，组合采购竞价交易受到特别的关注，该类竞价交易允许供应商（竞标者）表明不可互补的产品或服务、可兼容的产品或服务和折扣量。同时，由于不同运输路线间运作的内在协同意义，组合竞价交易被用来进行运输服务的采购，当然大多数研究者主要从发货人的角度进行研究。Ledyard 等描述了用"组合价值"竞价交易来进行运输服务采购的实例[96]。Elmaghraby 和 Keskinocak 讨论了几个公司如何采用效用最大化采购工具来采购物流服务，这些公司包括 Home Depot、Wal-Mart Stores、Compaq Computer Co 等[97]。Sheffi 提供了一个采用组合竞价交易进行货车运输服务采购的实践结果[98]。Semra 等讨论了视物流的需求与供给的产生为一个马尔可夫过程时如何通过招投标（竞价交易）构建交易中心的机制[99]。Anandalingam 等讨论了一个电子竞价交易市场，在该市场中车辆和货柜发货人必须购买货车、货车或货运船上的空间，而智能代理人可以通过"复杂适应系统"实现自组织[100]。Moyaux 等讨论了一个网络化竞价交易的供应链[101]。

2. 国内研究现状

李玉民对焦作市的大宗物流运输状况进行了调研，发现物流产业的高速发展需要构建和培育公开、透明、有序的物流交易市场[102]，而招投标制度就符合现代物流所要求的规模化运作、低成本运营和高质量服务等。同时，他还讨论了当前我国市场实施招投标制度的障碍和基于招投标制度的区域物流发展模式。周云和王国华讨论了工商企业如何购买第三方物流服务的问题[103]，他们指出工商企业在购买物流服务的过程中会经历以下几个主要步骤：①基于自身的理解和分析的物流需求表达；②选择一定数量的第三方物流服务供应商作为备选企业；③在综合考虑供应商信誉、能力和资源的基础上最终选定供应商；④与选定的第三方物流服务供应商实现合作；⑤第三物流方在提供物流服务的同时进行不间断的或突破式的改进。同时，他们指出第三方物流企业应基于上述步骤和项目的情况设计投标书。黄河等综合考虑了价格和质量因素，同时寻求通过系统效用最大化来实现最优分配的组合采购[104]。韩平等将第三方物流的选择和物流分包问题结合在一起进行研究，在物流作业分包时综合考虑了作业时间、信誉和服务质量等因素，通过设计组合竞价交易机制来解决物流分包的问题[105]。王勇等指出在现实的经济运行中，整个社会物流作业分布是任意的、无规律的，因此寻求不同物流服务之间的整合规律是困难的[106]。他们通过树形结构来表示相关的物流作业运输路线，并在此基础上提出了多物流服务相反组合竞价交易方法。

在构建物流信息平台方面，谈冉和薛胜军讨论了基于大量软件及相关实用性产品的开发将多种信息管理系统综合集成为一个统一的物流信息管理平台的问题，以实现物流信息的智能化和自动化管理[107]。这一平台包括现阶段已经存在的交通运输管理、客户关系管理和仓储管理等功能，并通过发展成熟的互联网技术将物流企业的市场、服务和客户等统一于一个全球性的知识网。董千里等从权属特征、标准化程度、服务范围和资源整合等几个角度区分"公用"和"公共"物流信息平台，并以陕西省物流公用信息平台建设为例，分析了物流信息平台的投资运营与构建问题，指出平台运营主体权责分明、平台公用特点明晰是实现资源最优配置的基础[108]。舒帆分析了港口物流信息的特点，并在此基础上提出了物流信息流程图和港口物流信息平台建设的核心问题，同时为保证信息平台实现高效的数据管理和控制讨论了可视化的数据挖掘技术[109]。赵争对通过建设省级物流信息平台来推动现代物流发展的问题进行了分析，指出省级物流信息平台能够整合省内物流信息资源，强化省内上下游企业间的合作和社会资源的最优利用，为省内现代物流创造好的环境[110]。

现代物流产业在我国还是一个较新的产业，对物流产业中涉及的各种交易问题及交易方式的研究更是较新的课题。本书的目标就是通过研究竞价交易使不断崛起的物流第三方和第一、二方之间的市场交易更富有效率。

在新兴的现代物流市场中，第三物流方崛起成为专业的物流供给公司或企业，随着理论研究的不断深入，人们对这片"黑暗大陆"的认识也在不断深入。当我们重新审视物流领域这片"黑暗大陆"时，一个重要的视角就是合理的交易方式能使得物流资源本身得到最优化的利用。这使得第三物流方与第一方发货人和第二方收货人之间的交易问题日益凸显。物流供给是一种服务，也是一种无形的商品。在物流发展的各个阶段，物流的交易形式包括所有的传统交易形式，比如议价、标价。然而，由于现代物流服务随着商业形态不断变化发展，其在需求与供给上不断趋于个性化和多样化，这使得对物流信息的传播和对物流价值的评估成为实现物流资源高效配置的重要方面。简单地说，就是各物流需求方和各物流交易方如何迅速地评估和认定物流的真实价值，并将物流资源运用于最有价值的物流项目，这是甄别物流的商业价值的前提，也是高效发展现代物流业的重要助力。

参 考 文 献

[1] 周锦昌, 孟昭莉. 大数据带来三大根本性改变[N/OL]. 哈佛商业评论, [2013-08-27]. http://www.hbrchina.org/2013-08-27/1455.html.

[2] 中国信通院. 大数据白皮书[M]. 北京: 中国信息通信研究院, 2020.

[3] 张学义, 彭成伦. 大数据技术的哲学审思[J]. 科技进步与对策, 2016(13): 130-134.

[4] 张晓强, 杨君游, 曾国屏. 大数据方法: 科学方法的变革和哲学思考[J]. 哲学动态, 2014(8): 83-91.

[5] 洪涛. 高级电子商务教程[M]. 北京: 经济管理出版社, 2011.

[6] 齐丹霞. 我的第一本经济学启蒙书[M]. 北京: 中国纺织出版社, 2012.

[7] BEAM C, SEGEV A. Auctions on the internet: a field study[J]. Journal of Economic Survey, 2000, 13(3): 227-286.

[8] KLEMBERER P. Using and abusing economic theory[J]. American Economic Review, 2003, 4: 123-153.

[9] BENAMEUR H B, CHAIB D, KROPF P. Multi-item auctions for automatic negotiation[J]. Information and Software Technology, 2002, 5: 291-301.

[10] CASSADY R. Auctions and auctioneering[M]. California: University of California Press, 1967.

[11] WIGGANS R E. Auctions and bidding models: a survey[J]. Management Science, 1980, 26: 119-142.

[12] ROTHKOPF M H, HARSTAD R M. Modeling competitive bidding: a critical essay[J]. Management Science, 1994, 40: 364-384.

[13] KRISHNA V. Auction theory[M]. Pittsburgh: Academic Press, 2001.

[14] VICKREY W. Combinatorial auctions: a survey[J]. INFORMS Journal Auctions Artificial Intelligence, 2002, 135: 1-54.

[15] TESAURO G, BREDIN J L. Strategic sequential bidding in auctions using dynamic programming[C]// International Joint Conference on Autonomous Agents & Multiagent Systems. DBLP, 2002.

[16] MILGROM P. The economics of competitive bidding: a selective survey[J]. Social Goals and Social Organization, 1985: 261-289.

[17] MILGROM P. Advances in economic theory: fifth world congress[M]. Cambridge: Cambridge University Press, 1985.

[18] WEBER M R J. A theory of auctions and competitive bidding[J]. Econometrica, 1982, 50(5): 1089-1122.

[19] MCMILLAN M A. Auctions and bidding[J]. Journal of Economic Literature, 1987, 25(2): 699-738.

[20] BEWLEY T F. Advances in economic theory: fifth world congress[M]. Cambridge: Cambridge University Press, 1987.

[21] MYERSON R B. Game theory: analysis of conflict[M]. Cambridge: Harvard University Press, 1997.

[22] ZERMELO E. Über eine anwendung der mengen lebre auf die theorie des schachspiels[M]. Cambridge: Cambridge University Press, 1913.

[23] NEUMANN J V. Zur theorie der gesellschaftsspiele[J]. Mathematische Annalen, 1928, 100(1): 295-320.

[24] NEUMANN J V, MORGENSTERN O. Theory of games and economic behavior[M]. 2nd Ed. Princeton: Princeton University Press, 1947.

[25] KRISHNA V. Auction theory[M]. Pittsburgh: Academic Press, 2002.

[26] VICKREY W. Counterspeculation, auctions, and competitive sealed tenders[J]. Journal of Finance, 1961, 16(1): 8-37.

[27] KRISHNA V. Auction theory[M]. Pittsburgh: Academic Press, 2002.

[28] HOLT C. Competitive bidding for contracts under alternative auction procedures[J]. Journal of Political Economy, 2002(88): 433-445.

[29] CHE Y K, GALE I. Standard auctions with financially constrained bidders[J]. Review of Economic Studies, 1998, 65(1): 1-21.

[30] MARSHALL R C, MEURER M J, RICHARD J F, et al. Numerical analysis of asymmetric first price auctions[J]. Games & Economic Behavior, 1994, 7(2): 193-220.

[31] RILEY M J. Asymmetric auctions[J]. The Review of Economic Studies, 2000, 67(3): 413-438.

[32] GUPTA M, LEBRUN B. First price auctions with resale[J]. Economics Letters, 1999, 64(2): 181-185.

[33] RILEY J G, SAMUELSON W F. Optimal auctions[J]. American Economic Review, 1981, 71(3): 381-392.

[34] MCAFEE R P, MCMILLAN J. Auctions and bidding[J]. Journal of Economic Literature, 1987, 25(2): 699-738.

[35] KLEMPERER P. Auction theory: a guide to the literature[J]. Journal of Economic Surveys, 1999, 13(3): 227-286.

[36] PARK R S. An elementary introduction to auctions[J]. Interfaces, 2001, 31(6): 83-97.

[37] LUNANDER A. Procurement bidding in first-price and second-price, sealed-bid auctions within the common-value paradigm[J]. Computational Economics, 2002, 19(2): 227-244.

[38] MILGROM P, WEBER R J. The value of information in a sealed-bid auction[J]. Journal of Mathematical Economics, 1982, 10(1): 105-114.

[39] KAGEL J H, CAMPBELL C M, LEVIN D. The winner's curse and public information in common value auctions: reply[J]. American Economic Review, 1986, 76(5): 894-920.

[40] CAPEN E C, CLAPP R V, CAMPBELL W M. Competitive bidding in high risk situation[J]. Journal of Petroleum Technology, 1971, 23(6): 641-653.

[41] BAZERMAN M H, SAMUELSON W F. I Won the auction but don't want the prize[J]. Journal of Conflict Resolution, 1983, 27(4): 618-634.

[42] KAGEL J H, LEVIN D, HARSTAD R M. Comparative static effects of number of bidders and public information on behavior in second-price common value auctions[J]. International Journal of Game Theory, 1995, 24(3): 293-319.

[43] MATTHEWS S. Comparing auctions for risk averse buyers: a buyer's point of view[J]. Econometrica, 1987, 55(3): 633-646.

[44] WOLFSTETTER E. Topics in microeconomics: industrial organization, auctions, and incentives[J]. Journal

of Economics, 1999, 74(3): 328-329.

[45] ROBINSON M S. Collusion and the choice of auction[J]. The RAND Journal of Economics, 1985, 16(1): 141-145.

[46] GRAHAM D A, MARSHALL R C. Collusive bidder behavior at single-object second-price and English auctions[J]. Journal of Political Economy, 1987, 95(6): 1217-1239.

[47] MCAFEE R P, MCMILLAN J. Bidding rings[J]. American Economic Review, 1992, 82(3): 579-599.

[48] HENDRICKS K, PORTER R H. Collusion in auctions[J]. Annales Deconomie Et De Statistique, 1989, 15(15/16): 217-230.

[49] PORTER R H, ZONA J D. Detection of bid rigging in procurement auctions[J]. NBER Working Papers, 1993, 101(3): 518-538.

[50] GRAHAM D A, MARSHALL R C. Collusive bidder behavior at single-object second-price and English auctions[J]. Journal of Political Economy, 1987, 95(6): 1217-1239.

[51] MCMILLAN J. Japan's price-fixing conspiracies[J]. Economics & Politics, 2010, 3(3): 201-218.

[52] MASKIN E, RILEY J, HANN F. The economics of missing markets, information and games[M]. Oxford: Oxford University Press, 1989.

[53] PALFREY T R. Bundling decisions by a multiproduct monopolist with incomplete information[J]. Econometrica, 1983, 51(2): 463-483.

[54] WILSON R. Auctions of shares[J]. The Quarterly Journal of Economics, 1979, 93(4): 675-689.

[55] YAO A D A. Split awards, procurement, and innovation[J]. The RAND Journal of Economics, 1989, 20(4): 538-552.

[56] KLEMPERER P, MEYER K M A. Supply function equilibria in oligopoly under uncertainty[J]. Econometrica, 1989, 57(6): 1243-1277.

[57] ENGELBRECHT W R, KAHN C M. Multi-unit auctions with uniform prices[J]. Economic Theory, 1998, 12(2): 227-258.

[58] ENGELBRECHT W R, KAHN C M. Multi-unit pay-your-bid auctions with variable awards[J]. Games and Economic Behavior, 1998, 23(1): 25-42.

[59] RENY P J. On the existence of pure and mixed strategy nash equilibria in discontinuous games[J]. Econometrica, 1999, 67(5): 1029-1056.

[60] BRESKY M. Equilibria in multi-unit auctions[M]. Prague: CERGE, 2000.

[61] SWINKELS J. Asymptotic efficiency for discriminatory private value auctions[J]. Review of Economic Studies, 1999, 66(3): 509-528.

[62] HURWICZ L. Optimality and informational efficiency in resource allocation processes[M]. California: Stanford University Press, 1960.

[63] WHITTLE P. Optimum preventive sampling[J]. Journal of Operat, 1954, 2: 197-205.

[64] HILL I D. The economic incentive provided by sampling inspection[J]. Journal of the Royal Statistical Society, Series C(Applied Statistics), 1960, 9(2): 69-81.

[65] GOOD I J. Rational decisions[J]. Journal of the Royal Statistical Society, Series B(Methodological), 1952, 14(1): 107-114.

[66] MECARTHY J. Measure of the value of information[J]. Porc. Nat. Acad. Science, 1956, 42: 654-655.

[67] MARSCHAK J. Elements for a theory of teams[J]. Management Science, 1955, 1(2): 127-137.

[68] ROTHSCHILD M, STIGLITZ J. Equilibrium in competitive insurance markets: an essay on the economics of imperfect information[J]. Uncertainty in Economics, 1976, 90(4): 629-649.

[69] 陈志俊, 邹恒甫. 防范串谋的激励机制设计理论研究[J]. 经济学动态, 2002(10): 52-58.

[70] MYERSON R B. Optimal auction design[J]. Discussion Papers, 1978, 6(1): 58-73.

[71] BULOW J, ROBERTS J. The simple economics of optimal auctions[J]. Journal of Political Economy, 1989, 97(5): 1060-1090.

[72] SMELTZER L R, CARR A S. Electronic reverse auctions: promises, risks and conditions for success[J]. Industrial Marketing Management, 2003, 32(6): 481-488.

[73] SASHI C M, BOEING O L. The role of internet auctions in the expansion of B2B markets[J]. Industrial Marketing Management, 2002, 31(2): 103-110.

[74] CHANG S C. Reverse electronic auctions: cases in Taiwan's high-tech industry[J]. Technology in Society, 2007, 29(4): 490-496.

[75] BEALL S, CARTER C, CARTER P L, et al. The role of reverse auctions in strategic sourcing[J]. Focus Study CAPS Res., 2003: 1-85.

[76] HAHN J. The dynamics of mass online marketplaces: a case study of an online auction[C]//Conference on Human Factors in Computing Systems.ACM, 2001.

[77] WURMAN P R, WELLMAN M P, WALSH W E. A parametrization of the auction design space[J]. Games and Economic Behavior, 2001, 35(1-2): 499-525.

[78] PAVLOU P, BA S. Does online reputation matter-an empirical investigation of reputation and trust in online auction markets[C]//Proceedings of the AMCIS 2000 Conference, Long Beach, CA, 2000.

[79] DEWAN, HSU H V. Trust in electronic markets: price discovery in generalist versus specialty online auctions working paper[R]. University of Washington, Seattle, 2001.

[80] PAUL K. Auctions: theory and practice[M]. Princeton: Princeton University Press, 2004.

[81] UNI M, MARIA B. Factors influencing implementation of reverse logistics: a survey among Hong Kong businesses[J]. International Journal of Physical Distribution & Logistics Management, 2012, 42(6): 562-583.

[82] TULLY S. The B2B tool that really is changing the world[J]. Fortune, 2000, 141(6): 20-25.

[83] COHN L, BARDY D, WELCH D. B2B: the hottest net bet yet?[J]. Business Week, 2000, 1(17): 36-37.

[84] SONG J, REGAN A. Approximation algorithms for the bid construction problem in combinatorial auctions for the procurement of freight transportation contracts[J]. Transportation Research, Part B(Methodological), 2005, 39(10): 914-933.

[85] FIGLIOZZI M A, MAHMASSANI H S, JAILLET P. Auction settings and performance of electronic marketplaces for truckload transportation services[J]. Transportation Research Record Journal of the Transportation Research

Board, 2004, 1906: 89-97.

[86] FIGLIOZZI M. Analysis and evaluation of incentive-compatible dynamic mechanisms for carrier collaboration[J]. Transportation Research Record Journal of the Transportation Research Board, 2006, 1966: 34-40.

[87] SMITH C W. Auctions: the social construction of value[M]. California: University of California Press, 1989.

[88] FIGLIOZZI K, YAMASHITA T. Double auction with interdependent values: incentives and efficiency[J]. Theoretical Economics, 2017, 12(3): 1393-1438.

[89] TADAHIRO T, KOKI K, YOSHIRO F, et al. Automated linear function submission-based double auction as bottom-up real-time pricing in a regional prosumers electricity network[J]. Energies, 2015, 8(7): 7381-7406.

[90] HUANG P, SCHELLERWOLF A, SYCARA K. Design of a multi-unit double auction e-market[J]. Computational Intelligence, 2010, 18(4): 596-617.

[91] FIGLIOZZI M A. Performance and analysis of spot truck-load procurement markets using sequential auctions[D]. Washington D. C.: University of Maryland, College Park, 2004.

[92] DUIN J H R V, TAVASSZY L A, TANIGUCHI E. Real time simulation of auctioning and re-scheduling processes in hybrid freight markets[J]. Transportation Research Part B: Methodological, 2007, 41(9): 1050-1066.

[93] SONG J, REGAN A C. An auction based collaborative carrier network[J]. University of California Transportation Center Working Papers, 2003, 43: 101-105.

[94] ANANDALINGAM G, DAY R W, RAGHAVAN S. The landscape of electronic market design[J]. Management Science, 2005, 51(3): 316-327.

[95] MISHRA D. Auction design for multi-item procurement thesis[D]. Madison: University of Wisconsin, 2004.

[96] LEDYARD J O, OLSON M, PORTER D, et al. The first use of a combined-value auction for transportation services[J]. Interfaces, 2002, 32(5): 4-12.

[97] ELMAGHRABY W, KESKINOCAK P. Dynamic pricing in the presence of inventory considerations: research overview, current practices, and future directions[J]. Management Science, 2003, 49(10): 1287-1309.

[98] SHEFFI Y. Combinatorial auctions in the procurement of transportation services[J]. Interfaces, 2004, 34(4): 245-252.

[99] SEMRA A, TAN B, KARAESMEN F. Modeling and analysis of an auction-based logistics market[J]. European Journal of Operational Research, 2008(191): 272-294.

[100] ANANDALINGAM G, DAY R W, RAGHAVAN S. The landscape of electronic market design[J]. Management Science, 2005, 51(3): 316-327.

[101] MOYAUX T, MCBURNEY P, WOOLDRIDGE M. A supply chain as a network of auctions[J]. Decision Support Systems, 2010, 50(1): 176-190.

[102] 李玉民. 基于大宗货物道路运输招投标的区域物流发展模式及其演化[J]. 物流技术, 2005(8): 15-17.

[103] 周云, 王国华. 第三方物流项目招投标运作实务(下)[J]. 中国远洋航务公告, 2005(11): 77-78.

[104] 黄河, 陈剑, 徐鸿雁. 多因素采购组合拍卖动态机制设计研究[J]. 中国管理科学, 2008, 16(1): 104-110.

[105] 韩平, 王勇, 罗富碧. 基于多属性组合拍卖的物流作业分包[J]. 工业工程, 2008, 11(1): 89-92.

[106] 王勇,张龙勇,胡友勇. 基于树形结构的物流作业反向组合拍卖[J]. 科技进步与对策,2009,26(23):30-34.

[107] 谈冉,薛胜军. 智能管理物流信息平台的研究[J]. 武汉理工大学学报(信息与管理工程版),2005,27(2):139-141.

[108] 董千里,尚鸿雁,刘小东,等. 物流信息平台的区分及规划构建研究[J]. 广西大学学报(哲学社会科学版),2008,30(2):13-16.

[109] 舒帆. 港口物流信息平台共享架构及其可视化挖掘[J]. 上海海事大学学报,2006(s1):79-84.

[110] 赵争. 省级物流信息平台的规划研究[J]. 计算机工程与科学,2008(5):138-141.

第二章　物流采购大数据竞价平台构建

物流交易市场是伴随着物流形态独立于工商企业之后产生的。最开始的物流活动是工商企业通过自身来实现的，随着物流独立为一个产业和第三物流方的产生，形成了第三方物流。同时，随着我国从计划经济向市场经济变革，国有生产资料流通企业作为唯一的所有制形式被打破，出现了集体所有制及私营企业和股份制的物流企业，它们成为市场中的交易主体。这些独立的交易主体的出现、成长和自身特点使得竞价交易的应用有了可行的基础。在这一市场基础上，通过信息技术构建的物流在线交易平台对于推动物流竞价交易具有重要作用，这是因为基于信息技术构建的物流在线交易系统具有参与个体多、交易时间短、进入退出费用低等特点。同时，竞价交易本身是一个由集体决定资源价格及分配的过程，所以汇聚信息的竞价交易平台的构建非常重要。本章将分析现代物流交易市场中物流企业的成长情况及政府在构建现代物流中的作用，从而得出构建物流采购在线竞价交易平台的市场前提。

2.1　物流市场交易主体

2.1.1　第三方物流的产生及特点

物流市场起源于独立的物流企业。现代物流整合了工商企业存货管理、在制品的流动、企业与企业间的供需联络，乃至整个市场商品流通过程中的运输、仓储、配送、装卸搬运、流通加工、包装等活动。第三方物流崛起成为物流领域新兴的市场力量以后，成为专业化的物流供给方，第一方发货人及第二方收货人依据具体情况为物流的采购方。一般认为现代意义上的第三方物流仅有二十多年的历史，在这之前，许多企业一方面从事制造和经销业务，另一方面也拥有自身的仓库和车队从事仓储和运输作业。但是，随着市场竞争的不断加剧和社会分工的日益精细化，一些制造业企业开始注意到自己并非经营运输作业和库存管理的行家，同时也为了把更多的精力集中于企业的主营业务以便与主要对手展开竞争，于是开始把部分自己并不十分在行的仓储、运输业务交给"第三方"经营管理。当第三物流方发展成为独立的物流企业时，生产企业所选择的"第三方"都是相比较而言十分有经验和实力的专业化运输企业和仓储企业。由于专业性更强，这些企业经营起来自然比生产企业自己经营更经济合算。最终，一部分优质的传统物流企业，如运输企业、仓储企业、海运和空运公司等，开始进入生产和销售企业的物流链中。它们从帮助厂商运输材料、零部件、在制品和制成品做起，逐渐扩大到经营仓储、配送和流通加工等业务，成长为这些厂商的合作伙伴，最后发展成为颇具规模的第三方物流服务公司。随着第三方物流服务业在现代经济中越来越重要，第三方物流企业已成为不可替代的独立的市场交易主体，而第一方发货人及第二方收货人分别构成了物流服务的供给方和需求方（采购方）。

在早期，工商企业的物流完全自营，不存在任何外协。随着生产的发展，因企业物流设施不足而开始出现外包单项物流活动的情况，后来又出现外包多项物流活动，但没有针对物流活动的整合，接着又发展到全部物流活动外包，但仍没有整合。由于经济利益的驱动，开始出现多项物流活动的整合，最后发展到第三方物流企业进行完整的物流整合服务，即现代意义上的第三方物流。由于第三方物流的经营方式通常是与客户签订较长时间的物流服务合同，因而很多人称其为"合同物流（contract logistics）"，同时，为了区别企业自身提供的物流服务和外界提供的物流服务，又有人称第三方物流为"外协物流（outsourcing logistics）"。

多数第三方物流企业来源于传统物流企业，它们包括运输企业、仓储企业、托运人、信息或财务服务公司、货运代理公司等。随着经济的发展，第三方物流在成长过程中已逐渐形成了鲜明的特征，突出表现在以下五个方面。

(1) 服务个性化。主要体现在两点：①不同的物流消费者对物流服务的需求不同，第三方物流需要依据物流消费者的不同要求提供具有很强的针对性的个性化服务和增值服务，这些要求包括企业形象、产品特征、业务流程、竞争需求、顾客需求特征等；②从经营者角度来看，由于市场竞争、物流能力和物流资源等的影响，第三方物流需要形成自己的核心业务，通过不断强化物流服务供给的个性化和特色化来增强在物流市场中的竞争力。

(2) 功能专业化。第三方物流企业已独立成为专业的物流企业，是专业物流服务的供给商。无论是物流设计、物流操作过程，还是物流技术及工具设施、物流管理，都必须体现出专业化和专业水准。这不仅是物流消费者的需求，同时也是第三方物流企业对自身发展的基本要求。

(3) 关系契约化。首先，第三方物流与物流经营者和物流消费者之间的合作关系是基于契约的，是一种规范的契约关系。物流经营者依据契约的规定，为物流消费者提供多功能乃至全方位一体化的物流服务，并以契约为标准来管理自身提供的所有物流服务活动及其对应过程。其次，当第三方物流需要发展物流联盟时，也要通过契约来明确联盟中各物流参与者之间的相互权责关系。

(4) 管理系统化。第三方物流是物流功能的整合者，具备提供系统化物流的功能，这也是第三方物流产生和发展的最基本要求。为适应和达到这一要求，第三方物流企业通过建立现代化的管理系统，满足自身运行和发展的基本需求。

(5) 信息网络化。信息技术的成熟是第三方物流得以发展的基础。在提供物流服务的过程中，信息技术的发展使信息实时共享成为可能，显著促进了物流过程管理的科学化，因而极大地提高了物流效率和物流效益。

发展第三方物流企业，最重要的是第三方物流企业自身要拥有一批专家，他们专长于企业的物流管理和社会的物流管理。第三方物流企业通过这些专家选择具有一定规模的工商企业或公司(客户)，在这些企业或公司委托下针对其自身物流管理的现状提出多种可供选择的改进方案，并说服这些客户让第三方物流企业来对其全部或部分的物流进行操作和管理。物流现代化的因素可归结于两个方面，一方面是因为计算机技术迅速地发展，在这过程中形成了对企业物流发挥重大推动作用的先进物流管理软件，比如 MRP、MRP Ⅱ、DRP、DRP Ⅱ 和 Just-In-Time、Just-In-Time Ⅱ 等。另一方面，人们逐渐认识到需要从流通、生产和消费的全过程来看待物流，进而使物流被提高到了一个战略性高度，受到企业高层管理人员充分重视。第三方物流企业的核心经营目标就是综合物流代理业务的采购、销售、组织设计和协调管理的方法与经验，并且通过持续不断的业务流程创新和对应的组织机制创新使公司运营和发展不断产生新的增长点。

2.1.2 各种所有制的物流企业

从物流企业的所有制来看，随着我国经济的转型，各种新型所有制企业都参与到市场中来。正是因为各种类型的物流企业如雨后春笋般成长起来，才使得物流市场能够具有较为充分的竞争，从而提高了整个行业的绩效，也为设计物流竞价交易市场提供了适宜的环境。20 世纪 90 年代，由于经济体制市场化改革的深化使国有经济不断调整，形成了多种所有制成分和多元化市场主体共存的市场结构。目前，我国物流交易市场中的物流企业主要由三部分构成：国有独资和控股企业、民营和混合所有制企业、跨国企业，其中混合所有制企业构成了物流企业的主要部分。脱胎于传统生产资料流通企业的国有物流大型集团企业主要集中在省/区/市一级，而县级 99%的企业经所有制改制成为非国有制企业，在这些类型的物流企业中，民营物流企业经过三十多年的高速发展已经成长为物流行业的主要力量。现代企业管理理念和物流理念的引入，也使我国包括国有企业和民营企业在内的物流企业均有了显著变化，主要体现在运行机制、经营方式、管理制度等各个方面。特别是"十五"以来，我国物流企业的整体水平、综合素质、综合实力均有了很大提高，主要表现在三个方面：①经营规模稳步较快增长，依据《生产资料统计月报资料》[1]提供的部分样本企业数据，在经营规模不断增长的中国物流企业 50 强中，按可比口径计算，2018 年度物流业务收入同比增长 26.1%，比 2017 年同期增速提高了 19.2 个百分点，同时，50 强物流企业物流业务收入门槛提高到了 29.6 亿元，比 2017 年增加了 1.1 亿元；②经济效益不断提高，2019 年 42 家物流上市企业净利润总额为 226.20 亿元，2018 年同期为 212.94 亿元，增加

13.26亿元,同比增加6.23%,平均净利润为5.39亿元;③资产状况显著改善,从业人数逐年增加,大型企业加速发展[1,2]。正是基于体制改革带来的经济活力,各种所有制的物流企业在同一市场中成为市场交易的主体,并通过价格和服务的优劣进行竞争。竞争为各物流企业提供了强烈的外部激励,优胜劣汰的法则使物流资源要素流向效率更高的地方,促使物流行业经营绩效不断改善。

2.1.3 政府机构

物流资源的规划建设和物流稀缺资源的有效分配是政府建设健康物流体系时的重要工作。在整个物流体系中,依托政府对物流体系进行规划、对基础物流设施进行投资和对稀缺物流资源进行出售是现实中常见的现象,比如货运铁路线运营的外包、港口航线运营牌照的按期出售、物流园区建设中为提高用地效率进行的土地出售、相关基础设施营业权的出售等。这些稀缺物流资源的分配要么基于政府的基础设施投资(如公路、铁路、港口和物流园区建设),要么基于管理自然供给的有限性和可持续性(如河流水运航道等)。

随着各个经济体对物流产业重要性的认识加深,政府主导下的区域经济规划都在规划区域内的物流网络和物流基础设施。这包括公路、铁路、港口和航空等各个方面的基础设施,还有物流园区等区域内物流中心的建设。基于区域经济理论和交易理论的分析,促进现代物流业发展的要素是多样的,包括经济的全球化发展、区域内经济的一体化、企业对利润进而对核心竞争力的追求和经济的普遍性发展。同时现代物流业的发展反作用于区域经济的发展,它改变着经济增长的内涵和路径,催生新产业形态,整体优化区域内产业的构成。现代物流业的发展必然适应经济的区域一体化情形,最终以城市为中心的区域形成和发展为主要的物流市场。正是因为这一特征的呈现,各国政府机构都在对物流进行区域化的规划和构建,试图通过规划物流发展战略和与之对应的政策、管理措施以取得社会资源配置效益的最大化。国内现在有一个热点,就是对区域经济中物流园区的规划和构建,这一方面是为了缓解城市交通的紧张状况,另一方面是希望聚集区域内的物流资源以产生集聚化和规模化效应。在这个过程中,政府通过低价供给土地和完善相关政策措施对区域物流园区和区域物流基础设施进行投资,其中基于区域物流供需平衡的分析可以为政府提供科学的理论依据。这样,一方面可避免物流供给与产业结构调整或升级所带来的物流需求之间的不适应导致的区域内物流资源的非优化配置;另一方面,可通过物流需求与物流供给的有效耦合来加速产业结构的优化与升级,进而促进区域经济高效良好增长[3]。

政府在规划建设和引导产业的同时,其补贴政策和税率政策等也会影响物流设施的分布。Kouvelis 和 Rosenblatt 研究了全球化物流供应中生产和配送网络的效用,包括设施融资、地区交易规则、交通及企业税费法律中的政府补贴等方面。

他们通过建立理论框架、具体案例分析得出了诸多经济因素在全球物流设施结构中的效用规律,这些规律包括:①当运输组件的费用非常高昂时,企业通常通过聚集化的生产和配送结构来减少这一费用;②政府增加关税,企业则倾向于将配送网络进行分散化;③各国政府不同的税率将反作用于物流设施的布局,促使全球化生产和配送网络形成聚集化的网络结构,在这一结构中低税率国家不仅能够吸引大量针对工厂和配送中心的投资,而且还能够通过构建的配送中心来满足世界大部分物流需求;④经济体之间构成的自由贸易区(如当最终的产品等组件的运输费用占成本的比例较大时)倾向于物流产业设施网络的区域化效应,在一个经济体内或在一个自由贸易区内,如果地域物流需求设置得不合理,可能导致截然相反的效果;⑤政府针对物流设施融资的补贴即使很少,在通常情况下也将吸引物流设施投资[4]。

以上这些都说明了政府对一个经济体中的物流规划和建设具有重要作用。因此,政府作为公共资源的管理者,也作为产业的引导者,需要通过将稀缺的物流资源出售给物流商来最大化社会效益,而政府参与的交易通常会采用竞价交易这一公开、公平和高效的交易模式。

2.2 资质及指标能力评级系统

在物流竞价交易过程中,物流采购方往往对物流的供给方在资质和服务标准上有要求,只有满足这些要求的物流供给方才能获得参与竞标的资格。同时,对参与竞标的物流供给方供给的服务也需要进行验证。这些都要求物流交易中心建立专业的评价机构并依据行业标准作出评估,以作为竞价交易成功的保证。在整个招标采购过程中,进行合理的评标是关键,而确定评价指标体系又是整个评标过程的关键,因为评价指标体系设置是否科学、合理必将在很大程度上决定招标采购活动能否顺利进行。因此,在确定评价指标体系时,须综合考虑投标者的资格条件、服务、经验、规模和财务能力等,同时还须对竞标者的履约能力、资质、保证措施及服务承诺等方面进行评价或评估。

鲜活农产品的竞价交易有别于经典的传统竞价交易,其核心从竞价交易价格最低向综合品质最优转化。农产品的物流多有多属性要求,除低价以外,还包括绿色化、及时性等,特别是针对鲜活农产品,物流的品质是其生命,很多时候甚至比价格更重要。例如,沿海的海鲜被运送到内陆地区销售,其保鲜要求是很严格的,但只要新鲜程度能够得到保证,销售价格和利润都将会有很大程度的增加。

在物流需求中,对具备多属性特征的农产品物流供应商进行评估遴选需要采用综合评估的方法,具体措施往往是进行总体评分,而价格、及时性、绿色化、安全性等评估指标,可归纳为如下两类。

(1) 可以通过物理数值加以刻画的。比如价格，可以通过单位价格刻画；对于及时性，可以用天、小时、分等物理时间加以刻画。

(2) 不能通过物理数值加以刻画的。这时就需要具备行业专业知识的特别机构对各物流供应机构进行评估并给出评分，综合评分将通过需求方的综合效用函数形成，最终需求方通过这一综合评分对物流供给方进行遴选。对物流供应商的服务品质评级可通过等级原则进行打分，通过在这些等级评价中采用专家法、德尔菲法等评价方法，将模糊等级转化为数值以运用到竞价交易机制的设计中，可采用四等十级的评价方法：A 等——AAA 级（极好）、AA 级（优良）、A 级（较好）；B 等——BBB 级（一般）、BB 级（欠佳）、B 级（较差）；C 等——CCC 级（很差）、CC 级（极差）、C 级（几乎没有服务能力）；D 等（没有服务能力）。从 AAA 到 D 可用 10 分到 1 分来对应评价每个服务指标，这些指标可以作为竞价交易方对参与竞价交易过程的竞标者的资格要求标准，也可以作为对最终参与竞标者进行进一步综合评价的输入指标数据。

这些针对物流企业资质的评估为竞价交易的准入提供了依据。在物流服务的采购竞价交易程序中，竞价交易的招标方会首先发出物流采购竞价交易公告，并在公告中给出对进入该竞价交易程序的竞标方的要求，只有符合竞价交易方要求的潜在竞标方才能获得参与竞标的资格，从而保证了竞价交易的顺利进行。竞价交易程序中设置的资质评级系统可以为竞价交易方提供相关信息。针对物流采购的招标方对竞标方的选择标准并非仅有价格这一指标，而是一个包括多个质量属性的向量，物流资源配置成功后也需要资质评级系统来保障供给的公正性和可靠性，所以成功的竞价交易离不开合格的资质评级系统的成功运作。

2.3 物流大数据信息及在线竞价交易平台

现代信息技术的发展为我们构建基于互联网的信息收集和竞价交易平台提供了基础。可通过构建一个交易中心，采用物流供应方进行竞标的方式进行成本揭示，并通过设计竞价交易规则来完成物流资源的配置。基于互联网和电子技术的交易中心将具有参与个体多、交易时间短、进入退出费用低等特点[5]，正是这些特点为信息的广泛性和交易的便捷性提供了保证。将信息平台和具备公开性及竞争性的合理竞价交易机制进行结合的新的交易模式，将解决前面提到的信息范围和信息不对称的问题，为行业的发展提供强劲推动力。

近十年来，我国信息产业发展迅速，我国正逐步构建起覆盖全国的基础网络系统，同时也拥有了很多信息平台和交易中心，包括现代物流供需信息平台。我国信息产业的发展使物流产业能够广泛采用信息网络技术将货主、客户连接起来，实现从供应商、制造商到消费者的物流各个环节的跟踪、控制和管理，从而达到资源与信息共享的目的。

作为一种市场交易机制的竞价交易是一种价格发现和实现机制，也是通过竞争性报价，多个具备个体理性的博弈方在特定规则下做出最优决策的过程。竞价交易作为一种采购工具已被各种商品需求方广泛接受。

在物流领域，引入多属性组合竞价交易的方法对于建立价值优化的供应链和供应网络都是极富价值的。同时，设计恰当的竞价交易模型来满足需求方对标的物的属性要求和实现组合价值最优具有现实意义，如图 2.1 所示。物流领域的交易需考虑属性配置和资源优化配置两个部分，前者是为满足供需双方对交易对象的要求，后者是要使资源得到最优配置。

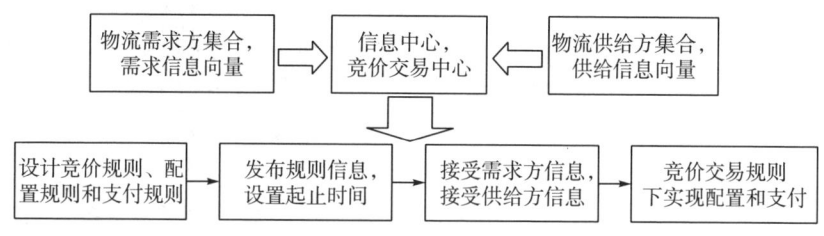

图 2.1　物流在线竞价交易系统示意图

物流的竞价交易(采购招标)指物流采购企业作为招标方事先提出物流采购的条件和相关要求，然后邀请众多第三方物流企业参与投标，并按照事先规定的程序和标准从中一次性地择优选择出物流交易对象。在现实的物流交易中有双边竞价交易的情况，即物流需求方和物流供给方都向市场组织者提交自己的供需向量（包括交易价格和交易数量），然后市场组织者通过一定的市场出清规则和相应的市场价格机制使供需双方形成匹配。竞价交易的最大特点是公开、公平、公正和择优，这对于参与竞价交易的供需双方而言增加了透明度，客观上也杜绝了腐败现象，通过真正的市场竞争和优胜劣汰的原则达到了保证物流质量、降低成本、提高经济效益的目的。

通过计算机网络技术构建的电子竞价交易系统能够在线处理竞价交易活动中生成的大量数据，实现交易的现代化管理。通过在线竞价交易系统可以就竞价交易物品、物流企业的资质评价信息、竞标向量、当前状态和交易信誉等进行管理，在线竞价交易系统具有很好的可操作性，可以实现竞价交易各参与方进行录入、竞价和查询等功能。

在物流服务的竞价交易中，需要将交易按物流的形态或产品类型进行分类，比如，前者可按冷链、公路、铁路和航空等分类，后者可按工业产品、农产品、矿产原料等进行分类。而每一种分类又可按具体的产品进行细分，如按煤炭、蔬菜、汽车、大米等产品分类。这样就可以按照具体的物流形态安排不同的物流交易中心，同一形态的物流服务需求方和供给方便集中到同一个物流交易平台，可设计不同的物流服务竞价交易规则来实现交易。这些交易可能是单边的，可能是双边的，也可能是物流服务需求方进行招标，然后选择物流费用最低或综合资质最优的物流供给方，或者是物流资源出售招标，将其出售给竞标价最高的物流服务需求方。同时，每一种竞价交易规则都具有特定的分配规则和支付规则以满足不同交易结构的需要。

通过网络系统来实现竞价交易时，该系统应该满足如下要求[6]：①具有比较直观的用户图形界面，并可通过网络直接访问；②实时化运行，保持客户端数据实时更新；③不同的用户得到各自所需的竞价交易信息，卖家能够了解投标者及其投标向量，投标者能够了解投标的动态；④竞价交易方可以自主设置竞价交易持续时间，并能够在必要时调整该时间；⑤具有安全的注册机制，确保信息不外露；⑥竞价交易方能够自主定义竞价交易，如邀请买家、设定竞价交易方式和访问权限等；⑦具有实现内部管理所需的数据库管理界面。从技术保障的角度来看，还要满足如下要求：①较高的安全性，以防止数据被泄露或被修改；②健壮性，能应对任何可能发生的故障；③客户端和服务器端保持时间同步等。在将计算机应用到构建竞价交易系统时通常采用开发网络服务在线竞价交易系统来实现，因为其与传统的网页式竞价交易系统相比具有非常显著的优点，如检索速度快、查找方便、保密性好、存储量大、可靠性好、真实感强等，这将大大提高竞价交易的效率，加速市场流通，实现运营效率的提高。竞价交易系统的核心部分由一些组件集成，包括用户浏览页面、实时数据库、JSP(Java server pages，Java 服务器页面)服务器、报表生成器等。JSP 服务器是系统的核心部分，完成对竞价交易的控制。服务器通过读取数据库数据和与访问客户端协作来提供有关竞价交易的动态信息、接受用户投标、保证所有信息准确及时。JSP 作为一种动态页面可实现用户查看和管理竞价交易设置。图 2.2 是一个竞价交易系统的结构图，图 2.3 为一个基于大数据的物流采购竞价交易系统。

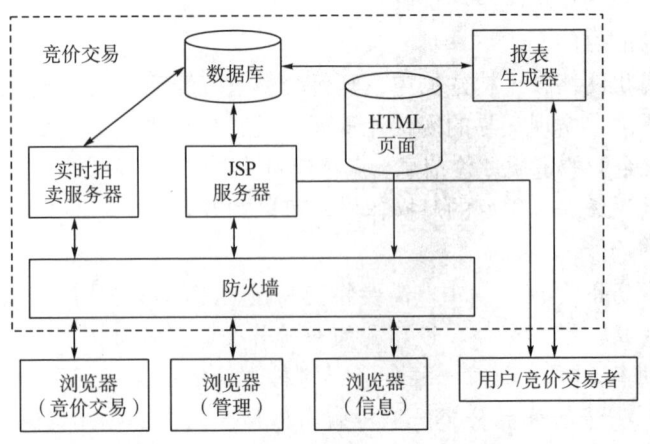

图 2.2　竞价交易平台系统结构[8]

第二章 物流采购大数据竞价平台构建

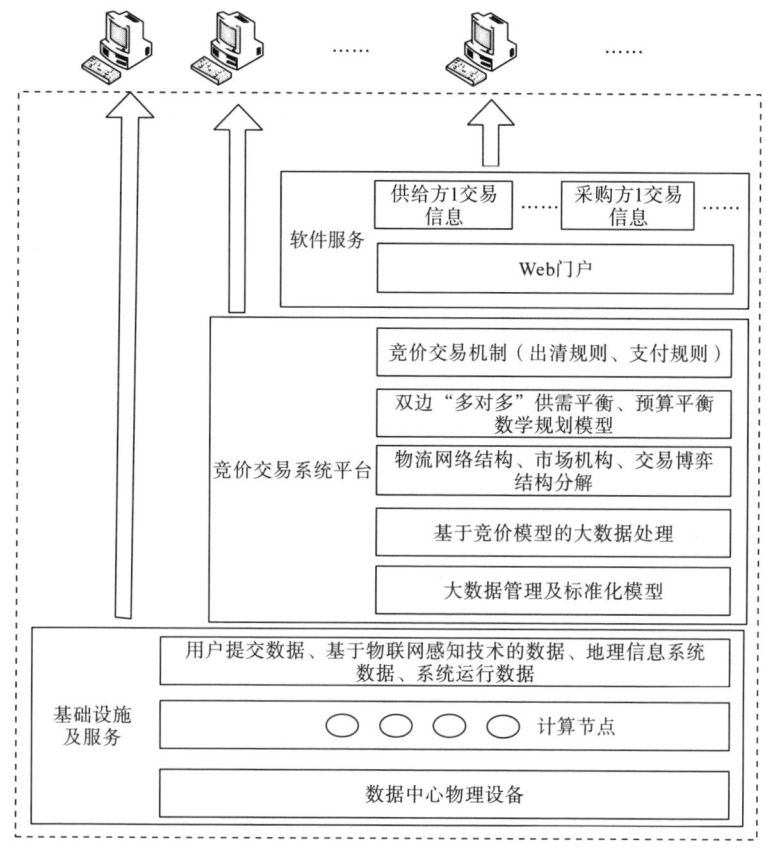

图 2.3　基于大数据的物流采购竞价交易系统

企业也可以积极构建供应链数据系统来推动企业运转效率的提高。Gartner 的一份调查显示，85%的《财富》世界 500 强企业未充分发掘大数据所蕴藏的潜力并据此形成竞争优势，这样的情况持续至 2015 年底。异曲同工的是，埃森哲的研究发现，虽然半数的受访企业很重视数据的准确性，但绝大多数管理者并不清楚数据分析项目会带来怎样的业务成果。企业的数据生态系统正变得日益复杂，各自为政的"数据孤岛"比比皆是，这限制了企业从数据中创造价值[7]。

为了释放数据所蕴藏的潜力，企业应将数据视为一条供应链，使该链以简单、有效的方式在整个企业中流动，并最终贯穿包括供应商和客户在内的整个企业合作伙伴生态系统。通过有效的配置和管理，数据供应链有助于企业发掘内部数据，对更多的数据来源进行充分利用，并最终产生切实可行的业务洞察力。

对于强有力的数据供应链而言，数据加速起着至关重要的作用。数据加速主要依托相关工具和技术快速获取海量数据（将从数据源处获取的数据输入专门的数据系统），并能使其迅速存储和取用。具体而言，企业能够通过数据加速获取有价值的数据，进而进行数据分析，获取洞察力并据此采取行动，有时甚至能在机遇窗口极为短暂的情况下迅速交付。

由此可见，数据加速能帮助企业克服数据迁移、数据处理和数据交互等挑战，从根本上解决如何使数据从数据源处迅速迁移到有需求的企业部门、如何尽快处理数据以获取切实可行的洞察力，以及如何快速响应用户或应用提交的查询请求等问题。数据加速主要涉及以下几个方面：①加快数据处理。过去，数据在企业中的迁移缓慢且相对直接。数据首先被收集至暂存区，随后再被转换成适当的格式并被加载存入相同数据源，最后以点对点的形式被直接传输至数据集市供用户和应用调取使用。然而，随着数据量和数据种类的急剧增加，这种传统的流程已难以满足要求。②物联网进一步推动了数据迁移的发展。全球移动通信系统协会（global system for mobile communications assembly，GSMA）统计数据显示，2020年，全球物联网设备连接数量高达126亿台，每台物联网设备都会生成数据，并且具有各自的形式和特征。对于出自各类数据源的、各式各样的数据，要想从数据源处把对应数据完整地传输到有需求的企业部门，难度很大。而数据加速恰恰有利于企业有效管理这项艰巨而又工程浩大的任务，可通过各种方式将数据纳入企业的数据基础架构，确保数据能够快速存取。长期以来，企业一直通过数据处理来获取切实可行的洞察力。③实时分析技术的崛起为企业带来了诸多全新机遇。良好的分析技术会对输入数据进行预处理。例如，通过监测客户所处位置，企业能在客户接近潜在购买地点时向客户的移动设备发送促销或折扣信息。而更加出色的技术则会将流动数据与历史（已建模的）数据有机结合起来，从而作出更加明智合理的决策。市场上有关数据快速存取的新型解决方案已如雨后春笋般涌现，每一种方案都为数据的处理速度、耐久性和准确性提供了有力保证。数据加速能为实现更快的数据处理提供支持，利用计算机集群的软硬件升级可使计算机的运行效率得到前所未有的提升。④数据交互主要关乎数据基础架构的可用性。用户或应用会向数据基础架构提交查询要求，并期望在可接受的时间范围内获得响应。传统的解决方案已使人们能够轻松地提交要求、获得所需结果、获取切实可行的洞察力。但是，大数据的兴起催生出了许多全新的编程语言，这阻碍了现有用户采用这些系统。数据加速能为实现更快的数据交互提供支持，即以普遍接受的方式将用户和应用与数据基础架构关联起来，并确保按要求快速提交查询结果。

为推动数据加速，企业应从众多不同的数据技术组件中选定适用的范围构建架构。这些组件包括：大数据平台、复杂事件处理、数据采集、内存数据库、缓存集群以及各种套装设备等。同时，架构组件只有经过正确的组合和架构配置并充分利用各自的互补优势，才能实现最大价值。为了构建能够支持数据加速的数据供应链战略，企业可以从以下几点着手准备。

(1) 储存数据。从使用频率最高、时间关联度最强的数据着手，将这些数据首先纳入数据平台加速。

(2) 识别效率低下的流程。寻找那些耗时颇多的手工数据修补流程(如数据标记或数据清理），利用机器学习算法进行替代。

(3) 找到"数据孤岛"。明确企业目前尚未得到满足的相应数据需求。

(4) 简化数据存取。制定标准化的数据平台数据存取策略，使得策略具有混合的特点，比如将传统的中间件和应用程序接口结合起来，抑或采用平台即服务 (Platform as a Service，PaaS) 产品。

(5) 对单个数据供应链进行优先排序。这有助于企业制定详细的路线图，从而大规模实施数据供应链。

(6) 兼顾外部数据源。在企业外部寻找数据源，以补充现有数据，帮助生成更加全面的洞察力。

(7) 选择合适的数据加速堆叠技术，同时研究优化配置的方法。

2.4 基于数据加速的企业治理效能提升

本章分析了我国从计划经济向市场经济的变革过程中传统的生产资料流通企业向现代物流企业转变的过程。这种转变以专业化的第三方物流的崛起和持续高速发展为代表，并最终决定了当前和以后的物流市场格局。在这一转变过程中形成了集体所有制及私营企业和股份制的物流企业，它们成为市场中的交易主体。正是这些独立的交易主体的出现、成长和自身特点使竞价交易的应用有了可行的基础。在这一市场基础上，本章通过分析物流需求方和物流供给方的交易关系，指出它们之间存在信息不对称问题，并且得出在这种信息结构下竞价交易是较为简单易行的交易方式之一，同时进一步探讨了基于现代互联网技术构建汇聚整个区域市场物流供需信息的竞价交易平台的重要性。

参 考 文 献

[1] 中国物流与采购联合会,中国物流学会. 中国物流发展报告(2007—2008)[M]. 北京:中国物资出版社,2008.

[2] 中国物流与采购联合会,中国物流学会. 中国物流重点课题报告(2007—2008)[M]. 北京:中国物资出版社,2008.

[3] 崔晓迪,王耀球. 国内外区域物流系统规划研究述评[J]. 综合运输, 2008(2): 49-51.

[4] KOUVELIS P, ROSENBLATT M J. A mathematical programming model for global supply chain management: conceptual approach and managerial insights[J]. Springer US, 2002.

[5] 姬东耀,王育民. 一个新的分布式安全电子拍卖协议[J]. 计算机学报, 2001(5): 449-454.

[6] DUMAS M, ALDRED L, GOVERNATORI G, et al. A probabilistic approach to automated bidding in alternative auctions[C]//Proceedings of the 11th International Conference on World Wide Web.New York.ACM Press, 2002.

[7] 李纲. 利用数据供应链释放商业价值[N/OL]. 哈佛商业评论, [2014-12-08]. http://www.hbrchina.org/2014-12-08/2616.html.

[8] 黄正伟,郑霞忠. 在线拍卖理论与实务[M]. 北京:中国时代经济出版社, 2008.

第三章　物流专用资产投资运营竞价机制

区域物流是实现区域经济社会持续健康发展的重要基础，区域物流系统通过对区域物流进行统筹、协调和规划使区域各个物流要素实现系统化的最优目标[1]。而区域物流中心是区域物流的集散地，也是区域物流系统的发展中心，带动区域物流的发展[2]。随着市场信息化的提升和网络等工具的完善，将招投标制度运用于构建高效的区域物流中心被不断研究和实践。例如，Tully、Cohn等研究指出货运领域的招投标能提高服务效率5%~40%，平均节省成本15%~20%[3,4]。Figliozzi等研究了招投标(竞价交易)机制对城市区域物流的影响[5,6]。Duin等讨论了一个缩减货运服务混合系统来最小化由需求变动导致的物流成本的问题，其将需求分为基本量和峰值调剂量两部分，并通过实时招投标来实现峰值调剂量[7]。Semra等讨论了视物流的需求与供给的产生为一个马尔可夫过程时通过招投标(竞价交易)机制构建交易中心的机制[8]。这些研究都集中在实时物流资源条件下如何通过竞争性报价使资源配置优化上。然而，专用性资产的供给与通用型资产相比具有很大的刚性[9]，这使得对专用固定资产投资的决定需要在一个时间范围内考虑，因此仅对实时市场条件进行研究不能解决阶段性资源配置优化的问题。

区域物流中心资源配置受到阶段性专用固定资产投资的限制。侯荣华以及燕志雄和费方域的研究表明，当市场需求波动时，固定资产投资的周期性和迟滞性会使专用性物流资产的投资面临市场风险，并最终导致物流专用固定资产投资出现一定程度的不足[10,11]。只有企业认识到它所进行的专用资产投资能够促进交易的成功，专用资产投资才是有效的[12]。依托政府的规划和对基础设施的投资，在此基础上将相关专用物流设施的投资和运营向社会资本开放，政府部门通过补贴就可以从整体上来对该区域物流中心的最佳专用固定资产投资量进行阶段性规划，从而最大化区域社会福利。

本章通过改进实时化的招投标机制，并站在政府管理机构的立场，针对区域物流中心专用资产的投资和运营设计特别的招投标机制，该机制既吸取了实时化招投标机制具有的竞争激励的本质优点，又对区域物流专用固定资产投资进行阶段性规划，从而可为招标方(政府管理机构)提供兼具稳定性和竞争激励性的区域物流供给。

3.1 相关理论文献回顾

在社会经济生活中广泛运用的招投标交易机制实际上是一种密封逆向竞价交易机制，竞价交易作为一种价格发现和实现机制，是多个具备个体理性的博弈方通过竞争性报价在特定规则下作出最优决策的过程。

竞价交易形式的存在已有很长的历史，但竞价交易的理论研究在 Vickrey 发表开创性论文之后才得以发展。传统的竞价交易形式有四种：英式竞价交易、密封第一价格竞价交易、密封第二价格竞价交易和荷兰式竞价交易。Myerson 将最优竞价交易设计问题转化为在参与理性约束和激励相容约束下求卖者最大期望剩余的问题[14]，这大大简化了对竞价交易机制设计的认识，将对最优机制的分析限制在了一类对真实信息的显示机制上。多单位同质物品的出售是竞价交易研究中的一个重点，Hahn 发展了统一价格竞价交易、歧视价格竞价交易和 Vickrey 竞价交易三种密封竞价交易形式，并且认为报出真实成本是竞标者的弱占优策略[15]。这些竞价交易形式都实现了将资源分配给报价最高的需求方，只是支付规则不同。Blume 等讨论了多单位同质物品 Vickrey 竞价交易中，边界单位物品价值非增时的均衡集合，并得出当竞标者估价高于卖方保留价的时候，竞标者会以真实估价竞标[16]。马俊和邱菀华证明了在多个物品的序贯竞价交易中，先竞价交易价值高的物品对卖者是有利的[17]。王彦和李楚霖研究了不同的预算约束下多个买者对两个物品的序贯增价拍卖交易[18]。这些竞价交易形式都运用于出售物品，在现实的经济运行中，有大量的采购行为需要通过采用逆向竞价交易形式来实现采购的高效率[19]。与通过竞价交易出售物品不同，采购招标中的分配原则将不再是"价高者得"，而是报价低者中标，这将使出售物品时的分配规则不再可行。当多单位物品竞价交易理论被用来建设多种现代交易市场(如排污权交易市场、电力市场、债券期货市场)时，分配遵循两种方式：一种是将分配总量平均分为若干同质的等份并对份数进行竞价[20]；另一种是在物品可进行任意分割的前提下，通过规划求解将总量分配给竞价最高的部分竞标方，如比较常用的 VCG 机制[21]。这里，通过目标函数最小化的规划求解对招标总量进行分配。作为密封竞价交易的招投标机制能通过显示原理来实现资源的最优分配，这是其最大优点。

本章通过在数量单位计量量级较大的物流采购领域引入同质物品竞价交易理论，以及通过规划问题的求解使招标方的成本最小化，设计特别的招投标机制，该机制既吸取了竞价交易机制的本质优点，又对特定的市场条件和招标目标作出反应，从而可为招标方(政府管理机构)提供兼具稳定性和竞争激励性的物流供给。

3.2 区域物流中心专用资产招投标问题说明

区域物流中心的建设依托于政府规划和基础设施投资，由政府主导的区域物流中心枢纽向社会资本开放专用附属资产投资和运营招投标时，需要考虑两个问题：①区域物流供给储备量规模(将一定时段内固定资产投资量决定的物流供给量称为物流供给储备量)。一段时间内专用物流资产的投资一旦确定，该时段内的该类物流供给量就是不变的。由于市场是波动的，只有基于对市场需求的预测和物流成本信息，才能作出使期望收益最大化的储备规模决策。②选择物流投资商并对其投资效率进行激励，从而优化资源配置。

为了解决上述两个问题，本章将物流企业的成本分为两个部分，即单位固定成本和单位变动成本。单位固定成本包括[22]：①运输工具、仓储设施等的无形价值损耗、维护费用、资金成本等；②企业管理人员的薪金和保险费、办公费等。单位变动成本包括：①固定资产折旧费、油料费等；②直接人工费、变动制造费等。本章采用 k_i 表示物流企业 i 报出的单位固定成本，c_i 表示物流企业 i 报出的单位变动成本。

本章规定区域物流中心的整个交易过程涉及三个方面：物流需求方、政府管理机构和物流商。物流需求方统一向政府管理机构提出需求申请，政府管理机构针对这一需求向物流商进行招标，以实现物流供给与物流需求之间的资源配置。本书只讨论政府管理机构通过何种招投标机制从物流商处获得特定标准的物流供给这一子过程。因为这一子过程是在将物流投资向社会资本开放(由政府管理机构统一调度)的情况下，保证物流资源实现最优配置的最重要的环节。同时，进入这一过程的物流商只能依托政府的基础设施运作，接受政府管理机构通过报价对资源的统一配置。

招投标实施过程如下。

(1) 政府管理机构发布招标公告，提出招标的相关标准。

(2) 物流商 i 依据政府公告，报出自己的竞标向量 $(k_i, c_i, \underline{q}_i, \bar{q}_i)(i=1,2,\cdots,N)$，并接受招标方资格审查。其中 k_i 表示单位固定成本，c_i 表示单位变动成本，$\bar{q}_i$ 表示供给能力上限，$\underline{q}_i$ 表示盈亏平衡下限。

(3) 政府管理机构依据对市场需求的判断和各竞标方提交的成本向量，确定最佳的专用物流储备规模 Q。

(4) 政府管理机构依据各竞标方报出的单位固定成本 k_i，从 N 家竞标企业中选择 M 家构成供给方。由这 M 家物流商进行固定资产的投资，使该区域物流中心该类物流储备规模达到 Q。

(5) 针对每个时间点的即时需求 θ (一般 $\theta < Q$)，政府管理机构向这 M 家竞标

企业招标。

(6) 针对每次即时招标,这 M 家企业报出自己的单位变动成本 c_i,招标方依据 M 家竞标方的工业产品、农产品、矿产原料等的变动成本报价确定获标者。

(7) 针对即时需求,对于获标的企业,招标方按支付规则支付变动成本报价形成的费用。同时,对于 M 个物流方,无论其中标与否,招标方都按支付规则按期支付其固定成本部分的费用。

在这一招投标过程中,物流固定资产投资方仍然为社会资本。通过对上述流程中没有中标的物流商也提供固定成本的支付,减少物流商的投资风险,从而使区域物流中心专用物流资产的投资保持在一个合理的水平。同时,政府管理机构从区域整体来规划物流固定资产的投资规模 Q,从整个社会福利的角度看,能更好地适应市场预期需求,使社会期望福利最大化。

在从 N 家物流商中选择 M 家进入招投标系统时,让 N 家物流商进行激励竞争,使它们不断地优化自己的固定资产投资效率。在对 M 家物流商进行即时招标时,激励 M 家物流商不断优化其运营效率。需要特别指出的是,这 M 家物流商既是该区域该时段的物流投资商,也是各自投资的资产的运营商,物流商是集投资和运营于一体的。从这点来看,传统的招投标方式同样为"一对多"的招投标方式,只是招标方对物流商的支付方式改变了,通过对固定成本部分的全额支付可以从区域整体上规划固定资产投资量。N 家进行投标的物流商中具有较高效率的 M 家物流商在该阶段进行投资和运营,而其他 N − M 家投标商将失标,从而在该阶段也不会进行投资和运营。在不同的阶段,招标方(政府管理机构)针对不断变化的市场条件和潜在的物流商不断更新可能会进行投资的 M 家物流商。当这样的招标分阶段进行时,招标方就可以不断选择固定资产投资效率较高的物流商构建阶段性投资规模,从而依据阶段性市场需求预测动态优化物流资源的配置。

3.3 最佳专用物流储备规模确定

由于未来的市场需求以一定概率分布,为了使未来的收益尽可能地最大化,在期望收益最大化原则下,确定一个最佳的市场规模储备量 Q。设供应商的竞标向量为 $(k_i, c_i, \underline{q}_i, \overline{q}_i)(i=1,\cdots,N)$,供应商的单位固定成本大小顺序为 $k_1 \leqslant \cdots \leqslant k_i \leqslant \cdots \leqslant k_N$。设 $Y_i = \sum_{j=1}^{i} X_j$,其中 X_j 表示第 j 家供应商获得的固定市场储备规模的分配量,Y_i 表示边界固定投资成本按升序排列后 1~i 家供应商服务能力的总和。

3.3.1 基于趋势曲线图确定

通过对往期需求数据进行统计，生成曲线图，按趋势来确定未来一期的基准需求量。然后通过对未来经济变量的预测来对未来需求预测作出修正，得到最终的最佳预测储备量 $\overline{Q}$。

基于物流的价值在于通过物流实现物品转移，从而实现物品增值，所以物流的单件成本是招标方考虑的一个基准。招标方获得某储量时的边际成本不能过高，不能超过对物品提供的物流的价值。设招标方给出单位固定成本的最高保留价为 $\overline{k}$，同时给出招投标系统对单位变动成本的准入上限 $\overline{c}$。由于竞标方的固定成本 $k_1 \leqslant \cdots \leqslant k_i \leqslant \cdots \leqslant k_N$，那么可以得到边际单位成本不超过 $\overline{k}$ 时的最大招标量 $Y = \max\left\{Y_i = \sum_{j=1}^{i} X_j \mid k_i \leqslant \overline{k}\right\}$。在上述基础上，将最佳市场储量最终确定为 $Q = \min\{\overline{Q}, Y\}$。

3.3.2 基于市场机会确定

物流使物品价值增加，从货币的角度看就是运输目的地销售价格比原来地点的价格增加量减去物流成本。若物流能力大于市场需求，就会浪费一部分物流投资。若物流能力小于市场需求，又会失去一部分市场机会，付出机会成本。设商品物流在运出地与目标市场的期望价格差均值为 v。这里，在物流商的投标向量基础上，以使物流成本和机会成本的总期望最小化为目标来确定最佳的物流供给储备量。

设物流商的竞标向量为 (k_i, c_i)，招标方依据未来的经济参数（如油价等）对 c_i 作修正，并将其作为未来平均单位变动成本的预期。假设市场在未来一个时段内，其需求 θ 每个时刻在 $[0, \overline{\theta}]$ 上服从同一分布 $F(\theta)$，且 $F(\overline{\theta}) = 1$，概率密度函数为 $f(\theta)$。设 $Z_i(Y_i) = E[\min\{\theta, Y_i\}]$，表示实际会产生的期望交易量。那么，使招标方整体的期望成本最小化的目标函数为

$$\begin{cases} \min\limits_{\{X_i, Y_i\}} \sum_{i=1}^{n} \{k_i X_i + c_i [Z(Y_i) - Z(Y_{i-1})]\} + v \int_0^{\overline{\theta}} [\theta - Y_n]^+ f(\theta) \mathrm{d}\theta \\ \text{s.t.} \ Y_i = \sum_{j=1}^{i} X_j, \ X_i \leqslant \overline{q}_i, \ X_i(X_i - \underline{q}_i) \geqslant 0, \ i = 1, 2, \cdots, N \end{cases} \quad (3.1)$$

通过上述规划可以确定一个最佳物流能力储备量 $Q = \max\{Y_i\}$。约束条件第 2、3 项表示竞标者的中标量要满足竞标者的供给上下限。

3.3.1 节与 3.3.2 节用不同的方法确定了最佳的区域中心供给储备量，这个储备量等于招标方（政府管理机构）确定的各获得服务资格的物流商

($X_i \neq 0$, $i=1, 2, \cdots, M$)的最大物流能力的总和。在储备量招标基础上,各获得服务资格的物流商针对招标方的实时需求展开订单竞争,即在该阶段,针对各时点的物流需求,招标方不断地重复进行多轮招投标。

3.4 专用物流资产二维成本变量招投标

为建立一个具有预期物流运营规模为 Q 的阶段性物流市场,现要通过招投标在 N 家物流供应商中寻求 M 家最具竞争力的供应商进入,使这些供应商的总运营能力达到 Q。设每个竞标企业的竞标向量为 $(k_i, c_i, \underline{q}_i, \bar{q}_i)$,其中 $\bar{q}_i$ 表示企业 i 的运营能力上限。由于企业进行一项投资,从技术经济的角度考虑,必须达到一个盈亏平衡点[23],因此我们用 $\underline{q}_i$ 表示企业 i 运营规模的下限,k_i 表示企业 i 达到这一运营规模时的单位固定成本,标度企业 i 进入该市场进行固定资产投资时实现的效率,c_i 表示企业 i 多承担一个单位物流时所增加的变动成本,标度企业 i 的运营效率。

3.4.1 多阶段多轮序贯招投标

本节讨论多阶段多轮招投标方式,在各阶段从 N 家潜在的物流供应商中选择 M 家进入该物流市场,招标标准为供应商获得某供给量的单位固定成本。招标方(政府管理机构)将在一定时期内,定向向这 M 家供应商进行招标,同时招标方是这 M 家供应商的当然供给方,如图 3.1 所示。在各时间段,招标方对该市场的潜在物流供应商不断进行招标(从 N 供应商中选择 M 家),招标标准为供应商运营时的单位固定成本。而在确定的每个阶段,针对进入的 M 家物流企业,依据即时需求不断通过每轮的招标对它们的运营数量和支付进行重新划分,从而激励这 M 家供应商不断优化其运营。这样有利于对物流企业实现固定资本投资和变动资本运营的双重激励。在每个阶段,有如下两个步骤。

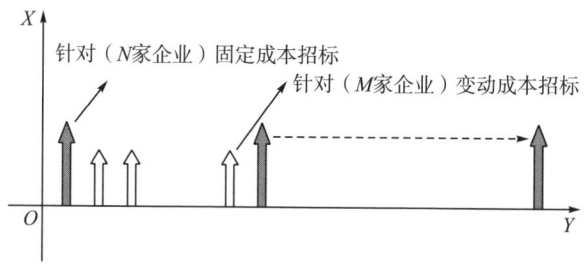

图 3.1 多阶段多轮招投标示意图

第一步骤,针对物流供应商的固定成本不同,选择最具竞争力的物流企业进入该市场,它们供应能力的总和为 Q 。设该阶段有 M 家企业中标,并投资进入该市场。

第二步骤,招标方(政府管理机构)在该时段内依据即时需求 θ ,针对进入该市场的 M 家物流企业进行即时招标。这 M 家物流企业针对该时段内的每次招标报出自己基于变动成本的每单位服务报价 c_i 。设该步骤每次招标的即时需求为 $\theta \in [0,Q]$,且服从同一概率分布,共进行 L 轮即时招标。通过该时段的每次竞标,激励这 M 家物流企业不断提升它们的运营能力。用 $\bar{q}_i$ 表示企业 i 的运营规模上限,用 $\underline{q}_i$ 表示企业运营规模的下限。

1. 第一步骤

1) 第一步骤分配规则

设每个竞标者的竞标向量为 $(k_i, c_i, \underline{q}_i, \bar{q}_i)(i=1,\cdots,N)$ 。竞标者的固定成本为供给数量 z 非减的函数 $k_i(z)$ 。第一步骤招投标要在满足储备总量 Q 的情况下使固定成本最小化:

$$\begin{cases} H(k) = \min_x \sum_{i=1}^N \int_0^{x_i} k_i(z)\mathrm{d}z \\ \text{s.t.} \sum_{i=1}^N x_i = Q, \ x_i \leq \bar{q}_i, \ x_i(x_i - \underline{q}_i) \geq 0, \ i=1,\cdots,N \end{cases} \tag{3.2}$$

其中, Q 表示该市场设置的供给能力储备量(由该阶段的所有物流固定资产投资决定,为该阶段物流供给的上限); x_i 表示每个竞标企业分配到的投资规模量。

引理 1: $H(\alpha) = H(k+\alpha h)$ 是 α 的凹函数。

证明:首先证明 $F(c) = \min_x c^\mathrm{T} f(x)$ ($x \in D$ 且 D 为凸集),为凹函数。那么,设 $0 \leq \lambda \leq 1$,则要证明 $F(c)$ 为凹函数,即要证明:

$$F[\lambda c_1 + (1-\lambda)c_2] \geq \lambda F(c_1) + (1-\lambda)F(c_2) \tag{3.3}$$

$$F[\lambda c_1 + (1-\lambda)c_2] = \min_x [\lambda c_1 + (1-\lambda)c_2]^\mathrm{T} f(x) = \min_x [\lambda c_1^\mathrm{T} f(x) + (1-\lambda)c_2^\mathrm{T} f(x)] \tag{3.4}$$

$$\lambda F(c_1) + (1-\lambda)F(c_2) = \lambda \min_x c_1^\mathrm{T} f(x) + (1-\lambda)\min_x c_2^\mathrm{T} f(x) \tag{3.5}$$

由于

$$\begin{cases} \lambda c_1^\mathrm{T} f(x) \geq \lambda \min_x c_1^\mathrm{T} f(x) \\ (1-\lambda)c_2^\mathrm{T} f(x) \geq (1-\lambda)\min_x c_2^\mathrm{T} f(x) \end{cases} \tag{3.6}$$

式(3.6)中两个不等式两端分别相加有

$$\min_x [\lambda c_1 f(x) + (1-\lambda)f_2(x)] \geq \lambda \min_x c_1^\mathrm{T} f(x) + (1-\lambda)\min_x c_2^\mathrm{T} f(x) \tag{3.7}$$

由式(3.4)、式(3.5)、式(3.7)可知式(3.3)成立，即 $F(c)$ 是一个凹函数。
而
$$H(\alpha) = H(k + \alpha h)$$
$$= \min_x \sum_{i=1}^N \int_0^{x_i} [k_i(z) + \alpha_i h_i(z)] \mathrm{d}z = \min_x \sum_{i=1}^N \int_0^{x_i} k_i(z) \mathrm{d}z + \sum_{i=1}^N \alpha_i \int_0^{x_i} h_i(z) \mathrm{d}z \quad (3.8)$$

$H(\alpha)$ 就是上述类型的一个凸集上线性泛函规划问题的最小值函数，所以 $H(\alpha)$ 为凹函数。

2) 第一步骤 VCG 支付

若式(3.2)的最优解为 x_i^*，则设竞标者 i 在该步骤获得的支付为
$$\pi_i^1 = H_{-i}(k_{-i}) - H(k) + \int_0^{x_i^*} k_i(z) \mathrm{d}z \quad (3.9)$$

其中，$H_{-i}(k_{-i}) - H(k_i)$ 是竞标者 i 退出交易使招标方(政府管理机构)每次支付的固定成本增加的量。这个增加量加上竞标者 i 的成本就是招标方应支付给竞标者 i 的费用。

考虑真实固定成本 $\bar{k}_i$，竞标者的净收益就为
$$U_i^1 = H_{-i}(k_{-i}) - H(k_i) + \int_0^{x_i^*} k_i(z) \mathrm{d}z - \bar{k}_i x_i^* \quad (3.10)$$

2. 第二步骤

1) 第二步骤分配规则

根据市场该阶段内的即时物流需求 θ 来决定每轮招标中竞标者的即时中标量。在第一步骤中进入该市场的 M 家物流企业这时会报出自己的变动成本。此时为使运营成本最小化，设招标方(政府管理机构)目标函数为
$$\begin{cases} T(c,x,\theta) = \min_g \sum_{i=1}^M c_i g_i \\ \text{s.t.} \sum_{i=1}^M g_i = \theta,\ \theta \leqslant Q,\ 0 \leqslant g_i \leqslant x_i,\ i=1,\cdots,M \end{cases} \quad (3.11)$$

其中，g_i 表示竞标者 i 的中标量；x_i 表示竞标者 i 在上一个阶段分配到的投资规模量。此时的需求总量 θ 小于上一个阶段所确定的该市场的供应商服务能力总和 Q。

引理 2：$T(c,x,\theta)$ 是 c 的凹函数。

引理 2 可利用与引理 1 同样的原理得到。

2) 第二步骤 VCG 支付

若式(3.11)的最优解为 g_i^*，则设竞标者 i 在该轮招标的收益为
$$\pi_i^2 = T_{-i}(c_{-i}, x_{-i}, \theta) - T(c,x,\theta) + c_i g_i^* \quad (3.12)$$

其中，$T_{-i}(c_{-i},x_{-i},\theta)-T(c,x,\theta)$是竞标者$i$退出交易使招标方变动成本增加的量。这个增加量加上竞标者i报出的成本就是招标方该轮应支付给竞标者i的费用。

考虑真实变动成本$\bar{c}_i$，竞标者i的净收益就为

$$U_i^2 = T_{-i}(c_{-i},x_{-i},\theta)-T(c,x,\theta)+(c_i-\bar{c}_i)g_i^*$$

该时刻招标的期望收益为

$$\Phi_i(c_i,x)=E_\theta[T_{-i}(c_{-i},x_{-i},\theta)-T(c,x,\theta)+(c_i-\bar{c}_i)g_i^*] \tag{3.13}$$

设该步骤共进行L轮招标，则竞标者在该阶段两个步骤中的总收益为

$$U_i = L(U_i^1+\Phi_i) = L[H_{-i}(k_{-i})-H(k_i)+\int_0^{x_i^*}k_i(z)\mathrm{d}z-\bar{k}_i x_i^*+\Phi_i(c_i,x_i^*)] \tag{3.14}$$

3) 物流商的最优竞标策略

在该序贯竞价交易中，竞标者的最优策略为报出自己的真实成本$(\bar{k}_i,\bar{c}_i)(i=1,\cdots,N)$。

证明：在第二步骤，竞标者报出自己的真实成本$\bar{c}_i$和其他任意名义成本时其收益差值为

$$U_i^2(c_i,x_i)-U_i^2(\bar{c}_i,x_i)=T_{-i}(\bar{c}_i,c_{-i},x_{-i},\theta)-T(c,x,\theta)+(c_i-\bar{c}_i)g_i^* \tag{3.15}$$

由于$T(c,x,\theta)$为c的凹函数，$g_i^*\in\arg\{\partial_{c_i}T(c,x,\theta)=0\}$，且有

$$T_{-i}(\bar{c}_i,c_{-i},x_{-i},\theta)\leqslant T(c_i,c_{-i},x_{-i},\theta)+(c_i-\bar{c}_i)g_i^*(\theta)$$

则

$$\Phi_i(c_i,x_i)-\Phi_i(\bar{c}_i,x_i)=E_\theta[T_{-i}(\bar{c}_i,c_{-i},x_{-i},\theta)-T(c,x,\theta)+(c_i-\bar{c}_i)g_i^*(\theta)]\leqslant 0 \tag{3.16}$$

因此，在第二步骤，竞标者报出自己的真实成本为其最优策略。

在第一步骤，假设竞标者的固定成本为$k_i(\cdot)$。设$h_i=\bar{k}_i-k_i$，$h_{-i}=0$，且$H(\alpha)=H(k_i+\alpha h_i)$。

由于$H(\alpha)$是α的凹函数，则有

$$H(\bar{k}_i,k_{-i})\leqslant H(k_i,k_{-i})+\frac{\partial H(k_i+\alpha h)}{\partial \alpha}|_{\alpha=0}=H(k_i,k_{-i})+\int_0^{x_i^*}[\bar{k}_i(z)-k_i(z)]\mathrm{d}z \tag{3.17}$$

假设第一步骤竞标者i竞标成本报价为k_i时中标量为x_i^*，竞标者i竞标真实成本为$\bar{k}_i$时中标量为x_i^{**}，比较竞标者在第一步骤报价分别为$(\bar{k}_i,\bar{c}_i)$和$(k_i,\bar{c}_i)$时的总收益大小：

$$\begin{aligned}U_i(k_i,\bar{c}_i)-U_i(\bar{k}_i,\bar{c}_i)=L[H(\bar{k}_i,k_{-i})-H(k_i,k_{-i})\\+\int_0^{x_i^*}k_i(z)\mathrm{d}z-\bar{k}_i x_i^*+\Phi_i(\bar{c}_i,x_i^*)-\Phi_i(\bar{c}_i,x_i^{**})]\end{aligned} \tag{3.18}$$

若竞标者i在第一步骤的报价$k_i<\bar{k}_i$，则其真实收益[式(3.10)]可能小于零，所以竞标者i只会高报自己的成本，即$k_i>\bar{k}_i$。若$k_i>\bar{k}_i$，必有$x_i^{**}\geqslant x_i^*$，也就必有$\Phi_i(\bar{c}_i,x_i^*)\leqslant\Phi_i(\bar{c}_i,x_i^{**})$。所以，由式(3.17)、式(3.18)，有

$$U_i(k_i) - U_i(\overline{k}_i) \leq L\{\int_0^{x_i^*}[\overline{k}_i(z) - k_i(z)]dz + \int_0^{x_i^*} k_i(z)dz - \overline{k}_i x_i^* + \Phi_i(\overline{c}_i, x_i^*) - \Phi_i(\overline{c}_i, x_i^{**})\}$$
$$\leq 0$$

(3.19)

所以,在第一步骤招标中竞标者高报自己的成本也不是占优策略。

由上述证明可知,在整个阶段,竞标者 i 报出自己的真实成本 $(\overline{k}_i, \overline{c}_i)$ 为占优策略,也就是说,对于竞标者来说,这个招投标规则满足激励相容约束。

3. 物流商的参与理性分析

当竞标者的竞标向量为 $(\overline{k}_i, \overline{c}_i)$ 时,式(3.10)与式(3.13)表示的两个阶段的收益为 $\pi_i^1 = H_{-i}(k_{-i}) - H(k)$ 与 $\pi_i^2 = T_{-i}(c_{-i}, x_{-i}, \theta) - T(c, x, \theta)$。对于式(3.2),由于 $H(\overline{k}_i, k_{-i})$ 比 $H_{-i}(k_{-i})$ 在更大范围内实现最小化,则必有 $H_{-i}(k_{-i}) \geq H(\overline{k}_i, k_{-i})$,所以 $\pi_i^1(\overline{k}_i) \geq 0$。同理,$\pi_i^2(\overline{c}_i) \geq 0$,最终 $U_i(\overline{k}_i, \overline{c}_i) \geq 0$。所以当竞标者 i 以真实成本竞标时,其收益总是为正的,也就是说,这个招投标规则满足参与理性约束。

4. 分段成本函数时的序贯统一价格方式

在实际市场中,企业的成本函数一般为分段函数。例如,当企业服务量分别为 $[a,b]$、$(b,c]$、$(c,d]$ 时,设其单位成本分别为三个不变的量 l、r、γ,且满足 $l \leq r \leq \gamma$。此时,上述招投标中的第一步骤目标函数 $H = \min_x \sum_{i=1}^N \int_0^{x_i} k_i(z)dz$,可视为有 3 个投标者,3 个投标者分别有不同的运营规模上下限和对应的单位固定成本。这样,目标函数就可转化为 $H = \min_x \sum_{i=1}^N k_i x_i$,而约束条件不变。如此就将变动成本函数的供应商转化为了服务成本上下限以内成本不变的供应商,此时可在两个阶段进行统一价格支付。

1) 两步骤分别按统一价格支付

设竞标者的单位固定成本与变动成本向量为 $(k_i, c_i)(i=1,2,\cdots,N)$。①设第一步骤竞标者服务量区间 $[\underline{q}_i, \overline{q}_i]$ 内的单位固定成本报价排序为 $k_1 \leq k_2 \leq \cdots \leq k_N \leq u$,$u$ 为常数。这里,设定所有中标企业均以统一价格支付,统一价格就是第一阶段失标企业中的最低固定成本报价。②设第二步骤竞标者服务量区间 $[\underline{q}_i, \overline{q}_i]$ 内的单位固定成本报价排序为 $c_1 \leq c_2 \leq \cdots \leq c_N \leq v$,$v$ 为常数,所有中标企业均以第二步骤失标企业中的最低变动成本报价为招标方统一支付价格。

2) 竞标者 i 的最优策略：以真实成本 $(\bar{k}_i, \bar{c}_i)$ 参与竞标

证明：在第二步骤，对于任意竞标者 i，假设其真实成本为 $\bar{c}_i$。假设所有竞标者的真实成本按从低到高排列，即 $\bar{c}_1 \leq \bar{c}_2 \leq \cdots \leq \bar{c}_i \leq \cdots \leq \bar{c}_l \leq \bar{c}_{l+1}$。若 $\bar{c}_{l+1}$ 为最低拒绝价，竞标者 i 的报价为 c_i，那么假设如下。

(1) $\bar{c}_i \leq c_i \leq c_{l+1}$。此时统一支付价仍为 p_{l+1}，且由于竞标者 i 的报价变高，其分配到的服务量将可能减少，所以 $\bar{p}_i \leq p_i \leq p_{l+1}$ 不是占优策略。

(2) $\bar{c}_{l+1} \leq c_i$。此时竞标者 $l+1$ 将中标，而竞标者 i 必定将部分或完全失标，所以 $c_{l+1} \leq c_i$ 不是占优策略。

(3) $c_i \leq \bar{c}_i$。此时竞标者增加中标的概率，并可能增加中标数量，但是可能出现 $c_i \leq c_{l+1} \leq \bar{c}_i$，即作为最终统一支付价的最低拒绝价高于竞标者 i 的报价但低于其真实成本 $\bar{c}_i$，这将使得竞标者亏损，所以 $c_i \leq \bar{c}_i$ 也不是占优策略。

因此，此时竞标者的占优策略为 $c_i = \bar{c}_i$。

在第一步骤，当仅讨论支付时，如第二步骤的分析一样，若竞标者低报自己的单位固定成本，其收益可能为负，所以低报不是占优策略。而当竞标者高报自己的单位固定成本时，不但在该步骤不是占优策略，同时会让该竞标者在第二步骤的收益下降，所以第一步骤竞标者 i 高报自己的单位固定成本也不是占优策略。因此在第一步骤，竞标者的占优策略为 $k_i = \bar{k}_i$。

在整个过程中占优策略为以真实成本 $(\bar{k}_i, \bar{c}_i)$ 参与竞标，因此，该支付方式是满足激励相容约束的。同时，竞标者以真实成本参与竞标，其中标后获得的单位支付价格一定高于自己的报价，所以该支付方式也是满足参与理性约束的。

3.4.2 期望成本最小化招投标

3.4.1 节是分步骤对单位固定成本和单位变动成本加以考虑，并且假设物流供给商的物流成本将不断变化，并通过招标来使招标方成本最小化。在未来一段时间内，当预期物流供给商的变动成本稳定时，可将两者放在一起来考虑，使期望收益最大化。设一个时段内物流供给储备上限为 Q，即时需求为 θ，且 $\theta \in [0, Q]$，呈离散概率分布，分布密度为 $f(\theta)$。

1. 分配规则

设竞标者的竞标向量为 $(k_i, c_i, \underline{q}_i, \bar{q}_i)(i=1,2,\cdots,N)$，在物流供给总量为 Q 而即时需求 θ 呈离散概率分布时，使期望成本最小化的规划问题为

$$\begin{cases} H(k,c) = \min_{g(\cdot),x} \sum_{i=1}^{N} k_i x_i + \sum_{i=1}^{N} \sum_{\theta=0}^{Q} c_i g_i(\theta) f(\theta) \\ \text{s.t.} \sum_{i=1}^{N} x_i = Q, \ \sum_{i=1}^{N} g_i(\theta) = \theta, \ 0 \leqslant g_i(\theta) \leqslant x_i, \\ 0 \leqslant x_i \leqslant \overline{q}_i, \ x_i(x_i - \underline{q}_i) \geqslant 0, \ i = 1,2,\cdots,N \end{cases} \quad (3.20)$$

式(3.20)中约束条件第 1、2 项满足物流供给总量需求和即时需求,第 3~5 项满足竞标者供给量的限制。通过上述规划可确定每个竞标者的储备投资量 x_i 和即时需求为 θ 时竞标者 i 的中标量 $g_i(\theta)$。

引理 3:$H(k,c)$ 是凹函数。

引理 3 可由与引理 1 同样的原理得到。

2. 支付规则

设竞标者 i 应得的支付=总成本(固定成本+变动成本)+招标方成本下降量+竞标者 i 的成本,即

$$\pi_i = H_{-i}(k_{-i}, c_{-i}) - H(k,c) + k_i x_i^* + c_i \sum_{\theta=0}^{Q} g_i^*(\theta) f(\theta) \quad (3.21)$$

考虑其真实成本为 $(\overline{k}_i, \overline{c}_i)$,则得到竞标者 i 期望净收益为

$$U_i = H_{-i}(k_{-i}, c_{-i}) - H(k,c) + (k_i - \overline{k}_i) x_i^* + (c_i - \overline{c}_i) \sum_{\theta=0}^{Q} g_i^*(\theta) f(\theta)$$

其中,$H_{-i}(k_{-i}, c_{-i}) - H(k,c)$ 为竞标者 i 退出给招标方带来的总成本增加量。

3. 竞标者最优竞标策略

竞标者分别报出真实成本 $(\overline{k}_i, \overline{c}_i)$ 与任意其他成本 (k_i, c_i) 时收益之差为

$$U_i(\overline{k}_i, \overline{c}_i) - U_i(k_i, c_i) = H(k_i, k_{-i}, c_i, c_{-i}) - H(\overline{k}_i, k_{-i}, \overline{c}_i, c_{-i}) + (\overline{k}_i - k_i) x_i^* + (\overline{c}_i - c_i) \sum_{\theta=0}^{Q} g_i^*(\theta) f(\theta)$$

(3.22)

由于 $\partial H(k,c)/\partial k_i = x^*$,$\partial H(k,c)/\partial c_i = g_i^*(\theta)$,而 $H(k,c)$ 为凹函数,所以

$$H(\overline{k}_i, k_{-i}, \overline{c}_i, c_{-i}) \leqslant H(k_i, k_{-i}, c_i, c_{-i}) + (k_i - \overline{k}_i) x_i^* + (c_i - \overline{c}_i) \sum_{\theta=0}^{Q} g_i^*(\theta) f(\theta)$$

则有 $U_i(\overline{k}_i, \overline{c}_i) - U_i(k_i, c_i) \geqslant 0$。所以竞标者的最优策略为 $(\overline{k}_i, \overline{c}_i)$,支付规则满足激励相容约束。

4. 参与理性

当竞标者的竞标向量为 $(\overline{k}_i, \overline{c}_i)$ 时,其收益为

$$U_i(\overline{k}_i, \overline{c}_i) = H_{-i}(k_{-i}, c_{-i}) - H(\overline{k}_i, k_{-i}, \overline{c}_i, c_{-i})$$

由于 $H(\bar{k}_i, k_{-i}, \bar{c}_i, c_{-i})$ 比 $H_{-i}(k_{-i}, c_{-i})$ 在更大范围内实现最小化，则有
$$H_{-i}(k_{-i}, c_{-i}) \geqslant H(\bar{k}_i, k_{-i}, \bar{c}_i, c_{-i})$$

于是 $U_i(\bar{k}_i, \bar{c}_i) \geqslant 0$。所以当竞标者 i 以真实成本竞标时，其收益总是为正的，也就是说，支付规则满足参与理性约束。

3.5 二维成本招投标与传统一维成本招投标的差异分析

3.5.1 传统一维成本招投标

现讨论在物流市场中，针对现存物流供应商进行的大宗同质物流一次性采购。采购方通过竞标企业的报价选择能使总体成本最小化的企业组合。在传统招投标机制下，不对物流企业的成本进行固定成本和变动成本的区分，统一记每个物流企业的成本报价为 c_i，真实成本为 $\bar{c}_i$。

1. 单位成本不变

设竞标者的竞标向量为 (c_i, q_i)，其中成本信息 c_i 为固定变量。设采购方的需求量为 Q，其目标为成本最小化。设计满足激励相容约束和参与理性约束的招投标机制。

1）为使得采购方的成本最小化，设计如下分配规则：

$$\begin{cases} H(c, q) = \min \sum_{i=1}^{N} x_i c_i \\ \text{s.t.} \sum_{i=1}^{N} x_i \geqslant Q,\ x_i \leqslant \bar{q}_i,\ x_i(x_i - \underline{q}_i) \geqslant 0,\ i = 1, \cdots, N \end{cases} \quad (3.23)$$

式(3.23)中，约束条件第 1 项是对物流供给总量进行约束，第 2、3 项是对竞标者 i 的物流供给量上下限进行约束，即竞标者的服务量应超过其盈亏平衡点，同时小于其物流供给量上限，这个盈亏平衡点可以在竞标者的竞标向量中报出。

2) VCG 支付方式

用 π_i 表示竞标者 i 的支付，则
$$\pi_i = H_{-i}(c_{-i}, q_{-i}) - H(c, q) + c_i q_i \quad (3.24)$$

其中，$H_{-i}(c_{-i}, q_{-i}) - H(c, q)$ 表示竞标者 i 参与竞标给采购方带来的整体收益增加量，其再加上报价 c_i 与真实成本 $\bar{c}_i$ 的差值就是竞标者 i 所应得的支付，即竞标者 i 的真实收益为
$$\pi_i^* = H_{-i}(c_{-i}, q_{-i}) - H(c, q) + (c_i - \bar{c}_i) q_i \quad (3.25)$$

竞标者最优策略：VCG 支付规则是满足激励相容约束的，即竞标者将以自己的真实成本参与竞标。

3）统一价格支付

支付规则：上述分配规则中，设每个竞标者的服务量区间均为 $[\underline{q}_i, \overline{q}_i]$，竞标者 i 的单位成本报价为 c_i。同时设竞标者的单位成本报价排序为 $c_1 \leqslant c_2 \leqslant \cdots \leqslant c_N \leqslant v$。这里，设所有中标企业均以统一价格支付，而统一价格就是失标企业中的最低报价。

由于目标函数是要求总成本最小化，所以采购量一定要先达到报价最低的竞标企业的供给量，然后再依次向成本报价高的企业采购。

竞标者最优策略：竞标者将以自己的真实成本参与竞标。

证明：对于任意竞标者 i，假设其真实成本为 $\overline{c}_i$，且竞标者的成本按从低到高排列，即 $c_1 \leqslant c_2 \leqslant \cdots \leqslant \overline{c}_i \leqslant \cdots \leqslant c_l \leqslant c_{l+1}$。假如 c_{l+1} 为最低拒绝价，竞标者 i 的报价为 c_i，那么假设如下。

(1) $\overline{c}_i \leqslant c_i \leqslant c_{l+1}$。此时统一支付价仍为 c_{l+1}，且由于竞标者 i 的报价变高，其分配到的服务量将可能减少。所以，$\overline{c}_i \leqslant c_i \leqslant c_{l+1}$ 不是占优策略。

(2) $c_{l+1} \leqslant c_i$。此时竞标者 $l+1$ 将中标，而竞标者 i 必定将部分或完全失标，在完全竞争市场中，$c_{l+1} \leqslant c_i$ 不是占优策略。

(3) $c_i \leqslant \overline{c}_i$。此时竞标者增加中标的概率和数量，但是可能出现 $c_i \leqslant c_{l+1} \leqslant \overline{c}_i$，即作为最终统一支付价的最低拒绝价高于竞标者 i 的报价但小于其真实成本 $\overline{c}_i$，这将使得竞标者亏损，所以 $c_i \leqslant \overline{c}_i$ 也不是占优策略。

因此，此时竞标者的占优策略为 $c_i = \overline{c}_i$，即以自己的真实成本参与竞标，且该支付方式是满足激励相容约束的。

2. 单位成本是数量的非减函数

假设竞标者的边际单位成本是随着整体服务数量的不同而变化的，这个变化函数就可以转化为竞标者的报价函数，即报价为数量的函数。设竞标者 i 的报价函数为 $c_i(z)$，则分配规则为

$$\begin{cases} H = \min_x \sum_{i=1}^{N} \int_0^{x_i} c_i(z) \mathrm{d}z \\ \text{s.t.} \sum_{i=1}^{N} x_i = Q, \ x_i(x_i - \underline{q}_i) \geqslant 0, \ x_i \leqslant \overline{q}_i, \ i = 1, \cdots, N \end{cases} \quad (3.26)$$

竞标者 i 的收益为

$$\pi_i^1 = H_{-i}(c_{-i}) - H(c_i) + \int_0^{x_i^*} p_i(z) \mathrm{d}z \quad (3.27)$$

其中，设竞标者 i 退出交易时目标函数值为 $H_{-i}(c_{-i})$，而 $H_{-i}(c_{-i}) - H(c_i)$ 是竞标者 i

退出交易时采购方的收益下降量。竞标者 i 的成本 $+[H_{-i}(c_{-i})-H(c_i)]=$ 竞标者 i 从采购方处得到的支付价。

考虑竞标者真实成本，竞标者的净收益就为

$$\pi_i = H_{-i}(p_{-i}) - H(p_i) + \int_0^{x_i^*}[c_i(z) - \overline{c}_i(z)]\mathrm{d}z \tag{3.28}$$

该支付规则也是满足激励相容约束与参与理性约束的。

3. 其他情况

当单位成本是供给数量的函数时，如果每个竞标者的服务数量有上限且 $x_i \in \{0,1\}$，那么由于竞标者的成本为一个固定的量，所以此时可归为 3.5.1 节第 1 部分的情况考虑。当单位成本是供给数量的减函数时，可分为两种情况：①当各物流企业的供给成本函数不相交时，对于单位成本较低的企业，将优先获得达到其服务能力物流供给分配，所以此时可归为 3.5.1 节第 1 部分的情况考虑；②当各物流企业的供给成本函数有多于一个的交点时，要依据具体的函数形式来加以讨论。

3.5.2 二维成本招投标与传统一维成本招投标的差异

与传统一维成本招投标方法相比，如果招标方（政府管理机构）采用二维成本招投标方式，从整个区域社会福利最大化角度看，对区域物流专用资产的投资和运营进行统一规划，将有如下优势：

(1) 从区域整体作出投资决策，有利于从全局把握区域物流服务能力供需的平衡：在传统交易条件下，由于对整体市场需求进行判断的信息缺乏，物流供给方对需求波动将不能很好做出反应。当物流供给不能满足物流需求时，市场必然转向更高物流成本的物流供给模式，以扩大物流供给，使供需双方达到新的平衡，这必然加大物流的整体期望成本。而由政府机构统一规划的专用物流资产投资，立足于从整个区域市场来解决市场需求存在波动和物流固定资产投资为刚性方面的冲突，从而有利于对区域物流的供需平衡进行统一规划。

(2) 二维成本招投标方式将降低物流商在专用固定资产方面的投资风险，进而降低其在单位固定成本方面的报价：物流供给商若直接面对波动的市场，为平衡固定资产投资可能产生因资产闲置而导致的费用，将提高其报价。区域内的所有物流商在统一规划下进行投资，将有利于从整体对随机资产闲置情况进行控制，这有利于减少单位固定成本及其报价。

由政府管理机构统一规划区域中整个专用物流资产投资的情况下，物流供给企业可以专注于提升自身的投资和运营效率，从而有利于区域实现社会福利最大化的专用物流资产配置优化。

3.6 新旧招投标的差异及市场风险规避仿真实验分析

3.6.1 新旧招投标的差异

与传统招投标方法相比，如果招标方(政府管理机构)采用从使整个区域社会福利最大化的角度来对依托政府基础设施投资的物流专用资产进行统一规划的方式，将有如下优势。

(1)从区域整体上作出投资决策，有利于从全局把握供需平衡。在传统市场交易中，由于对整体市场信息缺乏判断，物流供给方对需求波动不能很好地作出反应。当物流供给不能满足物流需求时，市场必然转向具有更高物流成本的物流供给模式，以扩大物流供给，使供需双方达到新的平衡，但这必然推高物流的整体期望成本。而由政府管理机构统一规划的专用物流资产投资是立足于从整个区域市场来解决市场需求波动和物流固定资产投资为刚性方面的冲突，且招投标机制的主动权在招标方。

(2)物流商因风险降低，将降低单位固定成本的报价。物流供给商若直接面对波动的市场，为平衡投资可能空置产生的费用。当区域内的所有物流商在同一规划下进行投资时，将有利于整体把握，对随机空闲剩余进行控制，将有利于减少单位固定成本。

在由政府管理机构统一规划区域中对整个专用物流资产投资的情况下，物流供给商可以专注于提升企业的投资和运营效率，从而在整个区域实现社会福利最大化下的物流资源优化配置。

3.6.2 算例仿真

1. 同等市场条件

同等市场条件指物流招标方和供给方对未来市场的判断是一样的，在现有的物流供给情况下来实现对服从某一分布的物流需求进行招标。这里设物流需求方的需求均值 $\mu_1 = 100$ 万吨，方差 $\sigma_1 = 30$，平均报价 $\mu_2 = 200$ 元/吨，方差 $\sigma_2 = 30$。在新旧招投标方法中，均随机生成满足正态分布的物流成本，且在新方法中将物流成本区分为固定成本和变动成本，比例为3∶7，将物流的储备量设为需求均值加上一个方差，即 $Q = \mu_1 + 30 = 130$ 吨。当需求服从正态分布时，这一储备量满足需求的概率大于97%。对于超过储备量的特殊情况，每个物流企业均将满负荷作业，可以以上一阶段的统一价来统一支付，同时针对超出储备量的部分到市场上去招标。新旧方法都针对随机生成的一组(10次)需求来进行招标。在新方法中，初次针对固定成本的招标模拟生成 20 个竞标者,最终有 7 个物流商成为采购方的长期采购对象,并在下一阶段的 10 轮招标中随机生成这 7 个物流商的单位变动成本,采购方将在 7 个供给商间对每次的采购量进行招标分配。由于预留的储备量多数时间将大于实际需求量,7 个物流企业中将有部分企业不能获得自己全部的竞标量,这能保证对物流商进行变动成本(运营成本)的激励。在 10 轮传统方式的招标中,每轮随机生成 12 家竞标方的成本数据,招标方每轮从这 12 家中通过招标采购,10 轮共随机生成 120 家企业的成本数据。此时新旧方法的支付曲线见图 3.2。可见新方法的支付曲线比旧方法的支付曲线更为平缓,所以新方法具有更强的风险规避能力,同时具有一定的成本优势。

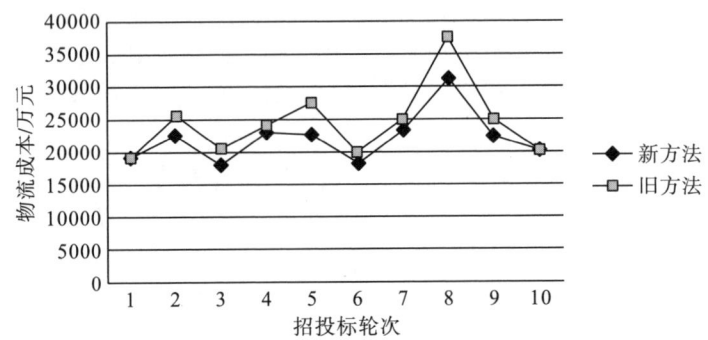

图 3.2　同等市场条件下新旧方法 10 轮招投标支付曲线

2. 增长预期

在预期市场增长的情况下,假设整合供需于同一平台的政府管理机构具有市场判断优势,能够判断出未来市场呈增长趋势,并能对应建立一个经过修正的物流供给储备量。在旧方法中,物流企业由于对市场判断的能力不足和固定资产投资的刚性,所以对需求波动不能很好地作出反应。该算例中,仍以正态分布的随机数来模拟未来市场需求,但需求均值改为 $\mu_1 = 120$ 万吨,方差仍为 $\sigma_1 = 30$。供给企业的成本也以正态随机数来模拟,平均报价 $\mu_2 = 100$ 元/吨,方差 $\sigma_2 = 30$。而别的指标和物流供给的生成方式仍与前文相同,这时得到的新旧方法的支付曲线见图 3.3,由图可见新方法的支付曲线更为平缓,同时成本优势也更明显。

3. 结果分析

通过模拟,观察图 3.2 和图 3.3 可以看出,由政府管理机构主导的物流专用资产投资的招投标模式与传统招投标模式有两点差别。

(1)对市场需求波动作出了更好的反应。由图 3.2 和图 3.3 可知,新方法的支付曲线更为平缓,波动幅度小于旧方法。这说明区域内物流固定资产投资的水平和需求在一个较长时间段内较为吻合。若市场呈现正增长态势，政府管理机构能更好地作出预测和投资规划。支付波动强度的弱化，有利于物流需求方保持更为健壮的财务状况，平抑市场风险。

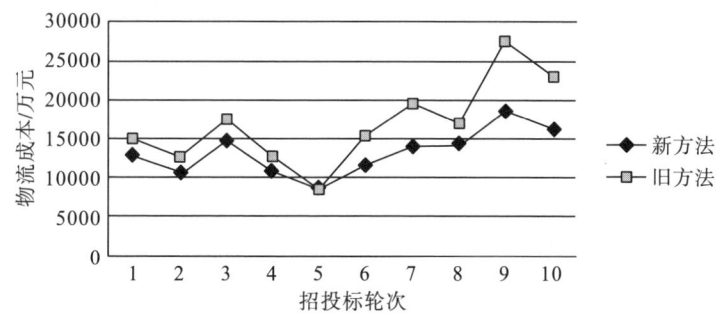

图 3.3　市场预期增长时新旧方法 10 轮招投标支付曲线

(2) 政府管理机构统一规划下的支付低于传统招标下的支付的原因：①准备时间更长，从而使新方法的潜在投标者集合(N)大于用旧方法即时招标时的潜在投标者集合，有利于选择低成本物流商。②新方法是对未来一段时间的物流需求的储备，供给商可以在中标之后进行固定资产的投资，这有利于物流商针对未来的需求量采用最低融资成本模式。③成为区域物流中心专用物流长期供给商，将使物流商获得较为稳定的业务，也有利于物流商降低专用固定资产投资风险，降低进入门槛，有利于鼓励竞争。

3.7　结　　论

为适应物流区域中心化趋势和市场的波动，本章针对区域中心专用资产的投资和运营招投标进行了研究。当市场不确定性较大时，物流固定资产的投资也会不足，通过区域整体来把握专用固定资产的投资量，将有利于解决专用物流供给与需求之间的矛盾。本章设计了一个能使招标方以较为稳定的价格获得物流供给，并能保持对物流专用固定资产投资效率和运营效率实现双重持续激励的招投标机制。通过仿真分析可知，新的招投标机制有利于招标方更好地规避供需严重不平衡导致的较大市场波动，并且可降低物流供给方的专用固定资产投资风险，有利于区域整体更有效地优化资源投资，从而在一定程度上降低招标方的获取成本。通过新的招投标机制进行区域内全局调度，对于物流供给方竞争较为充分的区域中心专用物流市场有着现实的价值，对于构建公开、高效的区域物流市场，实现区域社会福利最大化有重要的理论与现实意义。

参 考 文 献

[1] 王健. 现代物流网络系统的构建[M]. 北京: 科学出版社, 2005.
[2] 刘南, 赵成峰, 陈远高. 现代物流与经济发展——理论、方法与实证分析[M]. 北京: 中国物资出版社, 2007.
[3] TULLY S. The B2B tool that really is changing the world[J]. Fortune, 2000, 141(6): 20.
[4] COHN L, BARDY D, WELCH D. B2B: the hottest net bet yet?[J]. Business Week, 2000, 1(17): 36-37.
[5] FIGLIOZZI M A, MAHMASSANI H S, JAILLET P. Auction settings and performance of electronic marketplaces for truckload transportation services[J]. Transportation Research Record Journal of the Transportation Research Board, 2004, 1906: 89-97.
[6] FIGLIOZZI M. Analysis and evaluation of incentive-compatible dynamic mechanisms for carrier collaboration[J]. Transportation Research Record Journal of the Transportation Research Board, 2006, 1966: 34-40.
[7] DUIN J H R V, TAVASSZY L A, TANIGUCHI E. Real time simulation of auctioning and re-scheduling processes in hybrid freight markets[J]. Transportation Research, Part B(Methodological), 2007, 41(9): 1050-1066.
[8] SEMRA A, TAN B, KARAESMEN F. Modeling and analysis of an auction-based logistics market[J]. European Journal of Operational Research, 2008, 191(1): 272-294.
[9] 杨明洪. 农业产业化: 作为一种契约型组织的效率及其决定[J]. 四川大学学报(哲学社会科学版), 2002(4): 33-37.
[10] 侯荣华. 固定资产投资效益及其滞后效应分析[J]. 数量经济技术经济研究, 2002, 19(3): 13-16.
[11] 燕志雄, 费方域. 不确定性风险、事前投资与期货交易[J]. 上海交通大学学报, 2008, 42(11): 1802-1805.
[12] 殷茗, 赵嵩正. 专用资产投资与供应链协作信任、合作意图之间的动态差异性关系研究[J]. 科研管理, 2009, 30(1): 65-70.
[13] 王学庆. 垄断性行业的政府管制问题研究[J]. 管理世界, 2003(8): 63-73.
[14] MYERSON R B. Optimal auction design[J]. Discussion Papers, 1978, 6(1): 58-73.
[15] HAHN F. The economies of missing markets, information, and games[M]. Oxford: Oxford University Press, 1989.
[16] BLUME A, HEIDHUES P, LAFKY J, et al. All equilibria of the multi-unit Vickrey auction[J]. Games and Economic Behavior, 2009, 66(2): 729-741.
[17] 马俊, 邱菀华. 多物品拍卖中的多人投标决策问题研究[J]. 系统工程理论与实践, 2002, 22(1): 83-88.
[18] 王彦, 李楚霖. 非对称情况下的多物品拍卖[J]. 中国管理科学, 2003, V(6): 61-65.
[19] 王先甲, 殷红. 一种激励相容的电力市场双边拍卖机制[J]. 电力系统自动化, 2004, 28(18): 7-15.
[20] KRISHNA V. Auction theory[M]. Pittsburgh: Academic Press, 2001.
[21] 傅家毅, 全允桓. 工业技术经济学[M]. 北京: 清华大学出版社, 2002.
[22] 夏杰, 陈焜如, 王恒恒. 资源特许经营权的物权性研究[J]. 改革与战略, 2009, 25(5): 29-32.
[23] WILSON R. Game-theoretic analysis of trading processes[M]. Cambridge: Cambridge University Press, 1987.

第四章　多式联运二级市场 VCG 机制

运输效率低下与衔接不畅一直是我国物流成本较高的主要原因之一。采用两种或多种运输方式并综合了多种运输方式优点的多式联运是解决运输效率低下和成本较高问题的有效手段[1]。但运输方式之间缺乏分工、资源整合不够，导致我国多式联运的比例依然很低（不足 2%）且市场发展不充分[2]。国家发改委等在 2016 年 2 月发布的《关于加强物流短板建设 促进有效投资和居民消费的若干意见》中明确指出，提升运输中货物的中转效率要增强多式联运转运管理，通过建立大型物流网络运作平台，尽可能地解决信息不对称、"跑空车"等运输资源调度问题，并力求实施"一单制"多式联运运作系统，到 2020 年形成一个多式联运初步框架，到 2030 年左右建成我国多式联运运作系统[3]。

中转市场交易机制设计，使得承运个体在追求自身利益时让社会系统满足某种准则，是提升多式联运资源整合水平的重要方法。第二价格竞价交易中，Vickrey 通过设定报价最高者赢标但支付失标者中的最高报价，使得竞价者说真话为其最优策略[4]，这启发了一类对真实信息揭示机制的设计。VCG 机制中竞价者的支付也是由其他交易方的报价决定，该机制具有理想社会选择机制的内在性质，比如说真话、社会福利最大化、参与理性、非负外部补贴等，可让社会系统实现资源优化配置[5]。周乐欣等构建了平台化的物流采购双边竞价交易机制，通过比较分析得出其交易效率高于传统交易模式[6]。多式联运组织工作的核心是参与方之间互相协作，许多国内外学者对此进行了研究。吉清凯等指出多式联运是集装箱运输的典型运输模式，中转、协调及集成等是亟待解决的关键问题[7]。李敏和吴群琪对不同类型物流企业的竞价交易定价进行了博弈分析，以物流企业的远期收益预期为基础，研究了其对物流产业发展的作用和影响[8]。刘丹和赵嵩正提出一个针对运输时间、费用和二氧化碳排放的多式联运网络多目标优化模型及算法，并且通过算例验证了算法的有效性[9]。这些研究主要针对供需约束下的中心决策问题，没有考虑博弈结构下多式联运交易个体之间的报价博弈行为。对多式联运的研究可以分为两类[10,11]：第一类是运输网络评价；第二类是用数学规划模型求解最优路线。本章研究第二类问题并考虑交易者报价博弈。部分学者从以多式联运成本最小和收益最大为目标的博弈行为、运输委托代理角度进行了研究[12]，并从运输成本、运输时间及物流服务质量等方面对多式联运路径进行优化求解[13]。朱昌锋和王庆荣提出了多式联运条件下的应急车辆路径优化模型，并利用模拟退火算法进行求解[14]。陈利民针对多式联运建立了数学模型和虚拟运输网络图，并基于求解优化路径的混合型遗传算法进行了仿真验证，该算法符合实际需求并节省了费用[15]。现有的多式联运多从网络路径优化角度考虑，没有分析多式联运承运人储备运量的优化，即当每段运输路线存在多个报价时，如何通过交易机制设计来突破信息不对称问题并优化运输路径。

"一单制"机制下多式联运承运人通过与分运人的契约承接分运人运力。在每个运输工具的运输线路上，承运人的储备运量呈刚性，且在特定时段内不可增减。而市场需求是波动的，当需求处于波峰或波谷时，部分承运人的运力分别呈现出不足或过剩状态，需要通过交易进行调剂，从而形成多式联运中转二级交易市场。

本章主要工作及创新点为：①设计多报价市场系统，承运人可在二级市场提交自身交易需求，随着承运人的增多，每段运输路线上会出现多个报价，需要在运输路线网络中寻找成本最小的运输路径；②建立多式联运人（虚拟企业）间在二级市场通过交易的方式应对储备运量富余或短缺问题的交易模型；③分析承运人出售运量和购买运量这两种行为，通过设计 VCG 机制构建起多式联运二级市场基于优化模型的市场出清规则及价格生成规则；④分析在该市场规则下说真话是否是交易者的占优策略，并通过算例进行仿真分析。

4.1　多式联运二级市场的基础概念及交易结构

4.1.1　相关基础概念

1. 多式联运虚拟企业

多式联运中多式联运经营人和货主签订运输合同，并和多式联运路线上的分运人订立契约，以实现分段接续运输[16]。多式联运是建立在运输专业化分工基础上的不同运输方式的运输企业间的联合运输，多式联运承运人通过与分运人确定契约关系，使得多式联运形成一种新的组织模式，其也被视为虚拟企业[17]。

2. 二级市场

将基于多式联运承运人与分运人之间契约关系形成的"一单制"运输市场称为一级市场，多式联运承运人与分运人之间通过长期契约关系实现分运人运输能力向承运人转让，多式联运承运人为路线经营者。多式联运承运人为应对市场需求的波峰或波谷，彼此之间会将部分通过长期契约获得的运输能力在短期内进行再交易，由此形成的市场称为二级市场。二级市场的展开需要一些基础条件。同时，未被多式联运整合的分运人作为市场参与方也可将分段运力投入该二级市场。

多式联运承运人由于整合了分运人的运输供给而具有信息和货源优势，并由此具备优化运输路线网络的潜在可能和优势。

4.1.2 二级市场交易平台

众多多式联运承运人分别整合了不同多式联运路线，为不同的货运需求服务，使得多式联运企业间的交易能够在运输网络中对部分货物的运输成本重新进行优化，如图 4.1 所示。图 4.1 中交易是指多式联运承运人之间的一次性交易，契约是指多式联运承运人与其分运人之间的长期契约关系。基于信息技术及交易机制可构建起多式联运二级市场交易平台，该交易平台具有能整合多式联运运输网络资源和促成交易的特点[18]，平台要素包括：①数据云平台；②市场组织者；③运力转入与运力转出多式联运承运人。

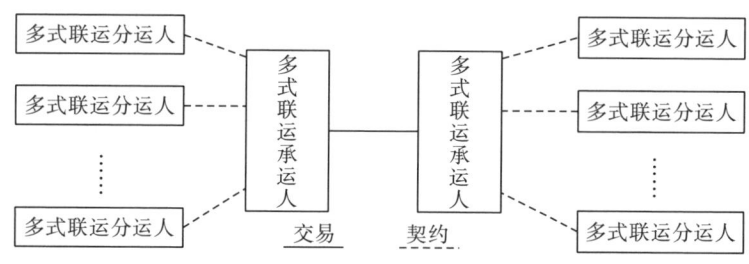

图 4.1　多式联运二级市场的交易结构图

4.2　模　型　建　立

4.2.1　运输路线成本最小化模型

多式联运承运人之间将暂时未使用的储备运量进行交易，能够再次优化运输资源配置。设定每批次货物运输的起点和终点，计算不同货物从不同起点经过连续的多条线路到达终点的最优路径。将运输网络看作一个网络图 $G=(V,E)$，其中，V 表示运输中转节点集，E 表示一条运输线段。设共有 m 个节点，e 表示运输网络中任意一条边；$q_e^{(o,d,j)}$ 表示承运人 j 在边 e 上的成交量，其中，$o,d \in V$，$e \in E$；$L^{(o,d,j)}$ 表示承运人 j 的运输需求路线，起点为 o，终点为 d；$r_e^{(o,d,j)}$ 表示第 j 个承运人在运输路线 e 上的单位运输报价；$c_e^{(o,d,j)}$ 表示第 j 个承运人在运输路线 e 上的单位运输成本。

常用向量如下。

（1）设 $\boldsymbol{R}^j$ 代表出售运力承运人 j 在每条边上的一个单位报价向量：

$$R^j = (r^j_{(v_1,v_2)}, r^j_{(v_1,v_3)}, \cdots, r^j_{(v_1,v_m)}, r^j_{(v_2,v_1)}, r^j_{(v_2,v_3)}, \cdots, r^j_{(v_\gamma,v_\tau)}, \cdots, r^j_{(v_{m-1},v_m)})$$

承运人 j 在某一边不提供交易时,报价设为零。

(2) 设 C^j 代表出售运力承运人 j 在每条边上的一个单位成本向量:

$$C^j = (c^j_{(v_1,v_2)}, c^j_{(v_1,v_3)}, \cdots, c^j_{(v_1,v_m)}, c^j_{(v_2,v_1)}, c^j_{(v_2,v_3)}, \cdots, c^j_{(v_\gamma,v_\tau)}, \cdots, c^j_{(v_{m-1},v_m)})$$

(3) 设 D^j 代表出售运力承运人 j 在每条边上出售运力的上限向量:

$$D^j = (d^j_{(v_1,v_2)}, d^j_{(v_1,v_3)}, \cdots, d^j_{(v_1,v_m)}, d^j_{(v_2,v_1)}, d^j_{(v_2,v_3)}, \cdots, d^j_{(v_\gamma,v_\tau)}, \cdots, d^j_{(v_{m-1},v_m)})$$

承运人 j 在某一边不提供交易时,载货上限设为零。

(4) 运量转入方报价向量 $\boldsymbol{G}_i = \boldsymbol{G}_i(o^i, d^i, R^i, \overline{D}^i)$。其中,$o^i$ 表示承运人 i 所需运输货物的起点;d^i 表示承运人 i 所需运输货物的终点;R^i 表示承运人 i 转入承运量支付价格上限,价格低于次转入方才同意交易;$\overline{D}^i$ 表示承运人 i 要购买的承运量。

(5) 运量转出方报价向量 $\boldsymbol{H}_j = \boldsymbol{H}_m(R^j, D^j)$。其中 R^j 为保留价,D^j 为承运力上限。

(6) 每条边运力 $\boldsymbol{D}_{(v_\gamma,v_\tau)} = \sum_{j \in J} D^j_{(v_\gamma,v_\tau)}$,是该边报价交易人提交的向量的和,若该批次货物经过该边,则必有 $\boldsymbol{D}_{(v_\gamma,v_\tau)} \geq \overline{D}^i$,将该边转出运力承运人报价由低到高排序,则有 $r^1_{(v_1,v_2)} \leq r^2_{(v_1,v_2)} \leq \cdots \leq r^j_{(v_1,v_2)} \leq \cdots \leq r^\tau_{(v_1,v_2)}$,对应运力上限为 $d^1_{(v_1,v_2)}, d^2_{(v_1,v_2)}, \cdots, d^j_{(v_1,v_2)}, \cdots, d^\tau_{(v_1,v_2)}$,必存在 $j = K_\tau$,使得

$$\sum_{j=1}^{K_\tau} D^j_{(v_\gamma,v_\tau)} \leq \overline{D}^i \leq \sum_{j=1}^{K_\tau+1} D^j_{(v_\gamma,v_\tau)} \tag{4.1}$$

数量为 $\overline{D}^i$ 的该批次货物若经过该边,则报价为

$$C_{(v_\gamma,v_\tau)} = \sum_{j=1}^{K_\tau} D^j_{(v_\gamma,v_\tau)} r^j_{(v_1,v_2)} + \left(\overline{D}^i - \sum_{j=1}^{K_\tau} D^j_{(v_\gamma,v_\tau)} \right) \times r^{K_\tau+1}_{(v_1,v_2)} \tag{4.2}$$

主要符号说明见表 4.1。

表 4.1 主要符号说明

I:	承运人集合;
V:	所有运输节点的集合,共计 m 个节点;
E:	所有路段集合;
e:	运输网络任一运输路段,且 $e \in E$;
$L^{(o,d,i)}$:	承运人 i 从起点 o 到终点 d 的运输路线;
d^j_e:	承运人 j 在某运输路段 e 上的出售运力上限;

续表

$b^{(o,d,i)}$：承运人 i 在运力转入路线上的运力需求量；

r_e^j：路段 e 上第 j 个承运人的单位运输报价；

c_e^j：路段 e 上第 j 个承运人的单位运输成本；

$q_e^{(o,d,i,j)}$：路段 e 转出运量承运人 j 与承运人 i 成交数量。

4.2.2 分配规则

1. 成本最小化分配

在运输及报价网络中，每个承运人可以是某个运输路段的运力出售方，也可以是另一运输路段的运力购买方。运输路线 $L^{(o,d,i)}$ 上某边 e，又可被表述为 (v_γ, v_τ)，其中 v_γ 为边 e 的起点，v_τ 为边 e 的终点；承运人 i 在边 (v_γ, v_τ) 上赢得交易时的承运量为 $q_{(v_\gamma, v_\tau)}^{(o,d,i)}$，报价为 $r_{(v_\gamma, v_\tau)}^{(o,d,i)}$。考虑某批次货物从某个起点运输到某个终点时，网络运输成本最小化目标函数为

$$\begin{cases} \min \sum_{(v_\gamma, v_\tau) \in L^{(o,d,i)}} r_{(v_\gamma, v_\tau)}^j \cdot q_{(v_\gamma, v_\tau)}^{(o,d,i,j)} \\ \text{s.t.} \\ \quad \begin{cases} \sum_{j \in J} \sum_{(v,w) \in E} q_{(v_\gamma, v_\tau)}^{(o,d,i,j)} \geqslant \sum_{j \in J} \sum_{(u,v) \in E} q_{(v_\gamma, v_\tau)}^{(o,d,i,j)} \\ u, v, w \in V, \ \forall (o,d,i) \in L^i, \ i \in I \end{cases} \quad (4.3) \\ \quad \begin{cases} 0 \leqslant q_{(v_\gamma, v_\tau)}^{(o,d,j)} \leqslant D^j \\ (v_\gamma, v_\tau) \in E \cap L^{(o,d,j)}, \ o,d \in V \end{cases} \quad (4.4) \\ \quad \begin{cases} \overline{D}^i = \sum_{j=1}^{K_\tau + 1} q_{(v_\gamma, v_\tau)}^j \leqslant \boldsymbol{D}_{(v_\gamma, v_\tau)} \\ (v_\gamma, v_\tau) \in E \cap L^{(o,d,i)}, \ o,d \in V \end{cases} \quad (4.5) \end{cases}$$

其中，$q_{(v_\gamma, v_\tau)}^{(o,d,i,j)}$ 表示转入运力承运人 i 在从起点 o 到终点 d 的转入路线 (v_γ, v_τ) 路段与承运人 j 成交的承运量；$r_{(v_\gamma, v_\tau)}^{(o,d,i)}$ 表示某个运输路段上承运人 i 收到的报价；式(4.3)表示每一个节点上转出的货物量大于或等于转入的货物量，即每一个中转站都不会有存货，这保证了货物在路段间接续运输；式(4.4)表示转出运力承运人 j 的交易量不能超过自己的运力储备；式(4.5)表示每个路段的成交总量等于转入运力承运人 i 的需求量，小于所有承运人的运力供给总和。

2. 交易成功条件

当每批次货物由起点经多式联运网络到达终点的最低成本 W 小于运力转入方的报价 R^i 时，交易才最终成功。令

$$W = \min \sum_{(v_\gamma, v_\tau) \in L^i} r^{(o,d,j)}_{(v_\gamma, v_\tau)} \cdot q^{(o,d,j)}_{(v_\gamma, v_\tau)} \tag{4.6}$$

当 $W \leq R^i$ 时，交易成功；当 $W > R^i$ 时，交易失败。

3. 运输网络成本最小优化过程描述

承运人中转二级交易运输网络中，一个运输路段可能有多个报价，每个报价为包含承运单价和运量上限的向量。在此前提下，每批次多式联运货物运输成本最小路径优化过程为：①计算每条边的最高承运量及其价格，该承运量为该边所有承运人转出量的总和，该承运量的价格为该边所有承运人转出量对应价格之和。②将所有需转入运力订单按提交时间进行排序，先提交的订单先获得进入多式联运网络寻找成交承运人及成交路线的交易机会。③针对每个订单进行运输货物成本最小化的路径求解，成功获得交易后，将各转出运力承运人成交的承运量从其所报转出承运量中删除，若某些边有新的承运人提交报价向量，则将这些报价向量递补到原网络图中，与所有未成功交易的报价向量组成新的网络。④按提交时间排序的第二笔订单进入网络进行交易，在新组成的交易网络图中继续进行新一批运输货物成本最小化路径求解。如此重复循环，直到所有可能的交易全部实现。

4.2.3 支付规则

VCG 支付机制满足激励相容约束，即说真话是交易者的占优策略，能使资源配置最优。令

$$W(R, Q) = \min \sum_{(v_\gamma, v_\tau) \in L^i} r^{(o,d,j)}_{(v_\gamma, v_\tau)} \cdot q^{(o,d,j)}_{(v_\gamma, v_\tau)} \tag{4.7}$$

其中， $R = (r^{(o,d,1)}, r^{(o,d,2)}, \cdots, r^{(o,d,n)})$； $Q = (q^{(o,d,1)}, q^{(o,d,2)}, \cdots, q^{(o,d,n)})$。

令 $W_{j/(u,v)}(R, Q) = W(\mathbf{R}_{j/(u,v)}, \mathbf{Q}_{j/(u,v)})$，表示剔除第 j 个交易者在任意边 (u,v) 的报价向量后，运输网络重新分配时的社会福利最大值。其中，

$$\mathbf{R}_{j/(u,v)} = (r^{(o,d,1)}, r^{(o,d,2)}, \cdots, r^{(o,d,j-1)}, r^{(o,d,j)}/(u,v), r^{(o,d,j+1)}, \cdots, r^{(o,d,n)}) \tag{4.8}$$

表示第 j 个交易者在任意边 (u,v) 退出交易时的所有交易者报价向量。

$$\mathbf{Q}_{j/(u,v)} = (q^{(o,d,1)}, q^{(o,d,2)}, \cdots, q^{(o,d,j-1)}, q^{(o,d,j)}/(u,v), q^{(o,d,j+1)}, \cdots, q^{(o,d,n)}) \tag{4.9}$$

表示第 j 个承运人在任意边 (u,v) 退出交易时的所有交易者运量向量。

令第 j 个交易者在任意边 (u,v) 赢得交易时获得的支付为

$$M^{j}_{(u,v)} = [W(R,Q) - W_{j/(u,v)}(R,Q)] + r^{(o,d,j)}_{(u,v)} \tag{4.10}$$

其中，$r^{(o,d,j)}_{(u,v)}$ 表示第 j 个交易者在任意边 (u,v) 的报价，$(u,v) \in V$。交易者 j 在所有边获得的最终总支付为 $\sum_{(u,v) \in V} M^{j}_{(u,v)}$。

由该支付规则可知，转出运力承运人收益=转出运力承运人报价+其参与竞标而使社会福利增加的部分收益，该支付规则准确衡量了各交易者对该市场社会福利的贡献，贡献越大者得到的利润就越高。

4.3 博弈结构与机制性质分析

4.3.1 博弈结构分析

在 4.2 节的分配及价格生成规则下，多式联运二级市场构成了一个不完全信息博弈结构。各多式联运分运人只知道自己的成本和其他承运人成本的概率性分布，并不确定其他承运人的真实承运成本信息，而承运人之间的报价竞争将直接决定其收益。承运人面临的竞争包括两个方面：①在运输路线一定的情况下，同一路段不同承运人的报价竞争。②不同运输路线之间的报价竞争，不同路线的承运人报价可能会改变同一批货物在起点和终点不变前提下的运输路径。由式(4.10)的支付规则可知，竞标者的报价只能决定其是否能赢得交易，而其获得的支付由其他竞标者的报价决定。在不确切知道其他承运人成本的情况下，竞标者必须思考如何报价对自己最有利。承运人的竞标策略由高报、低报和诚实报价三个策略构成。如果能够证明诚实报价是承运人的占优策略，那么 4.1 节的供需配置结果就是规避了投机报价后的优化结果，该结果能够实现市场资源的优化配置。

定义：在确保成交后收益非负的前提下，以赢标为第一目标的交易者称为赢标偏好型交易者。

引理 1：多式联运二级市场交易者为赢标偏好型交易者。

证明：多式联运承运人在中转二级市场的交易目的是解决其在市场需求处于波峰时的运力不足及在出让需求处于波谷时的运力富余问题，从而进一步整合多式联运运输资源，最大化市场交易机会，避免前期配置闲置资源导致的亏损和资源不足导致的机会成本增加。及时止损是多式联运承运人的第一目的，这符合其在收益大于零的前提下以赢标为第一需求的特征，其为赢标偏好型交易者。

由引理 1 可知，多式联运二级市场面对的是有特殊交易需求的交易者，接下来在 4.2 节规定的机制和博弈结构下，对机制性质进行分析。

4.3.2 机制性质分析

基于前面的分配规则和支付规则，现分析多式联运交易网络基于此规则的机制性质。

定理1：机制满足参与理性约束。

证明：前面的分析已经得出，成交价格等于竞标者的报价加上其参与竞标所形成的社会效用增加值。假设竞标价为 r，交易带来的社会福利增量为 Q，那么竞标者得到的支付为 $r+Q$。若 $r<c$，无法保证 $r+Q>c$，因此竞标者作为理性人，将不会报出比成本价 c 低的价格，且必有承运人的收益为 $r+Q>c$，所以必有竞标者收益 $U(r)=r+Q-c>0$。因此，该机制是满足参与理性约束的，即竞标者诚实报价将不会导致负效用。

定理2：机制使得说真话是占优策略。

证明：在上述 VCG 支付中，交易价格等于竞标者的报价加上其参与竞标所形成的社会效用增加值(与其不参与竞标时相比较)，基于此来分析竞标者的最优策略。

(1)考察转出运力承运人的报价策略。此时，报价更低者更容易中标。假设转出运力承运人在任意边的成本为 c，报价为 r。

①当 $r>c$ 时，即采取高报策略。如果此时以报价 r 成交，则以报价 c 也能成交；但当以报价 c 成交时，以报价 r 不一定成交。所以，报价 r 降低了中标的概率。由引理1可知，现在交易者为赢标偏好型交易者，由式(4.10)可知交易者以真实报价 c 竞标时其收益大于零，且报价 r 降低了中标概率，所以 $r>c$ 不是占优策略。

②当 $r<c$ 时，虽然此时报价 r 增加了中标的概率，但如果成交，支付将以 r 来计算，这样完全可能会使收益小于零，从而造成交易者亏损。由引理1可知，现在交易者为赢标偏好型交易者，其力求赢标的前提是确保收益大于零，所以 $r<c$ 不是占优策略。

上述已证明 $r>c$ 与 $r<c$ 均非转出运力承运人最优策略，则 $r=c$ 为其占优策略。

(2)考察转入运力承运人的报价策略。同理，由引理1可知，转入运力承运人为赢标偏好型交易者。假设转入运力承运人对货物由指定起点运输至终点的支付意愿为 V，报价为 V'，则与(1)类似，当 $V'<V$ 时，虽然其中标后收益会增加，但是会面临失标的风险，所以低报不是占优策略；当 $V'>V$ 时，其中标概率增大，但收益可能为负，由于收益非负是其报价前提，所以高报不是占优策略。因此，说真话为占优策略。

所以该机制是满足激励相容约束的，即理性竞标者会以自己的真实成本或支付意愿参与竞标。当该机制能够保证说真话为交易者占优策略时，可使得 4.2 节的分配规则在揭露交易者真实信息的基础上实现社会福利最大化。

定理 3：机制满足预算平衡约束，不需要第三方补贴。

证明：成功交易后，运力转入承运人 i 将按机制规则向运力转出承运人 j 支付：

$$M_{(u,v)}^{j} = [W(R,Q) - W_{j/(u,v)}(R,Q)] + r_{(u,v)}^{(o,d,j)} \quad (4.11)$$

设与运力转入承运人 i 成交的所有转出运力承运人组成的集合为 J，则运力转入承运人 i 的支付不高于其支付意愿，即 $\sum_{j \in J} M_{(u,v)}^{j} \leq V^{i}$，所以完全满足预算平衡约束，无须第三方进行补贴。

4.4 控制模型

4.2 节讨论了承运人将超出自身运力的部分货运需求在中转二级市场交易的问题。转出运力承运人将自己所有运输需求及运营路线投入中转二级市场，基于自身运营路线和中转二级市场的运输优势，在更大的运输网络中优化自己所有运输需求的总体运输成本，从而放大中转二级市场的作用。此时，应严格界定承运人分别采取自运、购买运力时的综合成本。设 E^i 表示承运人 i 实际运输路段；q_e^i 表示承运人 i 在路段 e 的运输量；L^i 表示承运人 i 经营路线；Q^i、C^i 分别表示承运人 i 在经营路线上的自运数量向量及成本向量；r_e^j 表示转出运力承运人 j 的报价；q_e^j 表示转出运力承运人 j 在路段 e 的承运量；L^j 表示转出运力承运人 j 的所有投入转运二级市场路段。令 $r_e^i(e \in E)$ 为承运人 i 在边 e 的单位承运报价，承运人 i 将货物转由其他承运人承运或承运人 i 自己运输货物，令 s^i 为上述两者之差，则

$$s^i = \sum_{e \in E^i} r_e^i \sum_{e \in L^i} q_e^i - \sum_{j \in J} \sum_{e \notin E^i} r_e^j \sum_{e \in L^j} q_e^j \quad (4.12)$$

其中，$\sum_{e \in E^i} r_e^i \sum_{e \in L^i} q_e^i$ 表示承运人 i 自己运输货物；$\sum_{e \notin E^i} r_e^j \sum_{e \in L^j} q_e^j$ 表示承运人 i 为其他承运人运输货物。

4.4.1 分配规则

当承运人 i 既接受其他承运人运力又转移运力给其他承运人时，区别于传统招投标中单个交易者收益最大化目标函数，严格控制网络运输成本最小化目标函数如下：

$$\begin{cases} \min \sum_{(o,d,i) \in L^i} \boldsymbol{C}^i \cdot \boldsymbol{Q}^{i\mathrm{T}} + \sum_{j \in J} \sum_{e \notin E^i} r_e^j \sum_{e \in L^j} q_e^j \\ \text{s.t.} \\ \begin{cases} \sum_{i \in I} \sum_{(v,w) \in E} q_{(v,w)}^{(o,d,i)} \geqslant \sum_{i \in I} \sum_{(v,w) \in E} q_{(v_\gamma, v_\tau)}^{(o,d,i)} \\ u, v, w \in V, \ \forall (o,d,i) \in L^i, \ i \in I \end{cases} \quad (4.13) \\ \begin{cases} q_e^{(o,d,i)} \leqslant b^{(o,d,i)} \\ e \in E, \ e \in L^{(o,d,i)}, \ o, d \in V, \ i \in I \end{cases} \quad (4.14) \\ \begin{cases} \sum_{i \in I} \sum_{(o,d,i) \in L^i} q_{(v_\gamma, v_\tau)}^{(o,d,i)} \leqslant \sum_{i \in I} d_{(v_\gamma, v_\tau)}^i \\ e \in E, \ e \in L^{(o,d,i)}, \ i \in I \end{cases} \quad (4.15) \\ \begin{cases} q_e^{(o,d,i)} \geqslant 0 \\ e \in E, \ (o,d,i) \in L^i, \ i \in I \end{cases} \quad (4.16) \end{cases}$$

目标函数反映了承运人 i 经过接受和转交过程之后将货物运送到目的地的能力，整个过程中与其他承运人进行交易，目标函数表示将货物运送到目的地的过程中转出和接受的总支付。其中 $q^{(o,d,i)}$ 表示第 i 个承运人的一个报价向量，代表每条边的报价，报价为零表示该边不提供交易运力；式(4.13)(货物量的平衡约束)表示每一个转运节点上运入的货物量不超过运出的货物量(最多等于)，即每个中转站都不会有存货，这能保证货物在路段间接续运输；式(4.14)表示总运货量为 d；式(4.15)表示某路段所有需求方购买的运力不能超出所有承运人的运力供给总和；式(4.16)表示所有运输路段成交运量非负。

同理，当目标函数值小于所有承运量转入方报价之和时，交易成功；反之，交易失败。

4.4.2 支付规则

令

$$W(R,Q) = \min \sum_{i \in I} \sum_{(o,d,i) \in L^i} \boldsymbol{C}^i \cdot \boldsymbol{Q}^{i\mathrm{T}} + \sum_{j \in J} \sum_{e \notin E^i} r_e^j \sum_{e \in L^j} q_e^j \quad (4.17)$$

其中，$R = (r^{(o,d,1)}, r^{(o,d,2)}, \cdots, r^{(o,d,n)});\ Q = (q^{(o,d,1)}, q^{(o,d,2)}, \cdots, q^{(o,d,n)})$。

令 $W_{i/(u,v)}(R,Q) = W(\boldsymbol{R}_{i/(u,v)}, \boldsymbol{Q}_{i/(u,v)})$ 表示为去除第 i 个承运人对一条边的报价重新分配的最优值，其中

$$\boldsymbol{R}_{i/(u,v)} = (r_{(d,o,1)}^{(o,d,1)}, r_{(d,o,1)}^{(o,d,2)}, \cdots, r_{(d,o,1)}^{(o,d,i-1)}, r_{(d,o,1)}^{(o,d,i)}/(u,v), r_{(d,o)}^{(o,d,i+1)}, \cdots, r_{(d,o)}^{(o,d,n)}) \quad (4.18)$$

表示第 i 个交易者在任意边 (u,v) 退出交易时的所有交易者报价向量。

$$\boldsymbol{Q}_{i/(u,v)} = (q^{(o,d,1)}, q^{(o,d,2)}, \cdots, q^{(o,d,i-1)}, q^{(o,d,i)}/(u,v), q^{(o,d,i+1)}, \cdots, q^{(o,d,n)}) \quad (4.19)$$

表示第 i 个承运人在任意边 (u,v) 赢得交易时的所有交易者运量向量。

令第 i 个交易者在任意边 (u,v) 赢得交易时获得的支付为

$$M_{(u,v)}^{i} = [W(R,Q) - W_{i/(u,v)}(R,Q)] + r_{(u,v)}^{(o,d,i)} \tag{4.20}$$

其中，$r_{(u,v)}^{(o,d,i)}$ 表示第 i 个交易者在任意边 (u,v) 的报价，$(u,v) \in V$。

交易者 i 在所有边获得的最终总支付为

$$\sum_{(u,v) \in V} M_{(u,v)}^{i} = \sum_{e \notin E^i} r_e^j \sum_{e \in L^i} q_e^j \tag{4.21}$$

4.4.3 机制性质分析

在 4.4.2 节严格控制社会最低综合成本的 VCG 竞价模型中，以社会福利最大化配置为目标，多式联运承运人在完成自己的订单业务时，可以比较自己的运价和市场交易路段上其他多式联运承运人的报价，也可以在不同多式联运承运人之间交易各自获得的订单运量。在该模型中，承运人完成自己的订单运量时将不存在交易，且承运成本为 c；当其承担其他承运人的订单运量时，其报价为 r。基于 VCG 的内在原则，多式联运承运人在赢得订单时，其报价只决定了其是否能够赢得其他承运人的订单运量，而支付最终由其他承运人的报价决定，这与 4.2 节的分配和支付规则及 4.3 节的定理 2、定理 3 类似，承运人报出自己的真实成本即 $c = r$ 为占优策略，且满足参与理性约束。

4.5 算法及算例仿真

4.5.1 算法

本章的模型用于求解多式联运网络最小成本的路径问题，其中该网络总报价由各边报价向量决定：①先计算每条路线能够提供的总运量，即每条路线上所有承运人能够提供的运量之和，并生成矩阵，矩阵元素对应节点之间的运量或运价。②以某次运送的货物数量为标准，如果这条路线的运量不能满足货物的运送需求，则这条路线不参与货物的运输。如果能够满足此次货物的运输，则将这条路线的承运人以报价为基础从低到高排列，报价较低的承运人优先参与交易，最后计算出货物经过此路线需要支付的费用。③通过 Floyd（弗洛伊德）算法对第①步生成的矩阵进行计算，求得对应节点之间的最少花费，算法复杂度为 $O(n^3)$，n 为节点的数量。

4.5.2 算例仿真

假设多式联运网络如图 4.2 所示,多式联运承运人需组织分段运输,形成完整的运输方案,将货物运输到目的地。假设货物在图4.2 的节点中进行多式联运,节点 1 为起点,节点 9 为终点,对包含水运、铁运和公路运输三种运输方式的多式联运网络进行仿真,其中有箭头相连的节点表示这两个节点之间有承运人能够运送货物。先仿真计算承运人 i 处于运输需求的高峰时,有批运输量为 16 的货物需要转化为其他承运人的运力的多式联运问题,运输起点为 1,终点为 9。同时,处于运输需求低谷的承运人的情况如表 4.1 所示,相邻节点中随机生成一定数量的货运承运人,并模拟其报价和能够承运的数量,该网络中的承运人由于运力过剩需要转出运力。

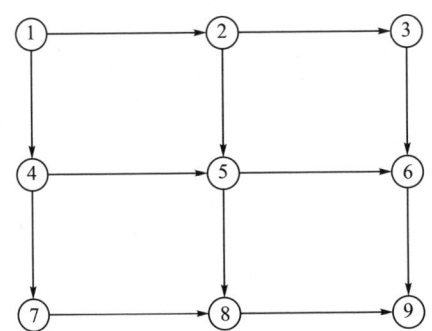

图 4.2 多式联运成本最小化计算网络路径示意图

表 4.1 3 个多式联运承运人节点间的报价及交易运量数据

路段	报价及交易运量数据	路段	报价及交易运量数据
1→2	16.66/11/1, 18.31/14/3	1→4	10.93/5/1, 19.89/12/3
2→3	8.90/5/1, 19.81/7/3, 30.34/7/3	2→5	15.40/13/1, 21.16/5/3
3→6	15.77/15/2, 19.68/15/3, 29.81/6/3	—	—
4→5	13.99/13/2, 20.90/5/3, 30.63/15/3	4→7	15.41/14/2, 20.35/15/3
5→6	12.18/8/2, 21.09/14/3	5→8	9.84/15/1, 19.97/7/3
6→9	16.91/9/2, 19.06/6/3		
7→8	9.32/8/1, 19.31/7/3, 30.33/7/3		
8→9	11.83/15/2, 20.37/7/3		

注:"*→*"表示一个节点到另一个节点;每个承运人报价数据用"·/·/·"表示,其中第一个数据代表承运人报价,第二个数据代表承运人承运量上限,第三个数据代表运输方式(1 代表水运,2 代表铁运,3 代表公路运输)。

第四章 多式联运二级市场 VCG 机制

表 4.1 给出了承运人在每条边提交的报价向量，包括单价及承运量上限。承运人的运输工具、运营状态、运营能力等不同导致成本不同，如空车返回的承运人成本接近零，所以设定报价在区间[0, 35]内随机生成，承运量上限在区间[0, 20]内随机生成，承运人在某边无报价表示其在该边不提供运力转出。

(1)计算表 4.1 中每条边的承运能力及价格，每条边承运能力 $= \sum_{i=1}^{I} D_i$，D_i 为每条边承运人 i 的承运量上限，$i = 1,\cdots,I$，于是形成第一个运量矩阵：

$$X_{mn} = \begin{bmatrix} 0 & 25 & 0 & 17 & 0 & 0 & 0 & 0 & 0 \\ - & 0 & 19 & 0 & 18 & 0 & 0 & 0 & 0 \\ 0 & - & 0 & 0 & 0 & 36 & 0 & 0 & 0 \\ - & 0 & 0 & 0 & 33 & 0 & 29 & 0 & 0 \\ 0 & - & 0 & - & 0 & 22 & 0 & 22 & 0 \\ 0 & 0 & - & 0 & - & 0 & 0 & 0 & 15 \\ 0 & 0 & 0 & - & 0 & 0 & 0 & 22 & 0 \\ 0 & 0 & 0 & 0 & - & 0 & - & 0 & 22 \\ 0 & 0 & 0 & 0 & 0 & - & 0 & - & 0 \end{bmatrix}$$

其中，第 m 行第 n 列的元素 χ_{mn} 代表从第 m 节点到第 n 节点提交报价承运人的承运量之和，多式联运采购人的采购量必须小于该边的承运人承运量之和是货物通过该路段的前提条件。本算例货物由编号较小的中转点运往编号较大的中转点，如果可以双向运输，X_{mn} 中的"-"部分也计算相应运量。

(2)在运输网络图中，货物从起点 1 寻找到达终点 9 的成本最小化路径，本段路径上，报价低的承运人先获得交易机会，报价较高的承运人依次获得交易机会，由此确定每个承运人对每批次货物的交易量。

(3)考察第(2)步得到的每批次货物从起点到终点的最低承运成本是否低于采购人的支付报价，若低于，则交易成功；若高于，则该批次货物交易不成功。

(4)成功赢得交易的每个承运人所获得的支付=其成交量×其所报单价+将其剔除后网络成本目标函数降低值，即每个承运人获得的支付等于其所报价格加上和其他承运人相比较的市场效用贡献值。

经上述步骤计算，并通过 Java 编程语言进行模拟，该批数量为 16 的货物的最优运输路线为 1→2→5→8→9，最优成本 $W = 736.14$。表 4.2 中的路段是指成功交易路线经过的各个路段；承运人是指每个路段上赢标的承运人，其后列出了对应的报价、成交量，按节点顺序依次排序；费用=报价×成交量；$W_{I/i}$ 表示剔除对应赢标承运人 i 后的目标函数最小值；效用表示因赢标承运人 i 的参与而使市场总收益增加的值，效用 $= W_{I/i} - W$；收入为承运人 i 应获得的支付，由式(4.9)及表 4.2 可知，支付=报价×成交量+效用。

表 4.2 最优路径中每个路段赢标承运人及交易结果

路段	承运人	报价	成交量	运输方式	$W_{1/i}$	效用	收入
1→2	1	16.66	11	1	875.0	138.9	245.0
	2	18.31	5	1	914.1	178.0	269.6
2→5	3	15.42	13	2	908.5	172.4	281.9
	4	21.16	3	3	903.1	166.9	230.4
5→8	5	9.84	15	1	970.4	234.3	381.9
	6	19.97	1	3	738.3	2.2	22.0
8→9	7	11.83	15	2	795.5	59.4	236.9
	8	20.37	1	3	832.0	95.9	116.3

注：运输方式一列中，1代表水运，2代表铁运，3代表公路运输。

承运人转出运力的前提：交易价格≥成本费用。成本费用=会计成本+其他成本，其他成本包括多式联运分运人因资金占用等产生的平均社会收益率补偿。由于本章的机制满足激励相容约束，转出运力承运人的报价就为其成本费用，各承运人该部分数值之和等于多式联运二级市场的竞价交易机制产生的新增社会福利值。如果没有二级市场促成多式联运网络转运，承运人固定运力将无法应对市场弹性需求，因此转运交易最终促进了多式联运网络资源配置效率的提升和社会财富的增加。控制模型算法与式(4.12)部分相同，在优化上将承运人 i 自身的全部运输需求及承运路线对应运力投入二级市场，运算过程和上述运算类似，在保证运输成本不高的基础上寻求优化运输路径的可能。

4.6 总 结

多式联运的"一单制"强化了多种运输工具之间的统一协调性，但是由于基于长期契约关系构建的多式联运降低了市场反应程度，从而降低了多式联运资源配置的效率。本章通过 VCG 竞价机制构建了多式联运承运人之间的转运交易市场，讨论了多式联运网络中每段运输路线上的多个报价，通过交易机制设计使网络运输成本最小化，分析得出说真话为交易人占优策略，并构建了承运人不同运输路段同时存在出售和购买运力行为时的严格控制模型。本章主要针对多式联运市场中当需求出现波峰或波谷时承运人面临的交易决策问题，构建了基于二级市场的转运竞价交易模型，得出模型满足参与理性约束和激励相容约束。同时，本章通过优化多式联运运输网络路径及运输成本，利用 Floyd 算法对线性规划模型问题进行求解，并进行算例仿真，得出该交易市场能够优化多式联运网络的资源配置，增加社会财富。

参 考 文 献

[1] MACHARIS C, BONTEKONING Y M. Opportunities for or in intermodal freight transport research: a review[J]. European Journal of Operational Research, 2004, 153(2): 400-416.

[2] 高江虹. 多式联运占比不足 2% 或上升至国家战略[N]. 21 世纪经济报道, 2016-11-10.

[3] 樊一江. 推广"一单制"构建多式联运系统[N]. 中国经济导报, 2016-12-10.

[4] VICKREY W. Counterspeculation, auctions, and competitive sealed tenders[J]. Journal of Finance, 1961, 16(1): 8-37.

[5] KRISHNA V. Auction theory[M]. Pittsburgh: Academic Press, 2010.

[6] 周乐欣, 滕可, 吕凡. 平台型物流采购双向竞标交易模式创新研究[J]. 管理学报, 2019, 16(4): 624-632.

[7] 吉清凯, 胡祥培, 孙丽君. 集装箱空箱调度问题的研究现状与发展[J]. 系统工程理论与实践, 2014, 34(6): 1578-1586.

[8] 李敏, 吴群琪. 基于产业融合视角的物流企业定价机制研究[J]. 统计与决策, 2014(19): 177-179.

[9] 刘丹, 赵嵩正. 可持续多式联运网络设计的多目标优化模型及算法[J]. 系统工程, 2015, 8: 133-139.

[10] 钱玉凤. 基于成本控制的二级供应链库存与运输优化研究[D]. 天津: 天津师范大学, 2013.

[11] BONTEKONING Y M, MACHARIS C, TRIP J J. Is a new applied transportation research field emerging?A review of intermodal rail-truck freight transport literature[J]. Transportation Research, 2004, 38(1): 1-34.

[12] TAKEYASU K, KAINOSHO M. Optimization technique by genetic algorithms for international logistics[J]. Journal of Intelligent Manufacturing, 2014, 25(5): 1043-1049.

[13] 万杰, 魏爽. 基于混合算法的多目标多式联运路径选择问题研究[J]. 天津大学学报(自然科学与工程技术版), 2019, 3: 285-292.

[14] 朱昌锋, 王庆荣. 多式联运条件下应急车辆径路优化研究[J]. 统计与决策, 2013(18): 46-48.

[15] 陈利民. 混合遗传算法的多式联运运输管理研究[J]. 计算机与数字工程, 2018, 46(11): 2244-2248.

[16] 刘舰, 俞建宁, 董鹏. 多式联运分运人选择的模型和算法[J]. 运筹与管理, 2010, 19(5): 160-166.

[17] 马彩雯. 多式联运的虚拟企业运作模式研究[D]. 大连: 大连海事大学, 2007.

[18] 周乐欣, 宋山梅, 李露. 大数据条件下物流采购竞价交易模式创新研究[J]. 贵州大学学报(社会科学版), 2018, 36(2): 63-68.

第五章　多属性密封竞价交易

冷链物流是指将食品冷冻、冷藏的供应链[1]，是食品产业领域为确保食品安全和品质而特别研究的物流形态，也是现代物流的重要组成部分。冷链物流涉及的产品从初级农产品(如蔬菜、水果、肉、禽蛋)到各类水产品、速冻食品、包装熟食等。冷链物流具有特殊性和复杂性，其对食品安全、品质的要求被置于首位，如及时性、绿色化、散装运输、恒温运输等关键性要求[2]。

冷链物流与传统物流的区别在于，其追求的目标不再仅仅是成本最小化，而是包括多属性综合最优。这些属性包括安全性、保鲜度、及时性和成本等，其中尤以食品安全性权重最大。综合属性最优，可以说是食品物流产业的生命线。资料显示，我国新鲜产品在采摘、包装、存储批发、零售等物流环节的损耗率高达25%～30%，而发达国家仅为5%。做好冷冻冷藏质量监控、适宜的环境温度和先进的包装技术是提升此类产品物流效率的关键。在目前大宗物流交易中广泛引入招投标模式构建公开、公平、高效的物流市场前提下，设计符合冷链物流的特殊采购招投标规则，是推进物流企业不断实现技术革新的有效激励方式。针对冷链物流的多目标，我们通过将经典的以价格为目标的第一价格密封竞价交易形式在冷链物流中进行扩展，并以第一评分为招投标标准，遴选出综合最优的冷链物流供应商。

招投标机制通过引进竞争来实现高效资源配置，其广泛运用在社会经济活动的各个领域。该机制是通过竞争性报价，多个具备个体理性的博弈方在特定规则下作出最优决策的过程。招投标是基于竞价交易理论的活动，竞价交易的存在已有很长的历史，但竞价交易的理论研究在 Vickrey 发表开创性论文之后才得以发展。传统的竞价交易形式有四种：英式竞价交易、密封第一价格竞价交易、密封第二价格竞价交易和荷兰式竞价交易。除这些标准竞价交易形式外，对更多竞价交易形式的研究，是将竞价交易理论运用到更多领域的必然要求。Teich 等发展和描述了一种多属性在线交易谈判竞价交易及建议价格系统[3,4]，但未将变量纳入目标函数，仅对多属性进行水平性控制。Che 对包括价格和质量属性的竞价交易理论进行了深入探讨，其研究成果具有很强的理论价值[5]，但对质量变量及应用没有展开讨论。金莘和石纯一从单维向多维发展 Vickrey 的竞价交易形式，并讨论了一种暗标叫价的多属性竞价交易方法[6]。Schnizler 和 Neumann 认为兼顾性能属性情况下利用组合竞价交易形式来分配网格，有较好的实用性[7]。Branco 在 Che 的模型基础上，研究了考虑企业成本相互关联时，以社会福利最大化为目标的竞价交易机制[8]。相关学者也对招投标的应用进行了研究,如吕炜等讨论了不完全信息下的工程量清单一级密封招投标博弈模型,并对企业的中标概率及支付函数等进行了讨论[9]。本章在这些研究的基础上,针对冷链物流的多属性对招标方的效用函数和投标方的成本函数加以分析,并在此基础上分析招标方和投标方的最优策略,最终提出通过第一评分来进行配置的规则。在一定时段通过密封竞标和统一开标,能够基于更大规模物流市场信息汇聚作出最优采购决策,实现更优的资源配置。

5.1 问题描述

冷链物流采购招投标机制中,招标方对竞标者的要求包括除价格外的多个属性,其从 n 个竞标企业中选择一个作为服务供应方。竞标者的投标为一个向量,其包括价格属性 p 和质量属性 Q,其中质量属性为 $q_1, q_2, \cdots, q_m$(包括物流中的安全技术指数、单件运输周期、保鲜指数等)。竞标者的投标向量用 $(p, q_1, q_2, \cdots, q_m)$ 表示,其规定了竞标者中标后需提供的服务。其中,Q 是 q_i 的增函数。也有这样的情况,即服务质量是某个属性的减函数,比如物流中的时间属性。这时,属性被定义为 $q_i = 1/t$(t 为时间)。由于该机制中买方不再以价格最低为目标,所以要将期望收益最大化转化为期望效用最大化加以讨论。为便于以后的讨论,现将买卖双方的效用函数作如下定义。

招标方(买方)效用 $U_b(p, Q)$ 由式(5.1)表达:

$$U_b = -p + V(q_1, q_2, \cdots, q_m), \quad (p, q_1, q_2, \cdots, q_m) \in R_+^{m+1} \tag{5.1}$$

其中,p 表示支付的价格;$V(q_1, q_2, \cdots, q_m)$ 表示交易带来的价值。

由成本函数和报价即可导出竞标者(卖方) i 的效用表达式为

$$\pi_i(p, Q) = p - c(Q, \theta_i)$$

其中,$\partial c / \partial q_i > 0$,即成本是质量变量的增函数;$\theta_i$ 表示竞标者 i 的成本。

各竞标企业仅在成本参数上不同,质量函数 $Q(\theta_i)$ 为一个增函数。每个竞标者拥有私人信息,即只知道其他竞标者成本参数 θ_i 的分布函数,而不知道其他任何竞标者成本参数的具体值。假设 θ_i 在 $[\underline{\theta}, \overline{\theta}]$ ($0 < \underline{\theta} < \overline{\theta} < \infty$) 上服从相同的连续可微的 F 函数分布,分布密度为 f。

设函数关系式如下。

(1) 由于物流技术的提高需要密集的资本投入,同时假设技术的投入能使质量同步提升,所以设物流供应商的成本函数为质量变量的线性函数。假设每个竞标者的具体成本函数表达式为

$$C(q_1, q_2, \cdots, q_m, \theta) = \theta \left(\sum_{i=1}^{m} a_i q_i \right), \quad a_i > 0 \tag{5.2}$$

其中,θ 为竞标者的整体成本参数,表示企业质量组合与成本之间的比例关系;a_i

表示所有竞标者在属性 i 上的成本系数(各质量属性的成本权重)，这里假设所有竞标者的成本函数中各质量属性的成本系数相同，只是成本参数 θ 不同。同时，可推出竞标者的效用函数为

$$U_s(p,q_1,q_2,\cdots,q_m,\theta) = p - \theta(\sum_{i=1}^{m} a_i q_i) \tag{5.3}$$

其中，p 表示竞标者的竞价。可见，U_s 分别为价格 p 的增函数和质量因子 q_i 的减函数。

(2)鉴于冷链物流对安全性、及时性、绿色化等属性的敏感性，这些属性的轻微改善都会对农产品在物流工程中的保值有较大贡献。设购买者的效用是质量的平方，购买者的具体效用函数表达式为

$$U_b(p,q_1,q_2,\cdots,q_m,\theta) = -p + \sum_{i=1}^{m} W_i q_i^2 \tag{5.4}$$

其中，W_i 是质量因子 q_i 的效用权重。假设每个质量因子 q_i 是相互独立且非线性的。当 q_i 改善时，采购者的效用增加，这会在一定程度上提高对鲜活度要求很高的农产品的市场价值。同时，U_b 分别是价格 p 的减函数和质量因子 q_i 的增函数。

(3)相对应地，采购方对竞标者的评分也是通过使用评分函数对其竞价与服务质量进行综合评分得到的。这一评分函数由竞价交易者的效用函数演化而来：

$$S(p,q_1,q_2,\cdots,q_m) = -p + \sum_{i=1}^{m} w_i q_i^2 \tag{5.5}$$

这里的评分系数 w_i 用于对每个质量因子的贡献加以界定，从评分函数可以看出，质量越好评分越高，价格越低评分越高。也就是说，这是对质量与价格综合评分，竞标者只有在质量和价格综合水平上达到一定程度才具有竞争力。由评分函数的表达式可知，标的物对于竞价交易者的价值为

$$V(p,q_1,q_2,\cdots,q_m) = \sum_{i=1}^{m} w_i q_i^2 \tag{5.6}$$

5.2 第一评分招投标模型

5.2.1 分配规则和支付规则

本节讨论一个建立在对多属性服务进行评分的评分函数基础上的逆向竞价交易模型，竞价交易者的目标是寻找一个综合评分最高的供应商。所谓逆向竞价交易，指的是竞价交易方是购买方，竞标方为服务供应方，在本模型中购买方是以质量较优和价格较低为目标。对这一模型的探讨基于文献[5]中的理论。同时，本节第一评分逆向竞价交易模型由传统的密封第一价格竞价交易模型转化而来，只是不再以

成本最小化为单一目标，转而寻求成本和质量等多因素的综合最优。该第一评分多属性竞价交易模型设计的分配规则和支付规则也源自传统的密封第一价格竞价交易模型，只是其分配和支付均以评分函数的综合得分为基础，而不是以竞价为基础。

分配规则：得分最高的竞标者获胜。

支付规则：提供该竞标者所报竞标向量规定的服务商品及收取所报价格。

5.2.2 竞标过程描述

首先，竞价交易方宣布采购要求，同时公布评分函数，并设定最高保留价和竞价交易开始及截止时间。接着，在规定期限内，潜在竞标者依据买方需求提供自己拟提供产品的具体信息，即报出自己的信息向量。最后，到竞价交易截止时间后进行开标，得分最高的竞标者获胜并按支付规则支付。

5.2.3 竞标方最优均衡策略

命题 1：基于前面给定的评分规则和竞标者的效用函数，为使竞标者效用最大化，依据 Che 等[5]的研究，当 $\theta \in [\underline{\theta},\overline{\theta}]$ 时，竞标者选择提供的服务包含的质量因子 $q_i^*(\theta)$ 应满足：

$$q_i^*(\theta) = \arg\max_{q_i} \{V(q_1,q_2,\cdots,q_m) - C_s(q_1,q_2,\cdots,q_n)\} \tag{5.7}$$

如果卖方的竞标策略 $(p,q_1(\theta),\cdots,q_n(\theta))$ 中有一个变量满足 $q_i(\theta) \neq q_i^*(\theta)$，那么就一定存在另一个竞标策略能使得它们在买方的评分函数中得到的分数是一样的，但是卖方的效用却更高，即另一个策略为卖方的最优策略。

现取策略 $[p',q_1'(\theta),\cdots,q_n'(\theta)]$，其中 $q_i'(\theta) = q_i^*(\theta)$。取 $p' = p - V(q_1,q_2,\cdots,q_m) + V(q_1',\cdots,q_n')$，将该策略代入买方评分函数后得到的分数与策略 $[p,q_1(\theta),\cdots,q_n(\theta)]$ 相同，即 $S(p,q_1,\cdots,q_n) = S(p',q_1',\cdots,q_n')$。

同时可以证明此时买方选择 $(p',q_1',\cdots,q_n')$ 效用更大，因为有

$$\begin{aligned} U_{\text{seller}}(p',q_1',\cdots,q_n') &= p' - C(q_1',\cdots,q_n') \\ &= p - V(q_1,q_2,\cdots,q_m) + V(q_1',\cdots,q_n') - C(q_1',\cdots,q_n') \\ &\geq p - V(q_1,q_2,\cdots,q_m) + V(q_1,q_2,\cdots,q_m) - C(q_1,q_2,\cdots,q_m) \\ &= p - C(q_1,q_2,\cdots,q_m) = U_{\text{seller}}(p,q_1,\cdots,q_n) \end{aligned} \tag{5.8}$$

即卖方选择 $[p',q_1'(\theta),\cdots,q_n'(\theta)]$ 时效用更大。所以，式(5.7)给出了卖方的质量最优策略。由此可见，任一竞标者只需通过式(5.7)来确定自己应提供的质量属性值，即可确保自己的效用最大化。所以，竞标者投标的信息向量应为 $[p,q_1^*(\theta),q_2^*(\theta),\cdots,q_m^*(\theta)]$。下面对竞标者最优策略加以讨论。

命题 2：假设有一个竞价交易方和 n 个竞标者，竞标者成本参数 θ 在 $[\underline{\theta},\overline{\theta}]$ 上

是独立同分布的，那么，竞标者 i 的最优策略为

$$q_i^*(\theta) = \frac{\theta \cdot a_i}{2 \cdot w_i}, \quad p^*(\theta) = \sum_{i=1}^{m} \frac{a_i^2}{2 \cdot w_i} \cdot \left[\theta^2 + \frac{1}{(\overline{\theta}-\theta)^{n-1}} \cdot \int_{\theta}^{\overline{\theta}} t(\overline{\theta}-t)^{n-1} dt \right] \quad (5.9)$$

其中，$q_i^*(\theta)$ 可通过对式(5.7)求一阶导数并令其为零得到；价格 $p^*(\theta)$ 由传统的一价竞价交易的报价转换而来，$p^*(\theta) = C_s\left[q_1^*(\theta), \cdots, q_m^*(\theta), \theta\right] + \int_{\theta}^{\overline{\theta}} C_s'(\theta)[q_1^*(\theta), \cdots,$ $q_m^*(\theta), \theta] \cdot \left[\frac{1-F(t)}{1-F(\theta)}\right]^{n-1} dt$，这里由于设 θ 在 $(\underline{\theta},\overline{\theta})$ 上服从均匀分布，所以 $F(x) = \frac{x-\underline{\theta}}{\overline{\theta}-\underline{\theta}}$，$C_s'(\theta)$ 表示竞标者成本函数对 θ 求导。

5.2.4 招标方的最优均衡策略

由竞价交易理论经典文献[10]可知，当竞标者得分为 s 时，其赢标概率为 $G(s) \equiv F(s)^{N-1}$，同时，其期望收益即期望效用为 $\Pi^2(s) = G(s)s - m^2(s)$，其中，$m^2(s)$ 表示竞价交易者的期望支付。由收入等价性原理可知，当竞标者具有独立、同分布、风险中性、无预算约束时，所有标准竞价交易的收入是等价的。其实际期望收益为 $G(s)[p-c(Q,\theta_i)]$，且 $m^2(s) = \int_0^s yg(y)dy = G(s) \cdot E[Y_1 | Y_1 < s]^{[11]}$，其中 Y_1 代表次高得分。当竞标者竞价得分 s 高于 Y_1 时，该竞标者赢标。本节也在上述四个约束条件下通过通用的收益函数来讨论竞价交易者的最优策略。

定义1：当有 n 个竞标者参与竞标且竞标者 i 的成本参数为 θ_i 时，他的竞标向量就为 $[p^*, q_1^*(\theta_i), q_2^*(\theta_i), \cdots, q_m^*(\theta_i)]$，赢标的概率为 $[1-F(\theta_i)]^{n-1} \cdot n \cdot f(\theta_i)$，再由效用函数可知其效用为 $U_{\text{buyer}}[p^*, q_1^*(t), q_2^*(t), \cdots, q_m^*(t)]$。所以，在竞标者具有独立、同分布、风险中性、无预算约束的情况下，竞价交易者的期望效用为

$$E[U] = n\int_{\underline{\theta}}^{\overline{\theta}} U_{\text{buyer}}[p^*, q_1^*(t), q_2^*(t), \cdots, q_m^*(t)][1-F(t)]^{n-1} f(t) dt \quad (5.10)$$

其中，$F(\theta)$ 为 θ 在 $(\underline{\theta},\overline{\theta})$ 上的分布函数。

定义2：假设有一个竞价交易者和 n 个竞标者，竞标者成本参数 θ 在 $[\underline{\theta},\overline{\theta}]$ 上是独立同分布的，且分布函数为平均分布函数，$F(\theta) = \frac{\theta-\underline{\theta}}{\overline{\theta}-\underline{\theta}}$。同时给定竞价交易者的效用函数和评分函数，竞价交易者的期望收益为

$$E[U] = \frac{n}{(\overline{\theta}-\underline{\theta})^n} \cdot \left(\sum_{i=1}^{m} \frac{W_i \cdot a_i^2}{4 \cdot w_i^2}\right) \cdot \int_{\underline{\theta}}^{\overline{\theta}} t^2(\overline{\theta}-t)^{n-1} dt \\ - \frac{-n}{(\overline{\theta}-\underline{\theta})^n} \cdot \left(\sum_{i=1}^{m} \frac{a_i^2}{2 \cdot w_i}\right) \cdot \left[\int_{\underline{\theta}}^{\overline{\theta}} t^2(\overline{\theta}-t)^{n-1} dt + \int_{\underline{\theta}}^{\overline{\theta}} \int_{t}^{\overline{\theta}} z(\overline{\theta}-z)^{n-1} dz dt\right] \quad (5.11)$$

式(5.11)就是通过将竞标者的最优竞标策略即均衡策略式(5.7)代入购买方的效用函数式(5.9)后得到的购买方的效用表达式。

在确定了竞价交易者对产品的属性要求和效用函数后，效用函数中包含的系数 W_i 便确定了。要寻找竞价交易者的最优策略，就要确定竞价交易者给出的评分函数中的系数 w_i。

由于

$$E[U] = \frac{n}{(\bar{\theta}-\underline{\theta})^n} \cdot \left(-\sum_{i=1}^{m} \frac{W_i \cdot a_i^2}{2 \cdot w_i^3}\right) \cdot \int_{\underline{\theta}}^{\bar{\theta}} t^2(\bar{\theta}-t)^{n-1} \mathrm{d}t - \frac{-n}{(\bar{\theta}-\underline{\theta})^n} \cdot \left(\sum_{i=1}^{m} \frac{a_i^2}{2 \cdot w_i^2}\right)$$

$$\cdot \left[\int_{\underline{\theta}}^{\bar{\theta}} t^2(\bar{\theta}-t)^{n-1} \mathrm{d}t + \int_{\underline{\theta}}^{\bar{\theta}} \int_{t}^{\bar{\theta}} z(\bar{\theta}-z)^{n-1} \mathrm{d}z \mathrm{d}t\right]$$

令 $\dfrac{\partial(E[U])}{\partial w_i} = 0$，则

$$w_i(\bar{\theta},\underline{\theta}) = W_i \cdot \frac{\int_{\underline{\theta}}^{\bar{\theta}} t^2(\bar{\theta}-t)^{n-1} \mathrm{d}t}{\int_{\underline{\theta}}^{\bar{\theta}} t^2(\bar{\theta}-t)^{n-1} \mathrm{d}t + \int_{\underline{\theta}}^{\bar{\theta}} \int_{t}^{\bar{\theta}} z(\bar{\theta}-z)^{n-1} \mathrm{d}z \mathrm{d}t} \tag{5.12}$$

上述关系式表明招标方在确定自己的效用函数系数 W_i 以后，可以通过计算来确定自己的最优评分系数 w_i。招标方通过确定最优评分策略，可以主导竞标者的竞标，从而更好地实现自己的采购目标。

5.3 算　　例

冷链物流是常用于牛奶、水果、医疗药物等产品的物流，其涉及安全监控、冷冻冷藏技术等的全程管理，需要全面运用信息技术、机冷式冷藏箱技术等，以实现物流的信息化、标准化、精细化。冷链物流也通常通过公路、铁路、水路和航空实现多式联运。

现假定，食品物流采购方在确定物流服务商时，将如下几个属性作为选择标准：p_i，表示价格；q_i^1，表示保鲜指数；q_i^2，表示单物品运送周期；q_i^3，表示安全指数。其中，$q_i^j (j=1,2,3)$ 为质量因子。采购方通过这几个属性对每个参与竞标的供应商进行评分。同时，每个物流企业申请进入这一采购逆向竞价交易时，也必须从这四个维度来提供个体信息。竞标者的信息向量只有买方和竞标者自己知道，同时，每个竞标者只知道其他竞标者出价的分布函数。竞标者 i 用向量 $(p_i, q_i^1, q_i^2, q_i^3)$ 表示。在买卖双方的效用函数和评分函数下进行算例遴选，这里假设有 1 个买方和 5 个卖方。

基于上述属性选择，得到物流需求方效用函数的表达式为 $U_b(p, q_1, q_2, \cdots, q_m, \theta)$

$= -p + \sum_{i=1}^{m} W_i q_i^2$。对于食品物流而言，本例中设采购方的效用函数为 $U_{\text{buyer}} = -p + 2q_1^2 + 4q_2^2 + 6q_3^2$。

现假设有 5 个竞标者参加竞标，竞标者 i 的效用函数为 $U_{S_i} = p - C(q_1, q_2, \cdots, q_m, \theta)$，其中竞标者 i 的成本函数为 $C(q_1, q_2, \cdots, q_m, \theta) = \theta(\sum_{i=1}^{m} a_i q_i)$。由于竞标者的成本参数在 $(1,2)$ 上服从均匀分布，因此在 $(1,2)$ 上随机选取 5 个竞标者的产品成本参数 θ_i，分别为 1.1、1.2、1.3、1.4、1.5，同时设竞标者的成本函数系数为 $a_1 = 2$，$a_2 = 4$，$a_3 = 4$。由 5.2 节的讨论可知，采购方评分函数的质量系数向量为 $(W_1, W_2, W_3) = (2, 4, 6)$。当有 5 个竞标者参与竞标且 $\theta \in (1,2)$ 时，评分系数关系式应为

$$w_i(1,2) = W_i \cdot \frac{\int_{\underline{\theta}}^{\overline{\theta}} t^2 (\overline{\theta} - t)^{n-1} \mathrm{d}t}{\int_{\underline{\theta}}^{\overline{\theta}} t^2 (\overline{\theta} - t)^{n-1} \mathrm{d}t + \int_{\underline{\theta}}^{\overline{\theta}} \int_{t}^{\overline{\theta}} z(\overline{\theta} - z)^{n-1} \mathrm{d}z \mathrm{d}t} \quad (5.13)$$

$$= W_i \cdot \frac{\int_{1}^{2} t^2 (\overline{\theta} - t)^4 \mathrm{d}t}{\int_{1}^{2} t^2 (\overline{\theta} - t)^4 \mathrm{d}t + \int_{1}^{2} \int_{t}^{2} z(\overline{\theta} - z)^4 \mathrm{d}z \mathrm{d}t} = \frac{W_i \cdot (-1.29)}{-1.29 - 3.21} = 0.29 W_i$$

所以结合买方的效用函数，得到物流购买方发布的评分函数为

$$S_{\text{bider}} = -p + 0.29(2q_1^2 + 4q_2^2 + 6q_3^2) = -p + 0.58 q_1^2 + 1.16 q_2^2 + 1.74 q_3^2 \quad (5.14)$$

由此得到竞标者的最优策略为

$$q_i^*(\theta) = \frac{\theta \cdot a_i}{2 \cdot w_i}, \quad p^*(\theta) = \sum_{i=1}^{m} \frac{a_i^2}{2 \cdot w_i} \cdot \left[\theta^2 + \frac{1}{(\overline{\theta} - \underline{\theta})^{n-1}} \cdot \int_{\underline{\theta}}^{\overline{\theta}} t(\overline{\theta} - t)^{n-1} \mathrm{d}t \right] \quad (5.15)$$

5 个竞标者的最优策略分别为

$$b_1 = (p = 19.67, q_1 = 1.90, q_2 = 1.90, q_3 = 1.26)$$
$$b_2 = (p = 24.50, q_1 = 2.07, q_2 = 2.07, q_3 = 1.38)$$
$$b_3 = (p = 29.49, q_1 = 2.24, q_2 = 2.24, q_3 = 1.49)$$
$$b_4 = (p = 34.64, q_1 = 2.41, q_2 = 2.41, q_3 = 1.61)$$
$$b_5 = (p = 39.96, q_1 = 2.59, q_2 = 2.59, q_3 = 1.72)$$

5 个竞标者的评分分别为

$$S_1 = -10.63, \quad S_2 = -13.74, \quad S_3 = -16.86, \quad S_4 = -20.00, \quad S_5 = -23.15$$

所以竞标者 1 评分最高，将赢标，且按其竞标向量与买方达成协议。

需要特别指出的是，当把各竞标方的竞标向量代入买方的效用函数时，买方的效用值均为正值。从上述结果中也可以看到，物流商的成本参数值越大，其提供的质量属性的值就会越大，其服务质量也会越高，但是由于其要求的价格也更高，所以其综合评分反而较低，这是因为物流商提高服务质量时其成本也显著提

高。最终赢标的是服务质量相对较低，同时价格也较低的物流商。但这仅仅是本例中评分函数计算出的结果，在别的例子中，也可能出现物流商提高服务质量后其成本仍然具有竞争力的情况，这样最终中标的就是在质量和价格上均具有竞争力的物流商。这就完全与买方的效用函数、评分函数和卖方的效用函数相关。

所以，在竞价交易的最初阶段，买方就会给出其对各属性要求的最低标准，只有满足这些标准的物流供应商才能进入竞价交易程序，并最终通过竞价交易确定是否赢标和支付。

5.4 总　　结

冷链物流对食品工业的发展和人们生活质量的提高具有重要作用，其成本和质量的优化是物流企业长期发展的重要保证。本章通过在冷链物流中设计以综合评分最优为目标的第一评分招投标模型，分析了竞标者和竞价交易者的最优评分函数选择和竞标者相应的最优竞标策略，该模型对目前的冷链物流市场交易具有一定的理论及现实指导意义。

参 考 文 献

[1] 高义佳. 冷链物流网络的复杂性分析及优化方法研究[J]. 知识经济，2009(4)：101-102.

[2] 刘永清. 我国实施农产品物流外包的可行性与效益分析[J]. 中国流通经济，2008(2)：26-29.

[3] TEICH J E. A hybrid of negotiations and auctions[C]//Proceedings of the 31st Annual Southwest Decision Sciences Institute Conference，2000.

[4] TEICH J E，WALLENIUS H，WALLENIUS J，et al. Designing electronic auctions：an internet-based hybrid procedure combining aspects of negotiations and auctions[J]. Journal of Electronic Commerce Research，2001，1(7)：301-314.

[5] CHE Y K. Design competition through multidimensional auctions[J]. The RAND Journal of Economics，1993，24(4)：668-680.

[6] 金泽，石纯一. 一种暗标叫价的多属性拍卖方法[J]. 计算机学报，2006，29(1)：145-152.

[7] SCHNIZLER B，NEUMANN D. Trading grid services a multi combinatorial approach[J]. European Journal of Operational Research，2007(187)：943-961.

[8] BRANCO F. The design of multi-dimensional auctions[J]. Journal of Economics，1997，28(1)：63-81.

[9] 吕炜，任玉珑，季玉华. 基于一级密封的工程量清单投标报价的博弈模型[J]. 管理工程学报，2007，1：122-126.

[10] KRISHNA V. Auction theory[M]. Pittsburgh：Academic Press，2001.

[11] CHEN J，HUANG H. Bidding strategies analysis for procurement combinatorial auctions[C]//Proceedings of the 4th International Conference on Electronic Business，2004：41-45.

第六章　物流多环节采购双向竞标机制

物流主要包括采购、运输、储存、装卸、搬运、包装、流通加工等环节，是将物品从产地输送至目标市场的过程[1]，构建一个科学、高效的物流交易市场是提高物流效率的关键[2,3]。目前，各级经济区建设了上千个物流信息平台，如"货车帮""运满满"（合并后称为满帮集团）等。物流信息是物流采购的主要决策依据[4]，但物流信息平台上的现有交易模式严重影响了平台交易效率的进一步提升。标价、议价、传统招标等是现有物流信息交易平台价格撮合的主要形式[5]。标价模式下物流商按"成本+预期利润"的方式定价，采购商人工查询并比较价格后选择报价较低的物流商，或采购商直接发布价格寻找物流商。议价模式下采购商通过人工查询几个潜在交易对象并进行议价，最终确定一个进行采购。标价模式由于不能了解服务的价值或成本，导致物流商因定价不合理而损失交易机会。议价模式通过谈判可获知成本或价值信息，但需耗费大量的时间及成本费用，导致采购商无法与全部潜在交易对象议价，使市场被分割成众多局部市场。与传统交易模式不同，平台型双向竞标是指多个物流商与多个采购商平等报价，且在既定的匹配规则及支付规则下作出最优决策并实现交易的过程。在线提交报价在互联互通技术的支持下变得便捷，使得基于物流信息平台的双向竞标交易模式成为可能[6]。该交易模式通过鼓励交易者"说真话"来优化市场资源配置，同时极大地降低了交易成本。

国内外学者对相关问题进行了研究。Vickrey 在第二价格竞价交易中通过设定报价最高者赢标但以失标者中的最高报价为其支付，使得竞标者"说真话"为其最优策略[7]，并启发了一类真实信息揭示机制的设计。VCG 机制中竞标者的支付也由其他竞标者的报价决定，这使得其具有理想社会选择机制的内在性质，比如说真话、社会福利最大化、参与理性原则等[8,9]，但如何使得机制同时满足激励相容、预算平衡、分配效率和参与理性的原则还需进一步研究。黄河和陈剑设计了一种先进行组合竞价交易再进行议价谈判的多物品出售两阶段机制，该机制实现的社会福利优于经典的 VCG 机制[10]。相关学者对基于竞价交易方式的物流市场交易进行了研究[11-14]，也有学者对物流和运输系统的竞价交易、双边定价机制及平台收费进行了研究[15,16]。另有一些学者对竞价交易及 VCG 机制的应用等进行了研究，但他们没有对双边报价情形下 VCG 机制如何鼓励交易者"说真话"且达成预算平衡进行研究，同时只单纯从绝对占优策略的理论分析角度研究竞价交易机制，没有分析竞标者在博弈结构下无法确定其绝对占优策略时的策略选择问题，也没有从双向竞标模式相比传统交易模式其交易效率的改善角度去分析其应用价值。物流市场方面，很多学者通过分析物流的影响因素来寻找提高物流效率的方法和措施[17-21]。物流信息平台方面，相关学者讨论指出物流平台的技术创新与运营模式创新对平台可持续发展有着重要影响[22,23]，有学者对互联网平台的物流服务及平台收费策略进行了研究[24,25]。Ral 和 Tan 讨论了视物流需求与供给过程为一个马尔可夫过程时，通过招投标（竞价交易）机制构建交易中心的机制[26]。Kong 等指出，云计算技术支撑的竞价交易物流平台在竞价交易物流环境中具有能简化操作流程的潜力[27]。不过，现有的文献仍没有从异质多环节物流双边交易模式创新和交易机制设计的角度来考虑提升物流信息平台的交易效率。

本章构建了基于双向竞标交易机制的物流市场交易模式，并基于同一组仿真生成的交易数据，将其与传统的标价和议价交易模式进行了对比分析，分析结果显示，该双向竞标交易模式实现的社会福利大于传统交易模式。本章主要创新点为：①设计物流市场平台型采购双向竞标配置规则，实现市场出清；②改进经典VCG机制的支付规则，并证明改进后的支付规则可使机制满足预算约束，不需要外部补贴，而传统的 VCG 机制其支付规则在双边报价结构下因不能保证机制满足预算约束而无法得到推广；③分析交易者的报价行为，证明该双向竞标交易模式鼓励交易者说真话，且满足参与理性约束；④通过仿真对比分析得出该双向竞标交易模式比传统交易模式具有更高的效率，同时通过与现存物流信息平台上的交易模式进行仿真比较，得出该交易模式能从市场整体角度更高效地配置资源，从而实现社会福利最大化。

6.1 采购平台

物流采购产生的前提：物流价值≥采购价格≥物流成本。交易盈余=物流价值-物流成本，物流价值是商品因异地销售而产生的价格变化，例如，A 地的苹果运到 B 地，若每斤售价提高 2 元，则物流价值的货币表现是 2 元。物流成本=会计成本+其他成本，比如从 A 地到 B 地，每斤苹果运输耗费的油料、人工成本等共 1 元，则其物流会计成本为 1 元，其他成本包括物流过程中由资源、资金占用产生的平均社会收益率补偿费用，假设该部分补偿费用为 0.2 元，则每斤苹果物流成本为 1.2 元，从 A 地运输到 B 地的交易盈余为 0.8 元，该盈余根据物流价格在采购商和物流商之间分配。价值信息为采购商私有信息，成本信息为物流商私有信息，由于追求利润最大化，采购商和物流商均有投机报价的动机，从而会导致集体不理性。当信息平台汇聚海量信息时，传统交易模式无法在海量交易需求中便捷、快速、准确地反映出 0.8 元的交易盈余，从而无法提高交易效率甚至不能促成交易，导致社会福利损失。双向竞标是一种群体性价格发现机制，其通过设计特定的匹配规则和支付规则鼓励交易者说真话，并通过将人工搜索交易转变为机制匹配交易的方式来提升市场交易效率，实现社会福利最大化。基于信息平台的物流采购市场包含如下几个要素（图 6.1）：①交易生成机制和数据云平台（市场组织者）；②采购商与物流商；③数据平台终端。采购商和物流商依据平台标准提交交易向量，第三方市场组织者设计特定交易机制，实现市场出清及价格生成。特别地，为帮助采购商和物流商确定自己的报价，平台提供交易前一日、前一周、前一月、前一季度同类项目的交易平均价格，供交易双方参考。

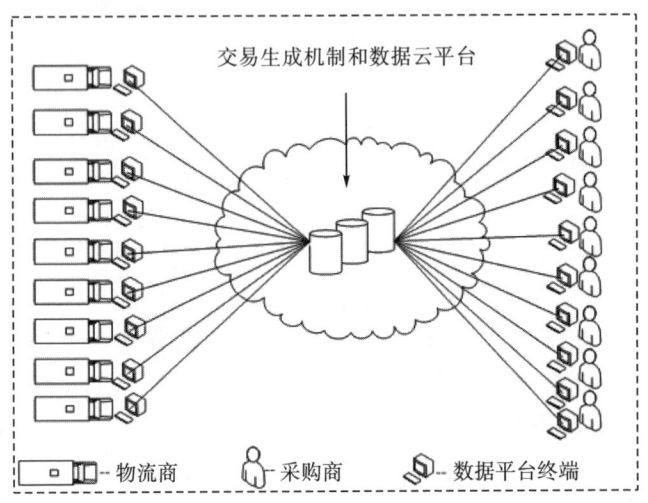

图 6.1 信息平台的物流采购市场

6.2 双向竞标模型

6.2.1 相关变量

物流信息平台配置效率以实现社会效益最优为原则，且质量、价格及数量满足需求是配置的前提条件。设采购商集合为 Ω；物流商集合为 Φ；任意 $n \in \Omega(n=1,2,\cdots,N)$，表示某个采购商；$m \in \Phi(m=1,2,\cdots,M)$，表示某个物流商。设 Θ 表示 τ 个物流服务环节组成的集合，$\Theta = \{\theta_1, \theta_2, \cdots, \theta_\tau\}$；$\theta_i \in \Theta(i=1,2,\cdots,\tau)$，表示其中某个环节，如仓储、运输等。用 $\pi = \{\pi_1, \pi_2, \cdots, \pi_L\}$ 表示各环节可能的组合构成的集合，其中 $\pi_l \in \pi(l=1,2,\cdots,L)$，表示采购商及物流商报价中的交易项，$\pi_l$ 可包含两个服务环节，也可只含有一个服务环节。比如，$\pi_l = \{\theta_1, \theta_w\}$，表示 π_l 是由环节 θ_1 和 θ_w 组成的集合，它们可能分别代表仓储和运输两个环节。在物流市场中，供需双方为了节约成本或基于对其他因素的考虑会有组合交易的需求，也可仅就单个环节进行采购。为了不产生混淆，第 n 个采购商的具体采购项用 z_n 表示，n 为正整数；第 m 个物流商的供给项用 s_m 表示，m 为正整数。并且设 Z 表示所有采购商采购组合的集合，$z_n \in Z$；S 表示所有物流商供给组合的集合，$s_m \in S$。用 $D_n(z_n)$ 表示采购商 n 对采购项 z_n 的采购量，用 $D_m(s_m)$ 表示物流商 m 对物流项 s_m 的供给量。设采购商 n 对采购项 z_n 的一个单位（如 1000kg）估价为 $V_n(z_n) \geq 0$，当价格高于估价时，采购商 n 将拒绝交易。物流商 m 对物流项 s_m 的最低保留价为 $C_m(s_m) \geq 0$，当价格低于保留价时，物流商 m 也将拒绝交易。供需双方对每一个服务环节可标明质量属性方面的要求，设 $w_{\theta_j,k}$ 为物流环节 θ_j 的第 k 个属性的质量属性值，则将物流环节 θ_j 的质量属性指标集记为 $w_{\theta_j} = \{w_{\theta_j,1}, \cdots, w_{\theta_j,k}\}$。记采购商 n 给出的每一个环节质量属性的最低标准为 $q_n(z_n, \theta_j, w_{\theta_j})$，记物流商 m 对每一个环节供给项目的质量标准为 $q_m(s_m, \theta_j, w_{\theta_j})$。由于蔬果新鲜度这样的质量属性指标无法用数值来描述，因而此类质量属性通过在竞标交易系统内引入专业的评定机构来进行鉴定打分，物流商只有在分值达到采购商最低要求时才能与采购商达成交易并成功交割。现设定采购商 n 的采购报价为 $G_n(z_n) = [v_n(z_n), q_n(z_n), D_n(z_n)]$，其中，$q_n(z_n) = [q_n(z_n, \theta_1, w_{\theta_1,1}), \cdots, q_n(z_n, \theta_\tau, w_{\theta_\tau,k})]$ 表示采购商 n 对所需采购标的的质量属性的要求；$D_n(z_n) = [D_n(z_n, \theta_1), \cdots, D_n(z_n, \theta_\tau)]$ 表示数量要求。同理，记物流商 m 对所供给的物流项的报价为 $G_m(s_m) = [c_m(s_m), q_m(s_m), D_m(s_m)]$，物流商报价信息中，$q_m(s_m) = [q_m(s_m, \theta_1, w_{\theta_1,1}), \cdots, q_m(s_m, \theta_\tau, w_{\theta_\tau,k})]$ 表示物流商 m 所提供的服务的质量属性；$D_m(s_m) = [D_m(s_m, \theta_1), \cdots, D_m(s_m, \theta_\tau)]$ 表示数量要求。同一个交易者对于多个交易需求可提供多个交易向量，即以虚拟成多个交易者的方式处理。

为方便分析，π_l 在采购商和物流商处可分别表示为 z_n、s_m。由于采购及供给数量随着时间的变化而变化，在每个时间段将采购商给出的采购量记为 $D_n(z_n) \geq 0$，表示采购商 n 对采购项 z_n 在该时段的计划采购量；将物流商供给量记为 $D_m(s_m) \geq 0$，表示物流商 m 对物流项 s_m 在该时段的供给量。每个进入该竞标交易系统的供需方均需报出上述对应采购向量和供给向量所表示的"标的"，最终系统匹配成功后按规则完成支付。

6.2.2 价值最大化的分配规则

本节将所有成功交易的采购商的总估价与物流商的总保留价的差值作为目标值，物流资源配置的原则是使该目标值最大化，从而保证资源分配实现的社会福利最大化。现实中采购和供给不必在单次交易中完成，用 $\rho_n(z_n)$ 表示采购商 n 对 z_n 的成功采购量占其所报采购量的比例，且设比例下限为 $e(0<e<1)$，则有 $e \leq \rho_n(z_n) \leq 1$，$\forall n \in \Omega$，$\forall z_n \in Z$；物流商成交量比例记为 $\sigma_m(s_m)$，表示物流商 m 对 s_m 的供给量占其所报供给量的比例，且设比例下限为 $d(0<d<1)$，则有 $d \leq \sigma_m(s_m) \leq 1$，$\forall m \in \Phi$，$\forall s_m \in S$；采购商 n 与物流商 m 对任意物流项 π_l 达成的交易量记为 $x_{n,m}(\pi_l)$，$\forall n \in \Omega$，$\forall m \in \Phi$，$\pi_l \in \pi$。特别地，为形成统一市场，信息

平台上每次交易涉及的所有采购商和物流商的报价中交易项的集合记为 π，即 $\pi = \{Z, S\}$，$z_n \in Z \subset \pi$，$s_m \in S \subset \pi$。当 z_n、s_m 属于同一服务时，即为满足采购需求的交易项，可统一表示为 π_l，$\pi_l \in \pi$；当属于不同服务时，用集合 π 中的不同元素表示。基于采购商与物流商报价的物流供需匹配满足如下关系式：

$$\max \sum_{n=1}^{N} \sum_{m=1}^{M} \sum_{\pi_l \in \pi} [v_n(\pi_l) - c_m(\pi_l)] x_{n,m}(\pi_l)$$

s.t.

$$\begin{cases} \rho_n(z_n) D_n(z_n) = \sum_{m=1}^{M} X_{n,m}(z_n) \\ \forall n \in \Omega, \ \forall m \in \Phi, \ \forall z_n \in Z \subset \pi \end{cases} \quad (6.1)$$

$$\begin{cases} e D_n(z_n) \leqslant \rho_n(z_n) D_n(z_n) \leqslant D_n(z_n) \\ \forall n \in \Omega, \ \forall z_n \in Z \subset \pi \end{cases} \quad (6.2)$$

$$\begin{cases} \sigma_m(s_m) D_m(s_m) = \sum_{n=1}^{N} X_{n,m}(s_m) \\ \forall m \in \Phi, \ \forall s_m \in S \subset \pi \end{cases} \quad (6.3)$$

$$\begin{cases} d D_m(s_m) \leqslant \sigma_m(s_m) D_m(s_m) \leqslant D_m(s_m) \\ \forall m \in \Phi, \ \forall s_m \in S \subset \pi \end{cases} \quad (6.4)$$

$$\begin{cases} x_{n,m}(\pi_l) [q_m(\theta_j, w_{\theta_j,k}) - q_n(\theta_j, w_{\theta_j,k})] \geqslant 0 \\ \forall n \in \Omega, \ \forall m \in \Phi, \ \forall \theta_j \in \pi_l, \ \forall \pi_l \in \pi \end{cases} \quad (6.5)$$

$$\begin{cases} v_n(\pi_l) D_n(\pi_l) \rho_n(\pi_l) - \sum_{m=1}^{M} c_m(\pi_l) x_{n,m}(\pi_l) \geqslant 0 \\ \forall n \in \Omega, \ \forall m \in \Phi, \ \forall l \in L, \ \forall \pi_l \in \pi \end{cases} \quad (6.6)$$

$$\begin{cases} x_{n,m}(\pi_l) [v_n(\pi_l) - c_m(\pi_l)] \geqslant 0 \\ \forall n \in \Omega, \ \forall m \in \Phi, \ \forall \pi_l \in \pi \end{cases} \quad (6.7)$$

其中，式(6.1)表示采购商 n 对于 z_n 与所有物流商最终达成的采购量；式(6.2)表示采购商 n 对 z_n 的成交量下限要求，且不超过所报采购量；式(6.3)表示物流商 m 对于 s_m 与所有采购商最终达成的供给量；式(6.4)表示物流商 m 对 s_m 的成交量下限要求，且不超过所报供给量；式(6.5)表示当采购商 n 对于 π_l 与物流商 m 达成交易时，物流商 m 的供给质量须满足采购商 n 对采购项 π_l 中任一环节 θ_j 的质量要求；式(6.6)表示采购商 n 与所有物流商对于采购项 π_l 达成的交易，对于这部分成交量，采购商的报价应高于对应所有物流商的报价之和；式(6.7)表示采购商 n 与物流商 m 对于采购项 π_l 达成的交易，采购商 n 的报价应高于物流商 m 的报价。

上述基于 N 个采购商与 M 个物流商报价的分配模型是一个线性规划模型，模型可按如下步骤求解。

(1)将模型目标函数加负号,从而将其转化为在相同约束条件下求解如下最小值问题:

$$\min \sum_{n=1}^{N}\sum_{m=1}^{M}\sum_{\pi_l \in \pi}[c_m(\pi_l)-v_n(\pi_l)]x_{n,m}(\pi_l) \qquad (6.8)$$

(2)构造第 n 行、第 m 列系数为 $\beta_{nm}=c_m(\pi_l)-v_n(\pi_l)$ 的 N 行、M 列系数矩阵 $[\beta_{nm}]_{N\times M}$,将该问题的求解转化为经典的运输问题中的最优值求解[28],矩阵中的每个元素可被看作运输问题中的运输成本,采购商 n 与物流商 m 的成交量 $x_{n,m}$ 可被看作运输问题中的运输量,以此求解目标函数最小值。

(3)可用运输问题中表上作业法的思想编程进行求解,求解复杂度为 $O(N\times M)$。

6.2.3 支付规则

1. 支付中间量

用 B 表示交易人的策略集,Δ 表示采购商与物流商之间的交易配置。当一个供需配置 $X_{M,N}^*:B\to\Delta$ 使得社会福利最大化时,则称该配置是有效的,即

$$X_{M,N}^*(G_N,G_M,\pi)\in\arg\max_{x\in\Delta}\sum_{n=1}^{N}\sum_{m=1}^{M}\sum_{\pi_l\in\pi}[v_n(\pi_l)-c_m(\pi_l)]x_{n,m}(\pi_l) \qquad (6.9)$$

其中,$z_n\in Z\subset\pi$;$s_m\in S\subset\pi$;arg 表示如下目标函数的最优解:

$$\max_{x\in\Delta}\sum_{n=1}^{N}\sum_{m=1}^{M}\sum_{\pi_l\in\pi}[v_n(\pi_l)-c_m(\pi_l)]x_{n,m} \qquad (6.10)$$

假设:

$$W_N^M\left(X_{M,N}^*(\pi),G_N,G_M\right)=\sum_{n=1}^{N}\sum_{m=1}^{M}\sum_{\pi_l\in\pi}[v_n(\pi_l)-c_m(\pi_l)]x_{M,N}^*(\pi_l) \qquad (6.11)$$

$$W_{N\setminus n}^M\left(X_{M,N}^*(\pi),G_N,G_M\right)=\sum_{N\setminus n}\sum_{m=1}^{M}\sum_{\pi_l\in\pi}[v_n(\pi_l)-c_m(\pi_l)]x_{M,N}^*(\pi_l) \qquad (6.12)$$

$$W_N^{M\setminus m}\left(X_{M,N}^*(\pi),G_N,G_M\right)=\sum_{n=1}^{N}\sum_{M\setminus m}\sum_{\pi_l\in\pi}[v_n(\pi_l)-c_m(\pi_l)]x_{M,N}^*(\pi_l) \qquad (6.13)$$

其中,$W_{N\setminus n}^M\left(X_{M,N}^*(\pi),G_N,G_M\right)$ 表示第 n 个采购商被剔除后的最优解;$W_N^{M\setminus m}\left(X_{M,N}^*(\pi),G_N,G_M\right)$ 表示第 m 个物流商被剔除后的最优解。

(1)设采购商 n 的中间支付为

$$R_n=v_n(z_n)-\left[W_N^M\left(X_{M,N}^*(\pi),G_N,G_M\right)-W_{N\setminus n}^M\left(X_{M,N}^*(\pi),G_N,G_M\right)\right] \qquad (6.14)$$

令

$$\Delta_n^v=W_N^M\left(X_{M,N}^*(\pi),G_N,G_M\right)-W_{N\setminus n}^M\left(X_{M,N}^*(\pi),G_N,G_M\right)$$

表示当采购商 n 赢得交易并退出市场时,整个市场社会福利的减少量。

(2)设物流商 m 的中间支付为

$$R_m = c_m(s_m) + \left[W_N^M\left(X_{M,N}^*(\pi), G_N, G_M\right) - W_N^{M\backslash m}\left(X_{M,N}^*(\pi), G_N, G_M\right) \right] \quad (6.15)$$

令

$$\Delta_m^v = W_N^M\left(X_{M,N}^*(\pi), G_N, G_M\right) - W_N^{M\backslash m}\left(X_{M,N}^*(\pi), G_N, G_M\right)$$

表示当赢得交易的物流商 m 退出市场时,社会福利的减少量(此时必然是次优的交易人中标,目标函数的最优值会下降)。

2. 交割支付

在经典的 VCG 机制中,供需双方的支出或收入分别由式(6.14)、式(6.15)给出,各交易人的支出和收入是相互独立的,这保证了说真话是交易人的最优策略。但是这种支付方式面临预算不平衡问题,即不能确保采购商的支付总额等于物流商的收入总额。为解决这个问题,本书按采购商及物流商的中间支付收益比例来分配社会福利,从而修正支付规则。设市场实现的总福利为

$$A = W_N^M\left(X_{M,N}^*(\pi), G_N, G_M\right) \quad (6.16)$$

所有采购商退出交易时目标函数变化值之和为(所有采购商对社会福利的贡献值):

$$B = \sum_{n=1}^{N}\left[W_N^M\left(X_{M,N}^*(\pi), G_N, G_M\right) - W_{N\backslash n}^M\left(X_{M,N}^*(\pi), G_N, G_M\right) \right] \quad (6.17)$$

所有物流商退出交易时目标函数变化值之和为(所有物流商对社会福利的贡献值):

$$C = \sum_{m=1}^{M}\left[W_N^M\left(X_{M,N}^*(\pi), G_N, G_M\right) - W_N^{M\backslash m}\left(X_{M,N}^*(\pi), G_N, G_M\right) \right] \quad (6.18)$$

假设 $\lambda = B/(B+C)$,$\eta = C/(B+C)$,且 $\lambda + \eta = 1$。设中间支付条件下采购商 n 的收益占所有采购商收益的比例为 $\alpha_n = \Delta_n^V/B$,物流商 m 的收益占所有物流商收益的比例为 $\alpha_m = \Delta_m^V/C$;令所有成功交易的采购商获得的总收益为 λA,所有成功交易的物流商获得的总收益为 ηA。则设:

(1)采购商 n 对每个采购项 z_n 的最终支付为 $R_n^* = v_n(z_n) - \alpha_n \lambda A$;

(2)物流商 m 对每个供给项 s_m 的最终收入为 $R_m^* = c_m(s_m) + \alpha_m \eta A$。

这一支付规则的修正将达到两个目标:①满足预算平衡约束;②依据交易人的社会福利贡献率分配市场收益,由此准确刻画每个交易人的市场贡献。

6.3 机制性质

现在就 6.2.2 节和 6.2.3 节给出的分配规则和支付规则能否使得机制满足激励相容约束、参与理性约束和预算平衡约束进行证明。

引理 1：记 $W_N^M\left(X_{M,N}^*(\pi),G_N,G_M\right)$ 为基于双向竞标向量 (G_N,G_M) 实现的市场最优社会福利，并记 $W_{N\setminus n}^M\left(X_{M,N}^*(\pi),G_N,G_M\right)$ 为 (G_N,G_M) 中剔除采购商 n 的竞标项 $G_n(z_n)$ 后的市场最优社会福利，则剔除 $G_n(z_n)$ 后将导致最优社会福利下降或不变，即

$$W_N^M\left(X_{M,N}^*(\pi_l),G_N,G_M\right) \geqslant W_{N\setminus n}^M\left(X_{M,N}^*(\pi_l),G_N,G_M\right) \tag{6.19}$$

证明：由于 6.2.3 节中 $W_N^M\left(X_{M,N}^*(\pi),G_N,G_M\right)$ 的竞标项数为 (G_N,G_M)，多于 $W_{N\setminus n}^M\left(X_{M,N}^*(\pi_l),G_n,G_m\right)$ 的竞标项数 $(G_N,G_M)/G_n(z_n)$ ［表示剔除竞标项 $G_n(z_n)$］，前者的优化范围大于后者，则前者取得的最优值不小于后者取得的最优值，所以上述结论成立。对于物流商来说，与引理 1 类似。

引理 2：如果采购商高于自己的估价进行报价或物流商低于自己的真实成本进行报价，则报价人面临负效用风险。

证明：设采购商 i 的真实估价是 $v_n(z_n)$，报价为 $v'_n(z_n)$。采购商 i 对竞标项 $G_n(z_n)$ 采取高报策略 ［即 $v'_n(z_n) \geqslant v_n(z_n)$］ 时，采购商 i 的效用为

$$U_n = v_n(z_n) - R_n^* = v_n(z_n) - [v'_n(z_n) - \alpha'_n \lambda A] = [v_n(z_n) - v'_n(z_n)] + \alpha'_n \lambda A \tag{6.20}$$

由于 $v'_n(z_n) \geqslant v_n(z_n)$，且 $\alpha'_n \lambda A \geqslant 0$，所以式(6.20)中第一项为负，第二项大于或等于零，则两项之和可能小于零。在密封竞标的博弈结构下，交易人因无法获知其他竞标人的报价而无法计算自身收益，这导致采购者在高于自己的真实估价进行报价时无法保证其收益非负，从而面临负效用风险。当物流商低于自己的真实成本报价时，情况类似。

定理 1：机制使得说真话是占优策略，即满足激励相容约束。

证明：设 $v_n(z_n)$ 是采购商 n 的保留价，即其对所采购物流服务项目的真实估价。当采购商的报价等于其对采购的物流服务项目的真实估价 ［即 $v_n(z_n) = v'_n(z_n)$］ 时，称其为诚实的交易人。

接下来证明，当采购商采取高报策略时，其将面临负效用风险；当采购商采取低报策略时，其将面临失去诚实报价时可赢得交易的风险。对于物流商而言，证明类似。

如果诚实竞标使得交易人失标，即采购商 n 诚实报价，$v_n(z_n) = v'_n(z_n)$，但失标，此时其收益为零，即 $U_n = 0$。现分析采购商此时不采取诚实报价策略的影响。

(1) 采购商 n 采取高报策略，即 $v'_n(z_n) > v_n(z_n)$。竞标者的目标是在保证收益非负的前提下，尽可能赢标。一方面，当其高报但仍然未赢标时，其收益不变，高报未改善其收益。另一方面，当其高报并赢标时，由引理2可知，此时其面临负效用风险。所以，此时高报不是占优策略。

(2) 采购商 n 采取低报策略，即 $v'_n(z_n) > v_n(z_n)$。假设采购商将自己的真实估价作为报价但失标，其采取低报策略将仍然失标。所以，此时低报不是占优策略。

如果诚实竞标，即 $v_n(z_n) = v'_n(z_n)$，并赢标，此时采购商收益为 $\alpha'_n \lambda A > 0$。现分析采购商不采取诚实报价策略时的影响。

(1) 采购商 n 采取高报策略，即 $v'_n(z_n) > v_n(z_n)$。假设采购商采取高报策略并中标，由引理2可知，其面临负效用风险，所以此时高报不是占优策略。

(2) 采购商 n 采取低报策略，即 $v'_n(z_n) < v_n(z_n)$。若采购商采取低报策略仍然赢标，则其收益非负，即 $[v_n(z_n) - v'_n(z_n)] + \alpha'_n \lambda A \geq 0$，但面临失标的风险。由于采购商采取低报策略，即使赢标，其报价对市场社会福利的贡献也必定减少，所以必有 $\alpha'_n \lambda A < \alpha_n \lambda A$。此时，在赢标的情况下：

①采购商采取诚实报价时其对对应供应商的支付为 $v_n(z_n) - \alpha_n \lambda A$，其收益为 $U_n = v_n(z_n) - [v_n(z_n) - \alpha_n \lambda A] = \alpha_n \lambda A$；

②当采购商采取低报策略时，其支付为 $v'_n(z_n) - \alpha'_n \lambda A$，获得的收益为 $U'_n = v_n(z_n) - [v'_n(z_n) - \alpha'_n \lambda A] = [v_n(z_n) - v'_n(z_n)] + \alpha'_n \lambda A$；

③当采购商采取低报策略时，采购商获得的收益的变化值为

$$U'_n - U_n = \{[v_n(z_n) - v'_n(z_n)] + \alpha'_n \lambda A\} - \alpha_n \lambda A = [v_n(z_n) - v'_n(z_n)] - (\alpha_n \lambda A - \alpha'_n \lambda A)$$

其中，$v_n(z_n) - v'_n(z_n)$ 是低报价直接带来的收益增加值；$\alpha_n \lambda A - \alpha'_n \lambda A$ 是低报价带来的采购商对市场社会福利贡献减少导致的收益降低值。一方面，采购商采取低报策略并赢标具有增加其收益的效应，但另一方面低报价导致其对社会福利的贡献减少，其面临失标的风险。由于采购商的交易前提是交易价格≤期望价格，当交易价格等于期望价格时，交易人利润为零，但仍然会选择交易。因为成功交易使得采购商或物流商投入的资源获得了不低于社会平均回报的收益补偿，而失去交易将使得资源回报为零，所以成功交易对于交易人是有意义的。当处于密封竞标的博弈结构下时，采购商因没有其他竞标人的报价而无法确定其绝对占优策略，由于采购商的报价不低于物流商的报价才能保证其中标，低报并不能确保提升其收益，同时低报将降低其中标概率，而失去交易会使得物流资源失去本应获得的社会平均回报，所以作为理性竞标者，采取低报不是占优策略。

总而言之，无论采购商 $n(n=1,2,\cdots,N)$ 诚实报价时是赢标还是失标，在密封竞标的博弈结构下，交易人因不知晓其他竞标人的报价而无法计算自身收益，理性的交易人会在收益增加和尽可能中标间进行权衡，采取高报和低报的策略均不是占优策略，因此诚实报价才是竞标人的占优策略。对于物流商来说，结论类似。

定理 2：机制满足参与理性约束。

证明：在一个机制中，当交易人说真话时该交易人的效用非负，即该交易人参与该交易的收益大于或等于其不参与该交易的收益，则称该机制满足参与理性约束[9]。假设采购商 i 诚实报价时赢标，即 $v_n(z_n) = v'_n(z_n)$，则其效用为 $[v_n(z_n) - v'_n(z_n)] + \alpha'_n \lambda A \geq 0$；假设采购商 i 诚实报价时失标，则其收益为零。因此，只要采购商采用诚实报价策略，其收益将不小于零，满足参与理性约束。

由于物流成本等于会计成本加上资源占用导致的社会平均回报，所以物流商交易的基础条件为交易价格高于或等于其成本，同理，采购商交易的基础条件是交易价格低于或等于其估价。而定理 2 给出的结论表明，供需双方在机制给出的价格下进行交易是满足参与理性约束的，机制不损害交易人的利益。

定理 3：机制满足预算平衡约束，不需要第三方补贴。

证明：设 N 个采购商的总支出为 E，M 个物流商的总收入为 F，则

$$E = \sum_{n=1}^{N} R_n^* = \sum_{n=1}^{N} \left[\sum_{m=1}^{M} v_n(z_n) x_{m,n}^*(z_n) - \alpha_n \lambda A \right] \\ = \sum_{n=1}^{N} \sum_{m=1}^{M} v_n(z_n) x_{m,n}^*(z_n) - \sum_{n=1}^{N} \alpha_n \lambda A \quad (6.21)$$

其中，

$$\sum_{n=1}^{N} \alpha_n \lambda A = \lambda A \sum_{n=1}^{N} \alpha_n = \lambda A \sum_{n=1}^{N} \frac{\Delta_n^v}{B} = \frac{\lambda A}{B} \sum_{n=1}^{N} \Delta_n^v \\ = \frac{\lambda A}{B} \sum_{n=1}^{N} \left[W_N^M \left(X_{M,N}^*(\pi_l), G_N, G_M \right) - W_{N \setminus n}^M \left(X_{M,N}^*(\pi_l), G_N, G_M \right) \right] = \lambda A \quad (6.22)$$

所以，

$$E = \sum_{n=1}^{N} \sum_{m=1}^{M} v_n(z_n) x_{m,n}^*(z_n) - \lambda A \quad (6.23)$$

同理，M 个物流商的总收入等于其成本加上其所分配到的社会福利增加值，即

$$F = \sum_{m=1}^{M} \sum_{n=1}^{N} c_m(s_m) x_{m,n}^*(s_m) + \eta A \quad (6.24)$$

因此，

$$E - F = \left[\sum_{n=1}^{N} \sum_{m=1}^{M} v_n(z_n) x_{m,n}^*(z_n) - \lambda A \right] - \left[\sum_{m=1}^{M} \sum_{n=1}^{N} c_m(s_m) x_{m,n}^*(s_m) + \eta A \right] \quad (6.25)$$

由于采购商 n 与物流商 m 成交的前提是 z_n 与 s_m 属于相同物流项目，且记为 π_l，所以有

$$E-F = \left\{\sum_{n=1}^{N}\sum_{m=1}^{M}\sum_{\pi_l \in \pi}[v_n(\pi_l)-c_m(\pi_l)]x_{m,n}^*(\pi_l)\right\} - A(\lambda+\eta) \quad (6.26)$$
$$= A - A(\lambda+\eta) = 0$$

由此可见，该支付规则下的双向竞标满足预算平衡约束，不需要第三方进行补贴。

6.4　信息平台交易模式交易效率比较及仿真分析

现有的物流信息交易平台主要采用标价和议价两种模式，本节先分析这两种模式的交易模型及过程，然后基于同组数据，通过仿真分析，比较双向竞标交易模式与两种传统交易模式实现物流采购市场社会福利的效率。本书中，市场交易效率=市场所有交易成功的采购商的估价-市场所有交易成功的物流商的成本。该交易效率表示物流市场实现的社会福利的增加值，体现了物流资源分配的效率。

6.4.1　信息平台传统标价交易模式

在物流采购标价交易模式中，物流商标出其提供的物流服务的价格，采购商在物流服务满足其质量属性要求的前提下按价格高低顺序来选择是否进行交易。该模式下采购商可以获得整个物流市场中所有物流商的报价，因此该交易模式的信息搜寻对象是全局市场。不过，该交易模式存在信息不对称问题。设物流商的真实成本为 $c_m(\pi_l)$，报价为 $c'_m(\pi_l)$，标价模式下的交易过程如下。

第一步：在满足质量属性要求的前提下，将同一物流服务项目 π_l 的供需双方划分到一个局部市场，记为局部市场 π_l，该市场包含的物流商和采购商交易人的子集合分别为 M_{π_l} 和 N_{π_l}。

第二步：在每个细分市场中，将物流商对物流项目 π_l 的标价 $c'_m(\pi_l)$ 由低到高排序，即 $c'_{m_1}(\pi_l) \leqslant c'_{m_2}(\pi_l) \leqslant \cdots \leqslant c'_{m_M}(\pi_l)$，标价最低的物流商 m_1 将最先获得交易机会，物流商 $m_2,\cdots,m_M$ 随后依次获得交易机会，由于物流商的标价是成交后的真实交易价格，所以该标价将高于或等于物流商的真实成本，即 $c'_m(\pi_l) \geqslant c_m(\pi_l)$。

第三步：对于物流服务项目 π_l，当其满足质量属性的要求且采购商的报价 $v_n(\pi_l)$ 满足 $v_n(\pi_l) \geqslant c'_{m_1}(\pi_l)$ 时，采购商中的任一交易人 n 就有机会选择与物流商 m 达成交易，此时第一个提出交易需求的采购商将成功交易并退出市场。

第四步：对于物流商 m_1，其在获得交易机会并完全达到自身供给能力上限时退出该市场，未实现采购的采购商向物流商 m_2 采购，然后转到第三步，如此循环，直到所有潜在的交易全部实现。

6.4.2 信息平台传统议价交易模式

在物流采购议价交易模式下,通常物流商报价较高,采购商报价较低,供需双方会对价格进行反复试探,即双方会对报价重复"一增一减"的过程。在报价过程中,双方不断揭示对方的真实价格信息,直到逐渐达到信息对称的状态。本节按议价能够达成信息对称的情况来测算该模式的交易效率。物流市场中有众多的物流商和采购商,任何市场参与人在议价时无法做到面向市场中的所有潜在交易对象,这意味着议价模式将市场分割成众多局部市场。

对于由 N 个采购商和 M 个物流商参与的市场,设议价模式下其被细分为 s 个局部市场,每个局部市场的采购商集合为 $N_i(i=1,2,\cdots,s)$,物流商集合为 $M_i(i=1,2,\cdots,s)$。将局部市场中的议价结果视为达成信息对称。由于是"一对一"议价,所以供需双方能够了解对方任何交易需求,可直接谈判交易。在局部市场中供需双方的交易及匹配按两个原则进行:①信息对称,采购商的估价和物流商的成本将被揭示;②局部市场中采购商与物流商按社会效益最大化进行匹配,这能确保局部市场议价实现最高交易效率。本节在此基础上比较议价模式与双向竞标模式的交易效率。设由采购商集合 N_i 与物流商集合 M_i 构成的局部市场交易效率的目标函数值为

$$W^i(N_i,M_i)=\max\sum_{n\in N_i}\sum_{m\in M_i}[v_n(\pi_l)-c_m(\pi_l)]x_{n,m}(\pi_l)$$

s.t.

$$\begin{cases} \rho_n(\pi_l)D_n(\pi_l)=\sum_{m=1}^M X_{M,N}(\pi_l) \\ \forall n\in\Omega,\ \forall m\in\Phi,\ \forall z_n\in Z\subset\pi \end{cases} \quad (6.27)$$

$$\begin{cases} eD_n(\pi_l)\leqslant D_n(\pi_l)\rho_n(\pi_l)\leqslant D_n(\pi_l) \\ \forall n\in\Omega,\ \forall l\in L,\ \forall \pi_l\in\pi \end{cases} \quad (6.28)$$

$$\begin{cases} \sigma_m(\pi_l)D_m(\pi_l)=\sum_{n=1}^N X_{M,N}(\pi_l) \\ \forall m\in\Phi,\ \forall s_m\in S\subset\pi \end{cases} \quad (6.29)$$

$$\begin{cases} dD_m(\pi_l)\leqslant D_m(\pi_l)\sigma_m(\pi_l)\leqslant D_m(\pi_l) \\ \forall n\in\Omega,\ \forall l\in L,\ \forall \pi_l\in\pi \end{cases} \quad (6.30)$$

其中,式(6.27)表示采购商 n 对于 π_l 与所有物流商最终达成的采购量;式(6.28)表示采购商 n 对 π_l 的成交量下限要求,且不超过所报采购量;式(6.29)表示物流商 m 对于 π_l 与所有采购商最终达成的供给量;式(6.30)表示物流商 m 对 π_l 的成交量下限要求,且不超过所报供给量。

$$\begin{cases} x_{m,n}(\pi_l)\left[q_m(\theta_j,w_{\theta_j,k})-q_n(\theta_j,w_{\theta_j,k})\right]\geqslant 0 \\ \forall n\in\Omega, \forall m\in\Phi, \forall l\in L, \forall \theta_j\in\pi_l, \forall \pi_l\in\pi \end{cases} \quad (6.31)$$

$$\begin{cases} v_n(\pi_l)D_n(\pi_l)\rho_n(\pi_l)-\sum_{m=1}^{M}c_m(\pi_l)x_{n,m}(\pi_l)\geqslant 0 \\ \forall n\in\Omega, \forall m\in\Phi, \forall l\in L, \forall \pi_l\in\pi \end{cases} \quad (6.32)$$

$$\begin{cases} x_{n,m}(\pi_l)[v_n(\pi_l)-c_m(\pi_l)]\geqslant 0 \\ \forall n\in\Omega, \forall m\in\Phi, \forall l\in L, \forall \pi_l\in\pi \end{cases} \quad (6.33)$$

其中，式(6.31)表示当采购商 n 对于 π_l 与物流商 m 达成交易时，物流商 m 的供给质量须达到采购商 n 对采购项 π_l 中任一环节 θ_j 的质量要求；式(6.32)表示采购商 n 与所有物流商关于采购项 π_l 达成的交易，对于这部分成交量采购商的报价应高于对应所有物流商的报价之和；式(6.33)表示采购商 n 与物流商 m 对于采购项 π_l 达成的交易，采购商 n 的报价应高于物流商 m 的报价。该模型的计算与 6.2.2 节中的模型类似，计算复杂度也为 $O(N\times M)$。

设由各局部市场构成的全局市场社会福利目标函数值为

$$TW=\sum_{i=1}^{s}w^i,\ i=1,2,\cdots,s$$

由于议价模式下采购商与物流商所面对的局部交易市场彼此交叉并随机生成，议价的对象选择具有较强随机性，每次模拟是对全局市场的交易者进行随机分组，所以能更准确地模拟议价交易者面对的交易环境。重复这个模拟 p 次，其中每次分组中每个交易者面对的交易对象均不同。求得每次分组情况下的社会效益为 $TW^i(i=1,2,\cdots,p)$，并用 p 次模拟的社会福利均值 $\overline{TW}$ 来表示真实议价交易模式实现的社会福利：

$$\overline{TW}=\frac{1}{p}\sum_{i=1}^{p}TW^i$$

6.4.3 信息平台三种交易模式的社会效益分析

在物流市场中，标价模式往往会造成信息不对称问题，供需双方达成交易的概率较低，市场交易效率不高。议价模式则因交易成本太高而使得供需双方只能搜索有限的潜在交易对象进行谈判，从而导致交易市场被分割为众多局部市场，物流资源得不到最优配置。双向竞标模式则使多个具备个体理性的博弈方通过竞争性报价在特定规则下作出最优决策，在很大程度上解决了信息不对称和交易成本太高的问题。随着互联网技术的日益普及，通过信息技术构建的物流在线交易平台对于提高物流交易效率的作用更加显著。就市场结构而言，标价和双向竞标模式均具有双边"多对多"的全局市场，而议价只有"一对一"的局部市场；就信息结构而言，双向竞标和议价模式均为信息对称式交易模式，而标价模式不能实现信息对称。所以，双向竞标交易模式兼具解决信息对称问题和实现全局市场资源配置的双重优势。

本节就这三种交易模式实现的社会总福利进行仿真分析（表6.1）。通过采集并参考"中国马铃薯网""国家交通运输物流公共信息平台"等关于马铃薯采购及物流环节（采购、包装、运输、仓储）的相关数据，设定马铃薯相关市场数据如下：①采购价格均值为1000元/吨，方差为100。②包装价格均值为100元/吨，方差为10。③运输距离为2500～5000公里时，运输价格均值为400元/吨，方差为50；运输距离为1000～2500公里时，运输价格均值为500元/吨，方差为50；运输距离为0～1000公里时，运输价格均值为600元/吨，方差为50。④仓储价格均值为200元/吨，方差为20。上述期望均值以方差为基础，随机生成采购商和物流商的数据，其中价格数据按正态分布生成，各物流环节数量属性按均匀分布生成。进行多次模拟仿真，在供需双方交易人组数分别为100、150、200、250、300时，计算不同交易模式实现的社会总福利（图6.2）。①双向竞标交易模式：计算每组交易数据下，规划模型对应的目标函数最大值，以作为该模式实现的社会福利值。②议价模式：先将交易双方随机匹配到不同的局部市场，模拟实际情况下的局部议价情况，在每个局部市场按信息对称的情况计算社会福利最大值，然后将所有局部市场的社会福利值之和记为市场总社会福利值，重复该过程20次并取平均值作为议价模式实现的社会福利值。③标价模式：由于其生成的价格信息反映的是真实的支付意愿或成本而非最终标价，因此先将物流商的报价在真实成本基础上提升10%来模拟实际情况下物流商相对于成本标出的价格，并将所有物流商对每个交易项的标价进行排序，标价最低的物流商将会优先交易，只有采购商期望支付价格高于物流商标价时，才具备交易条件，此时其中某个采购商只要先提出交易需求就赢得交易，随后标价次低的物流商获得交易机会，以此类推。

表6.1　相同交易数据仿真下不同模式实现的社会总福利　　（单位：千万元）

交易人组数	双向竞标	议价	标价
100	0.577	0.526	0.525
150	0.831	0.794	0.774
200	1.026	0.951	0.872
250	1.559	1.408	1.309
300	2.293	2.095	1.907

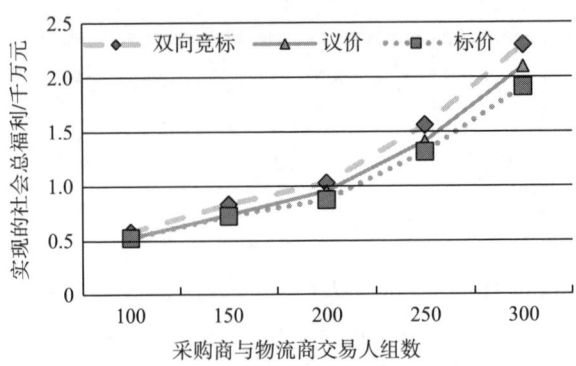

图 6.2 三种交易模式实现的社会总福利

$$市场交易效率提升比率 = \frac{模式A实现的社会总福利 - 模式B实现的社会总福利}{模式B实现的社会总福利} \tag{6.34}$$

$$平均市场交易效率提升比率 = \frac{每组效率提升比率}{测算市场规模组数} \tag{6.35}$$

由式(6.34)可知,供需双方每一方有 300 个交易人时双向竞标交易模式实现的社会总福利比议价交易模式高出 9.5%,比标价交易模式高出 20.2%。由式(6.35)可知,在供需双方交易人组数分别为 100、150、200、250、300 时,双向竞标交易模式实现的社会总福利效率比议价模式平均提升 8.5%,比标价模式平均提升 14.9%。由此可知,与标价和议价交易模式相比较,双向竞标交易模式产生的社会效益最高。这种交易模式产生的新增社会福利将成为采购商和物流商新增的经济效益,也最终促进了物流信息平台市场资源配置效率的提升和社会财富的增加。

6.5 最优组合演化激励中的作用分析

供应链物流是现代物流发展的一个核心方向。本书讨论的竞价交易具有一种完全的市场关系,而供应链上企业间的关系是一种不完全的契约关系[29]。本节通过分析组合竞价交易机制能否激励供应链上不同环节中企业联盟的不断优化,探索该机制在现代供应链物流构建方面的促进作用。

在讨论物流竞价交易时,需要考虑市场各参与方可能会对多个物流环节有组合交易的需求,因为在真实的物流运营中,可能会有两个或多个经营不同物流环节的独立企业通过成立联盟且由其中一个企业代表联盟来参与竞标,如由两个各自经营包装和运输的物流企业组成的联盟。这些联盟赢标后,联盟中的企业会对交易带来的收益按契约实现分配(这种分配机制不是本节讨论的内容)。与企业间的交易关系相比较,这种联盟就是用一种契约的手段去配置两个企业间的资源,这是供应链关系的本质。那么在现实的经济运行中，企业就会在联盟与不联盟间作出决策，且决策的基准就是各种状况下联盟中企业的收益。一个联盟相当于一个组合约束，在竞价交易市场中就表现为一个竞标方(代表联盟)进行组合报价。

现代物流价值呈链状分布，促使人们从整条链来考察物流的价值增值。基于供应链管理思想，传统的库存理论和供应链理论希望从核心企业集中控制的角度来构建供应链[30-32]，它们强调控制对于构建供应链的作用。进入20世纪90年代以后，"分散式协调观"将现实生活中的供应链理解为一种基于契约关系的动态战略联盟的分散式结构[33]，以"双赢"为目的促使供应链上的企业通过合作(联盟)来适应现代竞争环境。供应链上的合作要求企业将自己的私有信息共有化，突破企业自身的边界限制，考虑对联盟自发形成的供应链进行整体再设计[34]。分散式协调观强调供应链上企业联盟的灵活性和动态变化，产生这一动态变化的原因是供应链上企业基于各种情况对联盟与非联盟收益进行选择。

组合竞价交易作为一种市场竞价交易形式，是一种价格发现和实现机制，也是多个具备个体理性的博弈方通过竞争性报价在特定规则下作出最优决策的过程。所以组合竞价交易构建的竞价交易市场可以给出企业间"合作"与"非合作"情况下的收益矩阵，而该收益矩阵为供应链上的企业选择"合作"或"非合作"提供了基准信息，这也是它们进行进化学习的信息来源。当物流市场中没有通过组合竞价交易机制建立起交易市场时，物流企业间只能得到局部的市场成本信息和估价信息(因为受市场搜寻成本的限制)；反之，市场全局的估价信息和成本信息就会最终被反映到每个物流采购方和供应方的支付矩阵中，从而为物流企业间的最优组合提供支撑。

通过引入上述组合竞价交易机制，供应商通过参与竞标就可以得到全局性的明确信息(此处设定，若供应商进行协商谈判，由于对手的有限性和自身的市场判断能力，其得到的是市场局部有限信息)。供应商需要和有限的上下游企业进行协商合作，并通过设计相应的联盟利润分配规则来得到自己各种策略下的博弈收益矩阵(表6.2)。面对博弈收益矩阵，企业会进行学习，以寻求最优的供应链交易形式。假设市场供应链中有两组企业，各组均有 N 个企业，每组企业可分别选择"合作"和"非合作"两个策略，则在这一市场结构下，就构成了一个"2×2"的博弈结构。由于每个企业会在观察相关重要决策的收益的情况下，随着时间的推移，决定其在下一个阶段要采取"合作"，还是"非合作"的策略。由于企业在下一个阶段选取的策略只与其上一阶段采取的策略相关，与再以前采取的策略无关，所以可认为单个企业的决策是一个马尔可夫过程[35]。本节采用文献[35]的演化学习分析框架来分析竞价交易对供应链企业的组合优化行为的激励原理。假设采取"合作"与"非合作"策略的个数恰好对等时企业的收益矩阵仍为 $\boldsymbol{R} = \begin{bmatrix} a & b \\ c & d \end{bmatrix}$。

表 6.2 博弈收益矩阵

群体	策略	企业群体 1 合作	企业群体 1 非合作
企业群体 2	合作	(a,a)	(b,c)
	非合作	(c,b)	(d,d)

链上企业的收益与企业的策略选择有关，企业会通过比较各种策略下的收益来作出对策略的调整。两个群体中单个企业的平均支付为

$$\pi_1(z)=\frac{z}{N}a+\frac{N-z}{N}b \text{（合作收益）}, \quad \pi_2(z)=\frac{z}{N}c+\frac{N-z}{N}d \text{（非合作收益）}$$

企业从一个策略动态转向另一个策略。设 $z(t)=i(i\in\{0,1,\cdots,N\})$，假设 i 家企业采用合作策略。

设从合作策略转向非合作策略的比率为

$$\lambda_i=1-\omega+\omega\alpha[\pi_1(i)-\pi_2(i)]^+, \ i\neq N, \ \lambda_N=0 \tag{6.36}$$

反之，从非合作策略转向合作策略的比率为

$$\mu_i=1-\omega+\omega\alpha[\pi_2(i)-\pi_1(i)]^+, \ i\neq 0, \ \mu_0=0 \tag{6.37}$$

其中，ω 是波动参数，且 $0\leqslant\omega\leqslant1$，用其表示正向适应度，用 $1-\omega$ 表示逆向适应度，当 $\omega=1$ 时，表示企业在完全无噪声的环境里进行选择；α 表示企业做策略转换时的速率因子，其值受企业流程改造、信息技术运用、技术更新能力等因素的影响。

当 $z(t)=i$ 且 $\pi_1(i)-\pi_2(i)\geqslant 0$ 时，表示选择合作策略的个体的收益大于选择非合作策略的个体的收益，此时群体中的个体就有动力从选择非合作策略转向选择合作策略。反之，当 $\pi_2(i)-\pi_1(i)>0$ 时，表示选择合作策略的个体的收益小于选择非合作策略的个体的收益，从而群体中的个体将趋向于选择非合作策略。这导致了上述转移速率的形成。在市场中，供应链上企业根据"合作"和"非合作"策略时的各自收益，随着时间的推移，不断调整转换自己的策略。在这一过程中供应商向某个策略转换的概率由 λ_i 和 μ_i 决定。

企业的主要噪声来源于市场信息的不完全。当在物流市场建立基于供应链的组合招投标机制后，企业面对的交易方式就是竞标交易和协议交易。企业通过提供自己的竞标向量参与组合竞价交易机制中的竞标。协议交易里，企业和局部上游或下游企业形成合作，并按合作协议进行交易，合作的上下游企业共同组成一个竞标方参与招投标机制中的竞标(在不影响分析的情况下，本节不具体考虑合作的企业怎样分配合作带来的收益)。同时，企业可以比较竞标交易和协议交易的收益大小。当通过组合竞价交易机制建立一个物流竞价交易市场时，竞标企业在上述博弈选择中就可最大限度地规避各种情况下的"收益"不完全信息，从而大大

强化 ω 值，弱化企业进行博弈时的噪声，因为对各交易方成本信息的发现正是基于竞价交易机制设计的本质优点。而 α 值的大小由一家企业从一个策略转向另一个策略的能力决定，受企业采用新技术的能力、管理能力等影响。所以，基于招投标的物流供应链交易机制的建立(图6.3)，有利于物流企业通过获取有效市场信息弱化环境噪声，即 $\omega \to 1$。通过弱化决策的环境噪声，可使供应商从弱势策略转向优势策略的概率加大，从而使整个物流供应链市场中的企业向最优合作的方向演化。

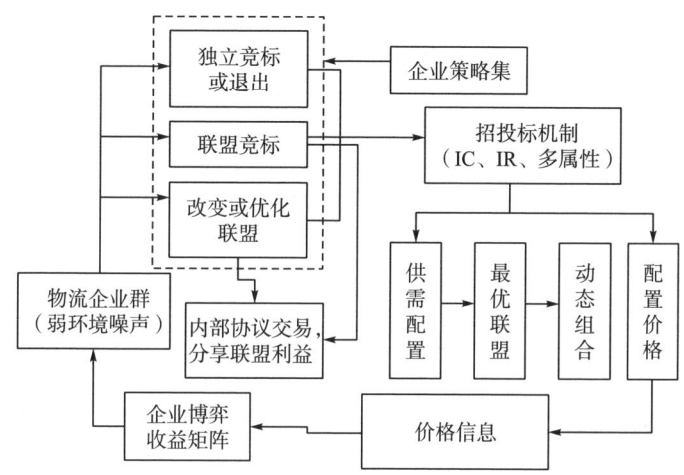

图6.3　基于多环节组合招投标的物流供应链企业联盟信息传递机制

因此，物流组合竞价交易机制在更大的市场范围内为供应链上的物流企业揭示了其独立竞标和联盟竞标的价格信息，并为其提供了较为完整的博弈收益矩阵，降低了其进化学习的"噪声"，因而能够激励企业间的合作向优化的方向演化。

6.6　结　论

不同的市场资源配置模式主要涉及不同的资源分配规则和定价规则，更高效的交易模式是提升物流信息平台资源配置效率及推动经济活动高质量发展的关键。传统的标价交易模式因交易的标价一方不了解采购商报价或物流商成本信息而出现信息不对称问题，导致交易机会的损失。议价交易模式则因交易成本过高而不能搜索全局市场所有潜在交易对象，使市场被分割为众多局部市场。本章围绕基于互联网信息平台的双向竞标交易模式进行了研究，并比较分析了物流信息平台上标价、议价以及双向竞标三种交易方式的交易效率。本章主要的研究工作及研究结论为：①突破传统的"一对多"竞标结构，基于双向"多对多"竞标形式，引入了 VCG 机制并加以改进，创新了物流信息平台交易机制，该交易机制鼓励交易人说真话，满足参与理性约束、预算平衡约束，以物流市场社会福利最大化为目标；②针对现有的物流市场存在的标价、议价以及双向竞标三种交易方式分别建立了交易模型，分析得出基于双向竞标的交易模式兼具能从全局市场配置资源及解决信息不对称问题的优点；③以农产品马铃薯的物流市场为例，利用 Java 语言编程，对双向竞标、议价及标价三种交易方式进行了仿真分析，并通过算例分析进一步说明了双向竞标交易模式与传统交易模式相比具有更高的资源配置效率。本章的研究为物流市场交易方式的选择提供了理论基础，对于推动物流信息平台交易模式的变革，进而推动物流采购效率的提升具有现实意义。

参 考 文 献

[1] 中华人民共和国国家标准——物流术语[J]. 交通建设与管理，2007(10)：106-120.

[2] 钟永光，贾晓菁，李旭，等. 系统动力学[M]. 北京：科学出版社，2013.

[3] ANGERHOFER B J, ANGELIDES M C. System dynamics modelling in supply chain management: research review[C]// Proceedings of the 2000 Winter Simulation Conference, 2002.

[4] CHOY K L, GUNASEKARAN A, LAM H Y. Impact of information technology on the performance of logistics industry: the case of Hong Kong and pearl delta region[J]. Journal of the Operational Research Society, 2014, 65(6): 904-916.

[5] 吴勇，冯耕中，王能民. 我国典型物流公共信息平台商业模式的比较研究[J]. 商业经济与管理，2013(10)：14-21.

[6] 周乐欣，宋山梅，李露. 大数据条件下物流采购竞价交易模式创新研究[J]. 贵州大学学报(社会科学版)，2018，36(2)：63-68.

[7] VICKREY W. Counterspeculation, auctions, and competitive sealed tenders[J]. Journal of Finance, 1961, 16(1): 8-37.

[8] GROVES T. Incentives in teams[J]. Journal of Econometrica, 1973, 41(4): 617-631.

[9] KRISHNA V. Auction theory[M]. Pittsburgh: Academic Press, 2010.

[10] 黄河，陈剑. 组合拍卖与议价谈判机制设计研究[J]. 管理科学学报，2010，13(2)：1-11.

[11] SCHNIZLER B, NEUMANN D, VEIT D. Trading grid services——a multi-attribute combinatorial approach[J]. European Journal of Operational Research, 2008, 187(3): 943-961.

[12] XU S X, CHENG M, HUANG G Q. Efficient intermodal transportation auctions for B2B e-commerce logistics with transaction costs[J]. Transportation Research, Part B, 2015(80): 322-337.

[13] HBANDOKO S D, LAU H C. Enabling carrier collaboration via order sharing double auction: a Singapore urban logistics perspective[J]. Transportation Research Procedia, 2016(12): 777-786.

[14] YANG K, ROCA-RIU M, MENÉNDEZ M. An auction-based approach for prebooked urban logistics facilities[J]. Omega, 2019, 89: 193-211.

[15] MASOUD N, LLORET-BATLLE R, JAYAKRISHNAN R. Using bilateral trading to increase ridership and user permanence in ridesharing systems[J]. Transportation Research，Part E，2017，102(6)：60-77.

[16] LAIA M H，CAIB X Q，HU Q. An iterative auction for carrier collaboration in truckload pickup and delivery[J]. Transportation Research，Part E，2017，107(11)：60-80.

[17] 窦坦磊. 我国物流企业效率及影响因素研究[D]. 北京：首都经济贸易大学，2011.

[18] 李艳珍. 基于系统动力学的GS公司物流策略选择研究[D]. 赣州：江西理工大学，2011.

[19] 何家恩. 物流组合服务流程设计工具的设计与实现[D]. 广州：中山大学，2011.

[20] 王建峰，杨荣. 物联网环境下智能物流服务组合研究[J]. 电子技术应用，2016，42(1)：79-81，86.

[21] 刘晨，罗力，霍宝锋，等. 3PL整合：关系因素与运营结果[J]. 管理科学，2014，27(6)：1-11.

[22] 张季平，骆温平. 物流平台技术与运营模式协同创新研究[J]. 科研管理，2018，39(2)：19-27.

[23] 张向阳，袁泽沛. 网购时代我国"智慧云物流"平台体系与协同运营模式研究[J]. 中国科技论坛，2013(7)：99-104.

[24] 王文杰，孙中苗，徐琪. 考虑社会配送供应能力的众包物流服务动态定价模型[J]. 管理学报，2018，15(2)：293-300，316.

[25] 戴勇. 基于双边市场理论的第四方物流平台运营策略研究[J]. 商业经济与管理，2010(2)：12-17.

[26] RAL S，TAN B. Modeling and analysis of an auction-based logistics market[J]. European Journal of Operational Research，2008，191(11)：272-294.

[27] KONG T R，FANG J，LUO H，at al. Cloud-enabled real-time platform for adaptive planning and control in auction logistics center[J]. Computers & Industrial Engineering，2015，84(6)：79-90.

[28] 胡运权. 运筹学基础及应用[M]. 北京：高等教育出版社，2008.

[29] CHATTERJEE K，SAMUELSON W. Bargaining under incomplete information[J]. Operations Research，1983，31(5)：835-851.

[30] 马士华. 论核心企业对供应链战略伙伴关系形成的影响[J]. 工业工程与管理，2000(1)：24-27.

[31] 梁樑，王志强，余玉刚，等. 基于指派博弈的动态联盟供应链优化调整研究[J]. 管理科学学报，2004(4)：85-89.

[32] DIKS E B，KOK D. Computational results for the control of a divergent echelon inventory system[J]. International Journal of Production Economics，1999，59(1-3)：327-336.

[33] 方卫国，周泓. 不确定性环境中组织结构设计[J]. 管理科学学报，2000(2)：9-14.

[34] 解树江. 虚拟企业的性质及组织机制[J]. 经济理论与经济管理，2001(5)：58-61.

[35] Liu W B，Wang X J. Two-player and two-strategy symmetric evolutionary game with fluctuations[J]. Chinese Physics Letters，2007，24(10)：2762-2765.

第七章　多单位同质双边竞价交易机制

在物流市场交易中，同样的物流服务常常同时有多个供给方和多个需求方，如同一区域市场中的仓储配送业务、货运业务。以货运业务现货市场为例，货运业务的采购是以市场给出的瞬间市场价格成交。Doane 和 Spulber[1]、Seifert 等[2]以及 Adland 和 Cullinane[3]对现货市场和长期合同两种模式各自的优势进行了分析，得出货运业务现货交易市场有诸多优点，如能灵活应对燃料价格的突然变动、有新承运人或新技术的切入等，则可提高货运业务的效率。同时货运物流固有的随机性，使得放空运力成为货运业务一个不可分割的组成部分，而在一个较大的市场中通过分享放空的运力可以节约至少三分之一的总运输成本[4]，通过竞价交易方式可将这一节约的成本反映到承运商的报价中。所以，依据各类物流服务的供需情况，建立对应的充分竞争的高效物流双边交易市场有利于提高市场效率。

7.1　多单位同质物流采购双边竞价交易机制

双边竞价交易的形式与传统竞价交易的"一对多"形式不同，双边竞价交易的形式是"多对多"的形式，买卖双方之间的关系是一个供给和需求的平等关系[5]。在充分竞争的"多对多"物流市场交易格局下，市场参与方各自的需求和价格均有差异。每个交易方都有一个保留价(对于物流需求方而言是确定交易的最高限价，对于物流供给方而言是确定交易的最低限价)，超出保留价时潜在交易方将选择不交易。

很多学者都对双边竞价交易的理论及应用进行了研究。Chatterjee 和 Samuelson 讨论了有一个卖者、一个买者和一个拍品的情况，买方和卖方都报出一个价格，当买方报价高于卖方报价时，以一个中间价成交[6]。他们将贝叶斯均衡理论用于分析这一双边竞价交易情形。Satterthwaite 和 Williams 将上述双边竞价交易推广到有 m 个卖家和 n 个买家的情况，并分析了采取贝叶斯均衡策略的买家其估价与报价之间的关系，得出随着双边人数的增加，买方的报价会越来越接近真实报价，从而市场效率也会越来越高[7]。Mcafee 和 Vincent 讨论了密封第二价格竞价交易机制下，买卖双方都只能交易一个物品的双边竞价交易，证明了在这一机制下双边的优势策略都是报出自己的真实成本和估价[8]。但当通过不完全信息的博弈框架来分析双边竞价交易问题时，要求事先知道买卖双方的估价和成本分布函数及风险偏好，这常常是不容易的。所以，Friedman 将双边竞价交易简化为一个 Bertrand 博弈过程，通过买卖双方独立进行报价(不可更改)，并忽略报价对他人的影响[9]，他得出，在这一情况下交易双方存在最优报价策略，且市场效率可接近帕累托最优。殷红和王先甲设计了一个在线双边竞价交易机制，该机制将买卖双方的报价分别进行由高到低和由低到高的排序，并在此基础上最终形成配置和价格[10]，同时允许交易参与方对多单位物品出价，可实现市场出清，并满足激励相容约束等。张钦红和骆建文讨论了具有完全信息和不完全信息时，易变质品的供应链协调问题，并通过构建双边竞价交易模型分析了各交易方的最优报价策略[11]。

本章讨论有 m 个卖家和 n 个买家的物流市场结构下的双边竞价交易机制，通过建立相应的分配规则和支付规则，实现满足激励相容约束和参与理性约束的交易机制。这里讨论的双边竞价交易和别的双边竞价交易有不同之处：首先，别的双边竞价交易中买卖双方通常是对一个或多个单位的物品进行报价，但这里买卖双方可以对任意一个无限可分的量进行报价，即买卖双方所报的交易量不必以单位来划分；其次，在很多别的双边竞价交易中，买卖双方可以获得全部的交易剩余，而这里市场组织者可以获得一部分交易剩余作为酬劳，这有利于市场的长期稳定。

7.1.1 物流双边竞价交易的框架

在一个多单位物流双边竞价交易市场中，买者(物流服务采购方)和卖者(物流服务供给方)分别递交他们的"出价"和"要价"。当一个买者的出价超过一个卖者的要价时，交易得以实现。特别地，当一个卖者有多单位物流服务供给且一个买者想要采购多于一个单位的物流服务时，卖者的要价可能会和多个买者的出价相匹配，同时买者的出价也可能会满足多个卖者的要价。一个多单位物流双边竞价交易市场必须能够处理这种多个卖者和多个买者之间有多单位交易需求的情况。这里将物流的交易市场组织为一个多单位双边竞价交易市场是因为它具有高度灵活性：所有卖者和买者都能明确交易量以及交易价格。除了多单位物流双边竞价交易方式之外，也存在别的交易方式："要么接受，要么放弃"(价格被市场交易一方所设定)、"一对一"协商和一单位双边竞价交易。然而，这些交易方式都不能解决同时存在多个买方和多个卖方，并且迅速出清每个买方购买多单位物流服务和每个卖方出售多单位物流服务的市场交易的问题。正是因为具有高度的灵活性，多单位双边竞价交易必将在未来的物流市场中扮演重要的角色。

多单位物流双边竞价交易市场设计的中心问题是机制(交易规则)设计问题。一个交易机制定义了市场的组织和信息交换过程、交易程序及出清规则。物流市场交易机制同样是运行和管理市场的市场组织者向参与这一市场的各交易方作出的承诺。一旦物流交易机制被选择和确定，其他相关方面的设计就会被隐性地制约,比如沟通工具、交易支持、安全措施等。沟通工具应该被设计得便于信息交换,交易支持应该遵循特殊的市场出清规则,安全措施须能够保护特别的敏感信息等。

物流交易机制将在开放市场前被公布,所以每个市场参与方都能事先准确地知道市场将如何运行。可以预测,受用户委托工作的智能软件代理将在未来的电子交易市场起到越来越重要的作用,这些代理都被假设为自利、自治和最大化效用的。因此,可以将这种物流交易市场视为一个多代理系统,这一系统中的市场交易机制定义了代理方进行市场博弈的环境的结构和交易规则。物流交易机制设计的一个基本内容就是创造一个环境,使各代理方在进行自利的同时也能使整个市场获得收益。这里设计的多单位物流双边竞价交易机制从理论上是能确保这一点的,其满足弱预算平衡约束、参与理性约束和激励相容约束。满足激励相容约束表示每个物流交易代理方都会诚实地报出自己的真实保留价。另外,机制满足弱预算平衡约束意味着,当交易出清后将会有一个交易剩余,这一交易剩余被市场组织者提取了。显然,非负的交易剩余证明了市场存在的合理性,否则市场需要外部进行补贴,这将使市场不能长期存在。在真实的市场中,市场组织者因为将所有买方和卖方组织到一起而获得报酬,也就是市场交易机制运行产生的交易剩余。

许多现存的在线交易市场都是简单的单边竞价交易市场,比如 eBay 和 uBid。一些实验性的在线交易市场(比如 TAC)支持双边竞价交易机制,然而不能满足上述这些性质。基于互联网构建的物流信息中心和交易中心以及在此基础上构建的电子物流交易市场几乎实现了完全的信息交换,这使得物流供需信息能传递到几乎所有潜在的买方和卖方,从而使得市场竞争接近完全竞争。为成功促成这样的物流交易,市场就需要设计周密的符合买卖双方需求的市场交易规则,为物流市场参与者提供有吸引力的交易形式、服务和便捷性。

7.1.2 物流双边竞价交易模型

1. 基于保留价的市场配置

设在一个多单位物流双边竞价交易市场中有 m 个买者和 n 个卖者,买者 i 想要采购 X_i 单位的物流服务,卖者 j 有 Y_j 单位的物流服务可供给。假设 X_i 和 Y_j 均是物流双边交易市场公共信息,可以被所有物流交易方知道。保留价为私有信息,买者 i 和卖者 j 的保留价分别为 b_i 和 s_j,假设每个物流交易方的保留价都是静态的。用 q_{ij} 表示买者 i 从卖者 j 处买到的数量,用 p_{ij} 表示交易价格,则买者 i 的交易效用可以定义为

$$ub_i = \sum_{j=1}^{n}(b_i - p_{ij})q_{ij} \qquad (7.1)$$

卖者 j 的交易效用可以定义为

$$us_j = \sum_{i=1}^{m}(p_{ij} - s_j)q_{ij} \qquad (7.2)$$

如果所有信息都是公开的，则最大化所有市场价值就是最大化所有市场参与者的效用：

$$\begin{cases} \max \sum_{i=1}^{m}\sum_{j=1}^{n} q_{ij}(b_i - s_j) \\ \text{s.t.} \\ \sum_{i=1}^{m} q_{ij} \leq Y_j, \ j=1,2,\cdots,n \\ \sum_{j=1}^{n} q_{ij} \leq X_i, \ i=1,2,\cdots,m \\ q_{ij} \geq 0, \ \forall i,j \end{cases}$$

上述两个约束条件表示物流卖家的出售量不能超过其拥有量，而物流买家的采购量不能超过自己的需求量。然而，交易价格没有在上述公式中体现出来，因为市场最大交易价值是由所有物流交易方的保留价决定的，而不是由交易价格所决定的。如果买家 i 从卖家 j 处购买 q_{ij} 单位物流的单位价格为 p_{ij}，则市场交易价值等于买家 i 的总效用加上卖家 j 的总效用，即 $(b_i - s_j)q_{ij}$，物流供需双方可通过协商在 (s_j, b_i) 选择一个价格进行交易。虽然总效用是与交易价格 p_{ij} 无关的，但可以肯定的是，物流交易价格将影响各交易方的效用。

所以，在知道所有交易方的保留价时，该配置方式能使得社会福利最大化。但是，由于在物流市场中，各交易方的保留价都是私有信息，因此必须设计特别的机制才能揭示各交易方的保留价。下面将介绍一种能揭示各交易方真实保留价信息的机制。

2. 保留价信息私有时的物流双边交易机制

大多数情况下，集中配置物流资源是无法实现的，因为各物流交易方有着私有的保留价。为了让各物流交易方报出自己的真实保留价，需要在物流双边交易市场的每一边采用一个类似于 Vickrey 竞价交易的交易形式。对于买方，设每个物流买家 i 的报价为 rb_i（这一报价可与其真实保留价 b_i 相同，也可不同）；对于卖方，设每个物流卖家 j 的报价为 rs_j（这一报价可与其真实保留价 s_j 相同，也可不同）。不失一般性，假设

$$rb_1 > rb_2 > \cdots > rb_m \qquad (7.3)$$

同时假设
$$rs_1 < rs_2 < \cdots < rs_n \tag{7.4}$$

在这里假设上述关系式是严格的,因为如果两个物流买家报价相同,则可以将他们合并为同一个竞标方,卖家同理。同时,同一个物流交易方也可以将其交易量分开。比如,一个物流买家想要以不同的价格分别购买 6 单位和 4 单位的物流服务,那么只要把这一买家看作不同的交易方来处理即可。

机制按如下规则运行。将需求量按升序排列,并将供给量按降序排列。供给量和需求量在关键点 q^* 处相交,这点存在一个买方 K 和一个卖方 L。他们的报价关系分为两种情形。

情形 1:
$$rb_K \geq rs_L \geq rb_{K+1} \tag{7.5}$$

且物流总需求和总供给满足:
$$\sum_{j=1}^{L-1} Y_j \leq \sum_{i=1}^{K} X_i \leq \sum_{j=1}^{L} Y_j \tag{7.6}$$

情形 2:
$$rs_{L+1} \geq rb_K \geq rs_L \tag{7.7}$$

且物流供给量和需求量满足:
$$\sum_{1}^{K-1} X_i \leq \sum_{1}^{L} Y_j \leq \sum_{1}^{K} X_i \tag{7.8}$$

这里讨论情形 1(情形 2 与情形 1 是类似的)。为了出清市场,首先考察如下不等式是否成立:
$$\sum_{1}^{K} X_i \geq \sum_{1}^{L-1} Y_j \tag{7.9}$$

或
$$\sum_{1}^{K-1} X_i \leq \sum_{1}^{L-1} Y_j \tag{7.10}$$

如果式(7.9)成立,则得到规则 1:所有下标 $j<L$ 的卖家均以价格 rs_L 出售 Y_j 数量的物流服务;所有下标 $i<K$ 的买家均以价格 rb_K 购得物流数量 $X_j - (\sum_{1}^{K} X_i - \sum_{1}^{L-1} Y_j)/(K-1)$。

如果式(7.10)成立,则得到规则 2:所有下标 $i<K$ 的买家均以价格 rb_K 购得其需求量 X_i;所有下标 $j<L$ 的卖家均以价格 rs_L 出售物流数量 $Y_j - (\sum_{1}^{L-1} Y_j - \sum_{1}^{K-1} X_i)/(L-1)$。

如果式(7.9)成立,那么就会产生无效物流需求,可通过排在前面的 $K-1$ 个买方来对这一无效需求进行均匀消化;如果式(7.10)成立,那么就会产生无效物流

第七章 多单位同质双边竞价交易机制

供给，可通过排在前面的 $L-1$ 个卖方来对这一无效供给进行均匀消化。

在上述交易限制下，最终物流交易总量为 $\min(\sum_1^{K-1} X_i, \sum_1^{L-1} Y_j)$。其中，交易剩余 $(rb_K - rs_L)\min(\sum_1^{K-1} X_i, \sum_1^{L-1} Y_j)$ 被市场组织者所提取。图7.1中区域 B 代表的潜在交易价值损失掉了，没有被买方、卖方和市场组织者中的任何一方所拥有。同时，由于买方或卖方将放弃一部分自己报出的采购量或出售量，若式(7.9)成立，则潜在交易价值损失为

$$C \leqslant (rb_1 - rb_K)Y_L \tag{7.11}$$

若式(7.10)成立，则潜在交易价值损失为

$$C \leqslant (rs_L - rs_1)X_K \tag{7.12}$$

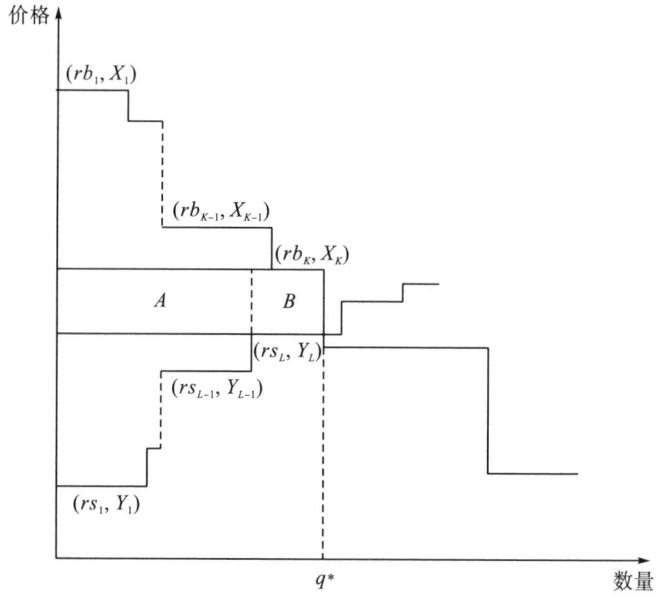

图7.1 K-1个买家和 L-1个卖家成功交易的多单位物流双边交易市场

将式(7.9)和式(7.6)[或式(7.9)与式(7.8)]一起考虑，得到 $\sum_1^{K-1} X_i - \sum_1^{L-1} Y_j \leqslant Y_L$，且由于 $rb_1 - rb_K$ 为买方之间最大的价格边际，所以式(7.11)成立。将式(7.10)和式(7.6)[或式(7.10)与式(7.8)]一起考虑，得到 $\sum_1^{L-1} Y_j - \sum_1^{K-1} X_i \leqslant X_K$，且由于 $rs_L - rs_1$ 为卖方之间最大的价格边际，所以式(7.12)成立。

所以，机制运行步骤如下。

第一步：将买方和卖方的报价分类且按不等式(7.3)与不等式(7.4)排序，所有

下标 $i<K$ 的买方和下标 $j<L$ 的卖方将进行交易。

第二步：通过判断市场条件属于情形 1 还是情形 2，以及不等式(7.9)或不等式(7.10)是否成立，决定采用规则 1 还是规则 2。

规则 1 和规则 2 必须在竞价交易前就宣布，并且每个市场参与方都知道这些规则将被物流市场组织者所采用。

7.2 参与理性约束与激励相容约束分析

7.2.1 参与理性约束分析

机制设计中，当交易方参与该机制时的收益大于不参与该机制时的收益时，则称机制是满足参与理性约束的。可证明 7.1 节中的交易机制是满足参与理性约束的：因为 $b_K \geqslant s_L$，各交易方的收益都是非负的，并且该机制也满足弱预算平衡约束，所以每个成功交易方的效用为正，而不成功交易方的效用为零。

7.2.2 激励相容约束分析

这里，在规则 2 下证明机制的激励相容性，即若各交易方报出自己的真实估价或成本为其最优策略，则机制是满足激励相容约束的。假设真实保留价为 b_i 的物流买家的报价为 rb_i，那么有如下情况。

(1) 当 $b_i \geqslant rb_K$ 时，若买家 i 高报自己的保留价，即 $rb_i>b_i$，则买家 i 得到的效用并不会比报价为 b_i 时得到的效用多；若低报自己的报价，即 $rb_i<b_i$，则买家 i 会面临失去本可以赢得的交易，并且即使此时赢得交易，他得到的效用也与报价为 b_i 时得到的效用一致。

(2) 当 $b_i<rb_K$ 时，若买家 i 高报自己的保留价，即 $rb_i>b_i$，则买家 i 赢得交易时交易产生的效用为负，而买家 i 没有中标时交易产生的效用与报价为 b_i 时交易产生的效用一致，均为零；若此时低报自己的报价，即 $rb_i<b_i$，则买家 i 会面临失去本可以赢得的交易，并且即使此时赢得交易，他得到的效用也与报价为 b_i 时得到的效用一致。买家 i 低报自己的保留价时，他得到的效用并不会比报价为 b_i 时得到的效用多，两者均为零。

在情形 2 下，成功交易的物流卖家只实现了他们提交量的一部分。然而，由于每个物流卖家所减少的交易量是相同的，并且没有一个下标 $j<K$ 的卖家可以谎报自己的真实保留价，所以与买方竞标原理一样，每个物流卖家都会报出自己真实的保留价。

一个满足激励相容约束的机制通常需要一些特定的效用函数。比如，当代理人的效用函数为拟线性函数时，Vickrey 机制即为满足激励相容约束的。类似地，本章所讨论的机制要求每个代理人的交易量和交易价格(情形1和情形2中定义的 q_{ij} 和 p_{ij})在其效用函数中是可"分离"的,也就是说,p_{ij} 不由 q_{ij} 决定。如果 p_{ij} 和 q_{ij} 是相关联的,例如,当一个物流卖家同意针对买家不同的采购量以不同的单价供货时,那么物流卖家可能会采用一个复杂的保留价谎报策略。与差别竞标相关的另一个问题是,当代理人数量非常多时,市场出清将变得非常困难。事实上,差别竞标时的市场出清问题是一个 NP 完全问题。因此,这里不允许对物流交易量进行差别竞标,并且采用一种非常简单的市场出清算法。该算法可以将所有报价分类并寻找处于"边缘"的代理人,或者求解一个线性规划问题。然而,由于线性规划约束条件过少,常会有多个解,必须找出与机制相契合的唯一的解。

7.3 算例仿真

现假设区域内对于同一货运服务,共有 n 家需求方和 m 家供给方。供给方和需求方分别向市场组织者提交供给向量和需求向量,供给向量包含两个变量,分别是数量 X_i 和单位保留价 s_i,需求向量包括数量 Y_j 和单位保留价 b_j 两个变量。假设供给方共有 7 个,供给向量按供给保留价从高到低排列为

$(X_1,s_2)=(45,9)$,$(X_2,s_4)=(43,8.5)$,$(X_3,s_1)=(50,8)$,$(X_4,s_3)=(40,7)$,
$(X_5,s_6)=(40,6.5)$,$(X_6,s_5)=(60,6)$,$(X_7,s_7)=(40,5.3)$

假设需求方共有 9 个,需求向量按竞标保留价从低到高排列为

$(Y_1,b_1)=(40,3)$,$(Y_2,b_2)=(55,3.5)$,$(Y_3,b_3)=(20,3.7)$,$(Y_4,b_4)=(37,4)$,
$(Y_5,b_5)=(53,4.8)$,$(Y_6,b_6)=(42,5)$,$(Y_7,b_7)=(35,5)$,$(Y_8,b_8)=(45,5.5)$,
$(Y_9,b_9)=(55,6.5)$

可以得到:

$$rs_8=5.5 \geqslant rb_7=5.3 \geqslant rs_7=5$$

$$\sum_1^6 X_i=278 \leqslant \sum_1^7 Y_j=282 \leqslant \sum_1^7 X_i=318$$

因此,该供需情况属于规则 1 规定的情况,交易量为

$$\min(\sum_1^{K-1} X_i,\sum_1^{L-1} Y_j)=\min(278,247)=247$$

最后,卖家 1~6 以价格 $rs_7=5$ 卖出自己所报的数量 $Y_j(j=1,2,\cdots,6)$。买家以价格 $rb_7=5.3$ 买进的数量为

$$X_j-(\sum_1^{K-1} X_i-\sum_1^{L-1} Y_j)/(K-1)=X_j-5.1,\ j=1,2,\cdots,6$$

可以看到,市场组织者在这次交易过程中提取的费用为

$$(rb_7 - rs_7) \times \min(\sum_1^{K-1} X_i, \sum_1^{L-1} Y_j) = (5.3 - 5) \times 247 = 74.1$$

从算例中可以看到，交易的卖方、买方和市场组织者都从交易中得到了正的收益，并且能够保证自己的最终交易价格满足自己的保留价约束，因此该交易机制是可运行且具有激励性的。

7.4 结　　论

简单有效的交易方式对于构建健康高效的物流市场是非常重要的，这样的交易方式能够使得市场中的物流供需双方在"摩擦"很小的情况下实现资源的配置，从而促进物流市场的有效发展。本章讨论的物流双边竞价交易就具有这样的特性。

本章讨论了在物流供需双方各自提出交易量和保留价的情况下，双边竞价交易机制如何自动匹配交易量并生成交易价格，并且证明该机制是满足激励相容约束和参与理性约束的。同时该机制为独立于物流供需双方的市场组织者提供了酬劳，这为市场组织者构建高效的物流双边竞价交易市场提供了激励，有利于市场的长期健康发展。

参 考 文 献

[1] DOANE M J, SPULBER D F. Open access and the evolution of the U.S. spot market for natural gas[J]. The Journal of Law and Economics, 1994, 37(2): 477-517.

[2] SEIFERT R W, THONEMANN U W, HAUSMAN W H. Optimal procurement strategies for online spot markets[J]. European Journal of Operational Research, 2004, 152(3): 781-799.

[3] ADLAND R, CULLINANE K. The on-linear dynamics of spot freight rates in tanker markets[J]. Transportation Research, Part E, 2006, 42(3): 211-224.

[4] VERAS J, THORSON E. Preliminary results of experimental economics application to urban goods modeling research[J]. Transportation Research Record, 1873: 9-16.

[5] FRIEDMAN D. The double auction market: institutions, theories, and evidence[M]. New York: Addison Wesley, 1993.

[6] CHATTERJEE K, SAMUELSON W. Bargaining under incomplete information[J]. Operations Research, 1983, 31(5): 835-851.

[7] SATTERTHWAITE M A, WILLIAMS S R. The Bayesian theory of k-double auction[M]. New York: Addison Wesley, 1993.

[8] MCAFEE R P, VINCENT D. Updating the reserve price in common value auctions[J]. American Economic Review, 1992, 82(2): 512-518.

[9] FRIEDMAN D A. Simple testable model of double auction market[J]. Journal of Economic Behavior and Organization，1991，15(1)：47-70.

[10] 殷红，王先甲. 网上双边拍卖机制设计及其实现[J]. 系统工程理论与实践，2004，24(10)：110-116，121.

[11] 张钦红，骆建文. 基于双边拍卖模型的易变质品供应链协作研究[J]. 工业工程与管理，2009，14(3)：33-37，44.

第八章 物流基础资源采购竞价合谋及规避

稀缺物流基础资源运营权竞价交易是现实中常见的交易，如铁路、公路、港口、航空等公共物流基础设施资源，这些资源具有稀缺性、耗竭性及国家所有或公有的特性，资源特许经营权须经过行政特别许可[1]。例如，2004年6月，国家交通部(现交通运输部)就首次采用公开招投标方式，特许设立五家中外合资船舶运输公司从事国内港口之间的化工品运输。早在1997年，世界银行年度报告就指出世界银行的会员国通过实施招投标制度，在不可能进行彻底私有化时扩大了私营部门的作用，而特许经营权提高了铁路效率和服务质量。

通过竞价交易来出售稀缺物流资源运营权越来越成为政府的交易手段，其通过鼓励竞争来最大程度地发现和实现物流资源的价值，进而最大化社会福利。然而，如同硬币的"两面"，物流市场中的企业在竞标过程中，有动力通过合谋来减少竞争，从而得到更多的交易剩余。在现实的竞价交易中，采用得最多的竞价交易形式是升价竞价交易和密封第一价格竞价交易[2]。竞价交易鼓励竞争，但竞标者可能会为了获取合谋利益而进行合谋。比如在升价竞价交易中，当部分竞标者合谋时，这些竞标者就可以以较低的价格赢标，从而获得合谋利益，并进行分配。工业设备、古董、土地、高速公路承建合同[3]、木材[4]和校园牛奶送货合同[5-6]、邮票[7]等竞价交易领域存在较多的合谋行为，通过研究这些合谋行为研究者发现，竞价交易是易于被竞标者合谋所损害的。甚至当合谋成员面对非对称的交互信息时，合谋仍然能够对竞价交易构成威胁。特别是当合谋成员在不断重复进行的竞价交易中成为对手时，其可以通过在后续的竞价交易中对违反合谋的行为进行惩罚使得合谋的实施更具可能性[8]。

在我国现实的物流市场中，大型物流集团的垄断程度是相当高的。当市场中的少数几个企业居于较高垄断地位时，它们就有可能进行合谋。

竞价交易参与方之间的合谋常被看成对市场和组织的严重威胁。当竞标者能够通过操控或简单地撤回竞标来限制竞争时，合谋就成为竞价交易中一个需要特别关注的问题。

Robinson 和 Sternberg 率先指出英式竞价交易和密封第二价格竞价交易易于被竞标者合谋威胁[9,10]。Graham 和 Marshall 在他们颇具影响力的文献中论证指出非对称信息合谋成员能构建一个令人震惊的合谋[11]，在这一合谋中只能合谋成员自己有效分配竞价交易物品，同时会将拍品出售方的收益限定在保留价。Graham等表述了二价竞价交易和英式竞价交易中基于预竞价交易的特殊转移支付策略[12]。后来，Mailath 和 Zemsky 论证了独立私有价值(IPV)假设下合谋的最优框架，前者仔细考察了转移支付合谋下的二价竞价交易，后者分别考察了存在和不存在转移支付情况下的一价竞价交易[13]。两者得出的共同结论是，在转移支付存在的情况下，竞价交易合谋是有可能发生的。

如果标准竞价交易是容易被合谋所侵害的，那么能否找到一个不易被合谋所侵害的竞价交易规则呢？这样的竞价交易规则是有可能存在的。使这一问题变得有意义的原因是潜在合谋者具有信息非对称性。如果一个合谋成员对于其他的成员具有完全信息，那么他们就可以像一个单一的代理人一样行动，以最大化他们的共同收益。在这种情况下，竞价交易设计将没有太大的发挥空间，无法阻止竞标者的垄断行为。但是当面对的是非对称的交互信息时，竞标者就不能有效地协调他们的行为，此时拍品出售方可以利用这点来消除潜在合谋[14]。现存的大部分竞价交易合谋分析都在单轮竞价交易框架下进行，然而，当合谋是一个反复互动的结果时，重复博弈框架将是一个更利于进行分析的框架，因为同样的竞标者将参与到随着时间重复进行的竞价交易中。当竞价交易重复进行时，即使在没有转移支付的情况下，合谋也是有可能发生的。换句话说，重复博弈中，竞标者可通过调整连续报价来部分地补偿转移支付的缺失，从而实现合谋。Skrzypacz 和 Hopenhayn 分析了无转移支付重复 IPV 竞价交易中的合谋问题，证明当每个阶段的竞价交易为一价竞价交易并且保留价为零时[15]，存在比 Mcafee 和 Mcmillan 描述的静态方案更为有效的无交流合谋方案[16]。反过来，竞价交易机制对合谋效率的影响也被许多研究者研究。Baldwin 等研究了美国林务局出售木材过程中的合谋，采用的出售机制为升价竞价交易机制[17]。据他们估计，合谋带来的收益损失达到预期非合谋收益的 7.9%，这部分收益在无合谋的情况下应属出售方。Pesendorfer 测试了学校牛奶合同竞价交易中的合谋[18]，他得出的结论是，在一价竞价交易中，当所有竞标企业像一个单一的企业竞标时，合谋约定是基本有效的。Hendricks 和 Porter 以及 Porter 和 Zona 研究了其他的竞价交易机制，这些研究显示周密的机制能影响合谋带来的损失[19,20]。同时这些研究也产生了一个理论性问题，那就是面临合谋威胁时，什么样的竞价交易机制是最优的竞价交易机制。Dequiedt 对这一问题进行了研究并得出，在存在双重类型空间和两个竞标者的独立和私有价值竞价交易中，卖方听任有效合谋的存在是最优的[21]，即在最优竞价交易中，各个竞标者的信息不对称不能制约他们进行合谋的能力。

本章将在一类稀缺物流资源循环出售的市场形态的基础上，通过讨论可能的合谋机制来分析竞标者的竞标行为。

8.1 物流基础资源采购单边竞价模式的合谋问题

在竞标方可能通过合谋得到更多交易剩余的同时，招标方(政府)可以通过加强市场准入(引入更多竞争者)和设定合理保留价的方法来应对合谋。所以最终的局面可能是，合谋既不能完全杜绝，同时也不会轻易实现，且合谋利益被控制在一定范围内。因此，对物流市场中领先企业可能采取的合谋机制和政府可能采取的反制措施进行分析，对于建设健康的物流产业和优化资源配置都是有价值的。

部分竞标者通常构成一个合谋环，环中成员与环外竞标者竞价，一个中立的组织者负责协调合谋中成员的报价行为，从而使企业联盟作为整体获得更多的收益。这里讨论联盟因成员间有转移支付而成为强联盟的情况，赢标者对联盟中的其他企业实现转移支付。本节讨论的物流企业合谋机制通过以下步骤来加以实施。

第一步：宣布一个环机制，该机制规定了满足激励相容约束和参与理性约束的合谋分配规则和转移支付规则。

第二步：潜在环成员决定是否参与合谋(环成员参与合谋时的期望收益须大于不参与合谋时的期望收益，即参与理性约束)。

第三步：决定参与合谋的每个环成员向中立的组织者给出一个报价(当环成员报出自己的真实估价时，这一合谋是满足激励相容约束的，否则不满足)。

第四步：组织者依据报价来为环中每个成员推荐一个竞标价，且每个环成员须向组织者提交转移支付(环中报价最高者代表环参与竞标并在赢标后支付正的转移支付，其他环成员转移支付为负)，组织者必须保持期望支付平衡。

8.2 第一价格竞价交易下的合谋

8.2.1 合谋规则

在给定一个特定的合谋机制后，竞标者的竞标行为构成一个贝叶斯纳什均衡。设合谋机制为 $\mu=(\beta_1,\cdots,\beta_k,p_1,\cdots,p_k)$，其中 β_i 表示环成员 i 被推荐的竞标价，p_i 表示环成员 i 被要求的对组织者的支付，且 p_i 是环成员报价 $(r_1,\cdots,r_k)$ 的函数。用 v^k 表示环成员的估价向量，$v^k=(v_1,\cdots,v_k)$，v_{-i}^k 表示除环成员 i 以外的环成员的估价。给定合谋机制 μ 和 $i \in K$，$K=\{1,\cdots,k\}$，设估价为 v_i 的环成员其环中报价为 r_i，竞标价为 b_i 时，其收益为 π_i。用 $\mathrm{Prob}(\cdot)$ 表示赢标概率，假设环内其他成员均真实报价，并按合谋组织者的推荐竞标价参与竞标，环外成员均按均衡竞标策略竞标时，一价竞价交易中竞标者 i 的收益为：

第八章 物流基础资源采购竞价合谋及规避

$$\pi_i(v_i, r_i, b_i) = (v_i - b_i)\text{Prob}(b_i \geq \max\{\max_{j \in K\setminus i}\beta_i(r_i, v_{-i}^k), \max_{j \in \Omega}\beta_j(v_j)\}) - p_i(r_i, v_{-i}^k)$$

其中，Ω 代表环内、环外所有竞标者总合；j 代表 Ω 中任一竞标者。

8.2.2 竞标合谋转移支付机制

在一价竞价交易中，如果有转移支付，环内竞争将被压制。这里设计一个只有估价最高竞标者与环外 $n-k$ 个竞标者竞争的情况[22]，即

$$\beta^{\text{in}}(v) \in \max_b (v-b)\text{Prob}(b \geq \max_{j \in \Omega}\beta_j^{\text{out}}(v))$$

对于所有环外成员，则有

$$\beta_l^{\text{out}}(v) \in \arg\max_b (v-b)\text{Prob}\left(b \geq \max\{\beta^{\text{in}}(\max_{j \in K} v_j), \max_{j \in \Omega \setminus l}\beta_j^{\text{out}}(v_j)\}\right)$$

在这一合谋机制下，只有所有竞标者中估价较高的前几个竞标者合谋才有意义。因为如果合谋成员的估价不比合谋环外的竞标者高，他们的合谋将没有意义。本节讨论在这一情形下竞标者可能采用的合谋机制和转移支付方案。环中所有成员都按协调后的策略参与竞标，并且估价最高者中标后，向环中成员进行转移支付。

环中估价最高者的策略为

$$\beta^{\text{in}}(v) \in \arg\max_b (v-b)\text{Prob}(b \geq \max_{j \in \Omega}\beta_j^{\text{out}}(v))$$

报价最高者参与竞标，其对合谋环成员的支付为

$$\bar{p}(r) = r - \beta^{\text{in}}(r)\text{Prob}(\beta^{\text{in}}(r) \geq \max_{j \in \Omega}\beta_j^{\text{out}}(v))$$

其中，r 为第二高报价。设 $s_1, \cdots, s_k$ 满足 $\sum_{i=1}^{k} s_i = E_{v^k}(\bar{p}(v))$，$r$ 为 $v_1, \cdots, v_k$ 中的第二高估价。考虑这样一个支付方式，环中成员获得支付 s_i，并且环中估价最高者支付 $\bar{p}(r)$。转移支付规则要求不是环中报价最高的竞标者竞标价为 $\underline{v}$，而环中报价最高者竞标价为 $\beta^{\text{in}}(r_i)$。

8.2.3 激励相容性分析

对于合谋机制而言，最重要的就是要满足激励相容约束和参与理性约束，前者用于该博弈机制的均衡，竞标者说真话时其期望收益将会最大化；后者是指当参与合谋时的期望收益大于不参与时的期望收益时，竞标者才会选择合谋。

对上述合谋机制激励性的设计，也同前面几章一样。竞标者的报价仅仅决定了其是否能代表环成员参与竞标，竞标者的转移支付不是由其自身的报价决定的，而是由其他竞标者的报价(第二高报价)决定的。所以，在这一规则下，每个合谋环中竞标者的最优策略都是报出自己的真实估价，即满足激励相容约束。

证明：设 r^1 为环中最高报价，r^2 为第二高报价。用 v^1 表示最高估价，用 v^2 表

示第二高估价。考虑如下竞标规则：组织者让环中最高报价者以报价 $\beta^{in}(r^1)$ 参加环外竞标和其他环成员以报价 $\underline{v}$ 参加环外竞标。考虑如下支付规则：如果环中成员 i 为报价最高者，则其向卖方支付 $\overline{p}(r^2) - s_i$，且向所有其他环成员 $(j \neq i)$ 支付 $-s_j$。

先考虑环中竞标者是否说真话(IC)。

(1) 若环中其他所有成员都真实地报出自己的估价，一个环成员的估价为 $\overline{v}$，且 $\overline{v} < v^1$，报价为 $\overline{r}$，$\overline{r} > \overline{v}$ 使他成为最高报价者，即 $\overline{v} < v^1 < \overline{r}$，那么他参与竞价交易的期望收益为 $\overline{p}(\overline{v})$，但他要支付给组织者的费用增加了 $\overline{p}(v^1)$，且 $\overline{p}(v^1) > \overline{p}(\overline{v})$，因此偏离自己的估价报价将无利可图。

(2) 若一个环成员的估价为 v^1，但报价为 $\overline{r}$，$\overline{r} < v^1$，且他不为最高报价者，即 $\overline{r} < v^2 < v^1$，那么他参与竞价交易的期望收益为零。但是，如果他真实地报出自己的估价，那么他参与竞标获得的期望收益减去其支付给组织者的 $\overline{p}(v^2)$ 是正的，因此，竞标者偏离自己的估价进行低报也是无利可图的。

所以，说真话是竞标者的最优策略，即 $v_i \in \arg\max\limits_{r_i} E_{\overline{v}_{-i}}(\pi_i(v_i, \overline{v}_{-i}, r_i, \beta_i(r_i, \overline{v}_{-i}^k)))$。

8.2.4 参与理性分析

在上述合谋机制下，设 G 为 k 个环成员中最高估价的分布，G_{-i} 表示除竞标者 i 以外的 $k-1$ 个竞标者中最高估价的分布。用 $\prod\limits_{i}^{n}(F_1, \cdots, F_n)$ 表示 n 个竞标者中，竞标者 i 不通过合谋参与竞标时的期望收益。那么，满足参与理性约束意味着所有环成员参与合谋时所得的收益大于不参与合谋时的收益，即

$$\sum_{i=1}^{k} \prod_i^n (F_1, \cdots, F_n) < \sum_{i=1}^{k} \left\{ s_i + \int_0^{\overline{v}} \int_0^{v_i} \left[\overline{p}(v_i) - \overline{p}(x) \right] dG_{-i}(x) dF_i(v_i) \right\} \quad (8.1)$$

环成员 i 参与合谋的期望收益为 $s_i + \int_0^{\overline{v}} \int_0^{v_i} \left[\overline{p}(v_i) - \overline{p}(x) \right] dG_{-i}(x) dF_i(v_i)$ [环成员 i 获得的转移支付为 s_i，估价为环中最高估价且参与竞价交易时获得的收益为 $\overline{p}(v_i)$]。

事前的预算平衡须满足 $\sum\limits_{i=1}^{k} s_i = \sum\limits_{i=1}^{k} \int_0^{\overline{v}} \int_0^{v_i} \overline{p}(x) dG_{-i}(x) dF_i(v_i)$。因此，式(8.1)右边为

$$\sum_{i=1}^{k} \left\{ s_i + \int_0^{\overline{v}} \int_0^{v_i} \left[\overline{p}(v_i) - \overline{p}(x) \right] dG_{-i}(x) dF_i(v_i) \right\}$$
$$= \sum_{i=1}^{k} \int_0^{\overline{v}} \int_0^{v_i} \overline{p}(v_i) dG_{-i}(x) dF_i(v_i) = \int_0^{\overline{v}} \overline{p}(y) dG(y) = \prod_1^{n-k+1}(F_1, \cdots, F_k, F_{k+1}, \cdots, F_n) \quad (8.2)$$

所以，由式(8.1)、式(8.2)可知，合谋满足参与理性约束的条件为

$$\sum_{i=1}^{k} \prod_i^n (F_1, \cdots, F_n) < \prod_1^{n-k+1}(F_1, \cdots, F_k, F_{k+1}, \cdots, F_n) \quad (8.3)$$

当竞标者估价的分布不均匀时，要得出竞标者的竞标策略和期望收益极为困难。下面讨论估价均匀同分布条件下的合谋问题。

8.3 估价均匀同分布条件下的合谋分析

要对估价非对称分布的情况进行分析，且对合谋的参与理性约束[式(8.3)]进行计算是非常困难的，这里只对估价均匀同分布特殊情况下的物流供给商合谋进行探讨。

结合当前我国物流的现状，在我国物流市场中，合谋是有可能发生的。因为我国现实的物流市场中大型物流集团的垄断程度相当高，在某些物流分支市场甚至出现了绝对垄断。比如铁路运营方面，除了合资组建铁路客运公司须由国有资本控股之外，货运、客运、装备制造、多元经营等领域皆允许非国有资本合资、独资、合作、联营及投资参股，没有股权比例限制。除了广深铁路和大秦铁路外，全国的铁路运营权，全部属于铁道局下属企业。航运和国内物流方面，以中国远洋物流有限公司和中邮物流有限责任公司为代表的国有物流企业，拥有强大的物流网络、区位优势和品牌影响，具有较强的垄断性。在铁路集装箱行业，中铁集装箱运输有限责任公司是运作主体，也是唯一主体，其运输网络遍布全国各地，其中全国特种集装箱业务甚至完全由其子公司"铁龙物流"来经营，处于绝对垄断地位。

本节假设市场中有多个但数量有限的竞标者。由于在非对称信息下，求解竞标者的最优策略、合谋满足参与理性约束的条件[式(8.3)]和均衡策略下竞标者的收益非常困难，因此只考虑对称信息下的情况，即对于所有竞标者i，$F_i = F$，且F为$[0,1]$上的均匀分布。当合谋环中有k个成员而环外成员数量为$n-k$个时，进行简单转换后，很容易得到满足参与理性约束的条件[22]：

$$k\int_0^1\int_0^v [v-\beta(v)](n-1)x^{n-2}\mathrm{d}x\mathrm{d}v < \int_0^1\int_0^{\phi(v)}[v-\beta^{\mathrm{in}}(v)](n-k)y^{n-k-1}kv^{k-1}\mathrm{d}y\mathrm{d}v \quad (8.4)$$

其中，$x=\beta(v)$表示没有合谋时竞标者的竞标策略；$y=\beta^{\mathrm{in}}(v)$表示合谋时环中报价最高者与环外竞标者的竞争报价；$\phi(v)=\beta^{\mathrm{out}^{-1}}(\beta^{\mathrm{in}}(v))$表示环外报价最高者的报价低于环内报价最高者的报价时的估价。

当信息对称时，对于所有竞标者i，$F_i = F$，竞标者为使收益最大化所采取的最佳竞标策略[23]应满足$x=\beta(v)=v-\dfrac{1}{F^{n-1}(v)}\int_0^v F^{n-1}(s)\mathrm{d}s$。

进一步设竞标者的估价F在$[0,1]$上均匀分布，当竞标者数量为n时，竞标者的均衡策略为$x=\beta(v)=\dfrac{n-1}{n}v$。

同时，由环外竞标者的竞标策略可知竞标时竞标者数量的增函数。所以，除环中估价最高者参与竞标外，环中其他成员不参与竞标更有利于增加合谋环收益。

因此，在该估价分布情况下，环中其他成员不参与竞标。由于估价在[0,1]上均匀分布，环中只有报价最高者参与竞标时，$n-k+1$个竞标者的均衡策略为

$$\beta^{in}(x) = \beta^{out}(x) = \frac{n-k}{n-k+1}v \tag{8.5}$$

由此可知，当无合谋且 n 个竞标者的估价在[0,1]上均匀分布时，竞标者的均衡策略为 $\beta(v) = \frac{n-1}{n}v$。当所有竞标者的估价均在[0,1]上均匀分布，且合谋中报价最高者参与竞标时，环内外竞标者的竞标策略与无合谋情境下的一样，即 $\beta^{out}(v) = \beta^{in}(v) = \frac{n-k}{n-k+1}v$，则式(8.4)可转化为

$$k\int_0^1\int_0^v [v-\beta(v)](n-1)x^{n-2}dxdv < \int_0^1\int_0^v [v-\beta^{in}(v)](n-k)y^{n-k-1}kv^{k-1}dydv \tag{8.6}$$

将 $\beta(v)$、$\beta^{in}(v)$ 代入式(8.6)，得到此时满足参与理性约束的条件是

$$\frac{1}{n} \leq \frac{1}{(n-k+1)} \tag{8.7}$$

只要 $k \geq 2$、$n \geq 3$，式(8.7)就成立，合谋就是可行的。例如，当 $n=5$ 时，无论 k 取什么数值，式(8.6)均成立，所以此时的合谋是满足参与理性约束的。这种情境下，市场中的物流企业是具有合谋的可能性的，因为此时企业参与合谋比不参与合谋能获得更多的期望收益。同时可以看到，k 值越大，合谋带来的交易剩余就越多，但转移支付也将越多，这就要在两者之间进行平衡。

当然，上述讨论的前提是合谋的组织是无成本的，信息评估相对简单。当市场中企业数量增加时，应该更多地考虑到组织成本等因素。

8.4 算 例

在我国物流行业发展现状下，各区域都在培植自己的大型物流集团，这使得同区域中的大型集团往往就几家。特别是在铁路、公路、港口等领域，几家大型集团占据着重要地位甚至主要份额，它们在彼此的物流领域相互渗透，并在一定程度上形成了竞争，但竞争的有限性也为合谋创造了条件。

现以 $k=3$、$n=5$ 进行算例说明。

假设在竞价交易中共有 5 个竞标者，所有竞标者的估价服从同一分布，即在[0,1]上均匀分布。设 3 个竞标者构成一个合谋环，他们对组织者的报价分别为 $v_1=0.8$、$v_2=0.7$、$v_3=0.6$。那么，最终将由竞标者 1 参与竞标，并且支付竞标者 2 参与竞标时所应获得的期望收益，然后 3 个竞标者等额分配该期望收益。

1. 保留价

假设竞价交易方对物流资源的估价为 x_0，且竞标者的保留价为 r，由 Krishna[23] 给出的保留价计算方式可知，r 满足：

$$r - 1/\lambda(r) = x_0 \tag{8.8}$$

其中，$\lambda(x) = f(x)/[1-F(x)]$。

这里假设对要出售的物流资源的估价 $x_0 = 0$，且通过式(8.8)可以得到，此时为实现竞价交易方的最优收益，设定的保留价为0.5。

2. 环内外竞标者的策略

由上述讨论可知，当竞标者的估价在 [0,1] 上均匀分布时，估价为 v 的合谋环中报价最高者的竞标策略 $b = \beta^{\mathrm{in}}(v) = \dfrac{n-k}{n-k+1}v$，期望收益为

$$\pi(v, \beta^{\mathrm{in}}(v)) = G_{n-k}(\beta^{\mathrm{in}^{-1}}(b))(v-b) = \frac{v^{n-k+1}}{n-k+1} \tag{8.9}$$

其中，G_{n-k} 表示其代表环成员参与竞标并赢标的概率。

同时，由环外竞标者的竞标策略可知竞标时竞标者数量的增函数。所以，除环中估价最高者参与竞标外，环中其他成员不参与竞标更有利于增加合谋环收益。因此，在该估价分布情况下，环中其他成员不参与竞标。

3. 转移支付及各竞标者的收益

假设共有 5 个竞标者，且每个竞标者的估价在 [0,1] 上均匀分布，其中 3 个竞标者构成一个合谋环，他们对组织者的报价分别为 $v_1 = 0.8$、$v_2 = 0.7$、$v_3 = 0.6$。那么，竞标者 1 将代表环成员参与竞标，同时向组织者支付竞标者 2 独立参与竞标应获得的期望收益，组织者再将这一收益平均分配给环中成员。

第二高估价为 $v_2 = 0.7$，该竞标者参与竞标时竞标策略 $b = \dfrac{n-k}{n-k+1}v = 0.47$，期望收益 $\pi(v) = \dfrac{v^{n-k+1}}{n-k+1} = 0.114$。

所以，在竞标价最高的竞标者 1 参与竞标并赢标的情况下，有值为 0.114 的收益用于转移支付，3 个合谋成员平均分配这一收益，每个成员分配到的收益 $s_i = 0.038$。同时也可以计算得出，竞标者 1 参与竞标的期望收益为 0.171。所以，竞标者 1 的最终期望收益 $\pi(0.8) = 0.171 - 0.114 + 0.038 = 0.095$；而竞标者 2 和竞标者 3 的期望收益均为 $s_i = 0.038$。此时，环中成员竞标者 1 参与竞标，竞标者 2 和竞标者 3 不参与竞标。

对于关键物流资源，需要广泛开放准入条件，让行业外的企业有机会进入该

行业。只有这样,才能保持行业内企业的竞争压力,将物流行业在位企业的合谋利润压缩在一个有限的范围内,从而使物流稀缺资源得到更为有效的配置,使社会福利得到优化。

8.5 结 论

越来越多的稀缺公共资源通过竞价交易的方式出售,这是为了以公开、公平、公正的方式来实现资源的有效分配和社会福利的最大化。在物流产业中,港口、铁路等资源也是公共资源的一部分,为了提高这些资源的利用率和管理水平,须有效实施竞价交易。同时,我国很多物流运营的垄断性还非常明显,比如依托铁路和港口等的物流运营。当企业数量有限时,这些企业就有可能通过合谋从资源的出售方(政府机构)获得更多的交易剩余。本章分析了在物流市场条件下企业进行合谋的一些机制,并通过算例进行了说明。

在政府机构希望通过竞价交易方式来使得公共物流资源发挥最大社会效用的同时,竞标方也希望通过减少竞争来获利。此时,政府机构应进一步开放市场,引入更多的新进企业,增强行业竞争。在这一情况下,各物流企业即使想要进行合谋,其合谋收益也会被压缩在一个很有限的范围内。

参 考 文 献

[1] 夏杰,陈焜如,王恒恒. 资源特许经营权的物权性研究[J]. 改革与战略,2009,25(5):29-32.

[2] KLEMPERER P. Auctions: theory and practice[M]. Princeton: Princeton University Press,2004.

[3] PORTER R H, ZONA J D. Detection of bid rigging in procurement auctions[J]. NBER Working Papers,1993,101(3):518-538.

[4] BALDWIN L H, MARSHALL R C, RICHARD J F. Bidder collusion at forest service timber sales[J]. Journal of Political Economy,1995,105(4):657-99.

[5] PESENDORFER M. A study of collusion in first-price auctions[J]. Review of Economic Studies,2000,67(3):381-411.

[6] PORTER R H, ZONA J D. Ohio school milk markets: an analysis of bidding[J]. The RAND Journal of Economics,1999,30(2):263-288.

[7] ASKER J, REVIEW A E, DUFLO E. A study of the internal organization of a bidding cartel[J]. American Economic Review,2010,100(3):724-762.

[8] HOPENHAYN H A, SKRZYPACZ A. Tacit collusion in repeated auctions[J]. Research Papers,2001,114(1):153-169.

[9] ROBINSON M S. Collusion and the choice of auction[J]. The RAND Journal of Economics,1985,16(1):141-145.

[10] STERNBERG T V. Cartel stability in sealed bid second price auctions[J]. The Journal of Industrial Economics,

1988, 36(3): 351-358.

[11] GRAHAM D A, MARSHALL R C. Collusive bidder behavior at single-object second-price and English auctions[J]. Journal of Political Economy, 1987, 95(6): 1217-1239.

[12] GRAHAM D A, MARSHALL R C, RICHARD J. Differential payments within a bidder coalition and the shapley value[J]. American Economic Review, 1990, 80(3): 493-510.

[13] MAILATH G J, ZEMSKY P. Collusion in second price auctions with heterogeneous bidders[J]. Games and Economic Behavior, 1991, 3(4): 467-486.

[14] CHE Y K, KIM J. Optimal collusion-proof auctions[J]. Journal of Economic Theory, 2007, 144(2): 565-603.

[15] SKRZYPACZ A, HOPENHAYN H. Bidding rings in repeated auctions[J]. RCER Working Papers, 1999: 1-21.

[16] MCAFEE R P, MCMILLAN J. Bidding rings[J]. American Economic Review, 1992, 82(3): 579-599.

[17] BALDWIN L H, MARSHALL R C, RICHARD J F. Bidder collusion at forest service timber sales[J]. Journal of Political Economy, 1995, 105(4): 657-699.

[18] PESENDORFER M. A study of collusion in first-price auctions[J]. Review of Economic Studies, 2000, 67(3): 381-411.

[19] HENDRICKS K, PORTER R H. Collusion in auctions[J]. Annales Deconomie Et De Statistique, 1989, 15(15/16): 217-230.

[20] PORTER R H, ZONA J D. Detection of bid rigging in procurement auctions[J]. NBER Working Papers, 1993, 101(3): 518-538.

[21] DEQUIEDT V. Efficient collusion in optimal auctions[J]. Journal of Economic Theory, 2007, 136(1): 302-323.

[22] MARSHALL R C, MARX L M. Bidder collusion[J]. Journal of Economic Theory, 2007, 133(1): 374-402.

[23] KRISHNA V. Auction theory[M]. Pittsburgh: Academic Press, 2001.

第九章　网约车市场双边报价交易机制

当前越来越多的私人车主通过注册成为网约车平台承运司机向乘客提供出行服务,比如滴滴打车、Uber 等平台。网约车平台具有能减弱资产专用性、控制不确定性和增加交易频率等诸多优点[1],提高了撮合速率和人们的出行效率[2]。网约车服务能够使车辆供应具有弹性,切合了城市交通的潮汐化特点[3]。网约车乘客或司机因用车目的、经济能力、预期收益、时间成本等不同,其支付意愿及成本也不同[4]。现有的网约车平台采取不同的定价模式,如滴滴打车最开始采用的是固定单价模式,而现在滴滴打车和 Uber 增加了动态定价模式。动态定价模式在基础价格的基础上根据即时的市场供需关系对价格进行调整,但这类动态定价模式也可能导致不合理的定价,如 Uber 实施的峰时定价机制不可避免地带来了较高的支付价格(可达到平时价格的七倍以上),这在耗尽邻近地区车辆供给的同时,也让乘客有被剥削感[5]。而传统定价方法在交易中不考虑乘客和司机的即时支付意愿和行驶成本,乘客和司机只能接受平台给出的价格及加价规则,不然只能离开这个平台,这降低了司机进入该平台的动力[6]。

一方面,许多学者对竞争性报价交易机制进行了研究,并从分配规则、支付规则、效率及应用角度进行了分析[7-9]。例如,Vickrey 在第二价格竞价交易中通过设定报价最高者赢得交易但须支付失去交易机会者中的最高报价[10],使得报价者说真话为其占优策略,并启发了一类真实信息揭示机制的设计[11,12]。Mcafee 提出了一个每个交易人只能赢得一个单位物品的"多对多"双边报价机制,且让说真话成为买卖双方的占优策略[7],但该机制可能会让买卖双方失去交易机会,从而影响交易效率,且该机制允许平台从交易人处获得一定数量的平台费以外的收益,这加大了交易人的收益不确定性。高广鑫和樊治平通过投标者行为选择函数对投标者有限理性行为进行了刻画,并构建了考虑投标者有限理性行为的网上临时一口价竞价交易的卖方期望收益模型,分析了竞标者有限理性行为对买方收益的影响[13]。Huang 等讨论了在电子市场报价机制拓展到多单位双边报价机制时存在的类似问题[14]。杨晶玉和李冬冬构建了双边减排成本信息不对称条件下的排污权竞价交易模型,并讨论了风险参数等的影响[15]。

另一方面,一些学者针对打车服务市场及双边平台市场进行了研究。数据显示,司机和乘客之间共享信息能够减少出行费用的 60%~90%,而且能减轻司机之间的破坏性竞争[16]。段文奇和柯玲芬经过分析得出,根据用户规模进行适应性动态定价更符合平台实际且对平台更有利[17]。Cici 等设计了在线乘车共享系统,其 2s（平均）内的匹配率达到 78%，显著高于离线查询系统[18]。Gabel 指出预期的搜索或等待时间的成本和乘车收入是最小化全程价格的关键[19]。Pueboobpaphan 等讨论了可变附加费和固定收费政策的情况，并通过对曼谷打车市场的仿真分析得出，前者可能会带来更高的市场效率[20]。Egan 等按行程距离将承运市场分解为多个近似同质的子市场，并使用 Mcafee 提出的机制[7]来匹配交易，但因为该机制要求乘客在交易前必须准确确定起始点及路径，从而大大降低了机制使用的灵活性及可行性，大大缩小了可使用的市场范围[21]。

本章设计了由乘客和司机的报价共同决定交易价格的定价机制，以优化网约车市场的资源配置，主要的创新点在于：①将双边报价交易机制引入网约车交易平台，将乘客和司机的支付意愿或成本报价纳入价格生成规则体系，以更准确地推动网约车市场供需潮汐化；②改进 Mcafee 提出的机制[7]，以实现全部可能的交易，并使得乘客和司机获得机制产生的全部交易剩余，从而提升匹配交易成功率及交易者参与交易的积极性；③定义"赢得交易偏好型"和"收益偏好型"的交易者，并证明改进后的交易机制在满足参与理性约束和预算平衡约束的同时，鼓励交易人报出真实支付意愿及成本。

9.1 网约车双边报价平台构建

网约车平台是基于数据云平台的打车服务双边报价交易市场。智能手机和位置感知设备为建立打车服务双边报价交易体系和交易的精确性创造了技术条件并提供了基础，基于数据平台的竞价机制设计能够解决交易中的信息不对称问题[22]。乘客和司机可以使用移动设备将交易需求及报价发送至平台，通过设计合理的交易规则，市场组织者可以有效地匹配交易及生成价格。现有的网约车平台其交易模式不在每次交易中即时考虑不同乘客的个人支付意愿及用车需求差异，如需要立即去医院或者不希望在重要会议上迟到的乘客，其支付意愿可能比其他普通乘客更强烈。不同的司机也可能对承运服务的财务成本有不同计算，如一些司机可能希望报出更低的价格来获得更多的订单，同时时间对于不同司机的价值也不同。

目前的网约车市场通常假定短时间内提高价格可能会鼓励更多的司机进入市场，但研究却表明，峰时定价不一定会即时增加供应，反而可能会影响邻近地区车辆供给等[9]。乘客和司机能够实时地影响交易价格，并动态调整市场的供需，准确推动市场供需潮汐化。为了使得乘客和司机具备报价基础信息，并更好地评估打车服务的价值及成本，平台向交易者提供交易日前一天、前一周及前一季度的交易均价。

9.2 双边报价机制模型

将打车费用按传统方式分为起步价和里程价两个部分。起步价最大计算距离为 θ，由平台运营者给定。当行程距离小于或等于 θ 时，司机收取固定的价格，即起步价。将乘客 i 的预计里程记为 L_i，当行程距离 L_i 大于 θ 时，乘客须支付 $L_i - \theta$ 部分行驶距离的费用，即里程价。由于不可预测的道路条件以及行驶路径的临时选择或变动，实际的行驶距离往往与预期的不同，这使得即使预期行程距离小于 θ，每个交易人仍需同时提供起步价和里程价的报价。基于乘客和司机的报价，平台通过交易机制决定最终赢得交易的乘客和司机，并生成交易价格。

9.2.1 赢得交易者确定

1. 起步价计价阶段

设平台收到 n 个乘客和 m 个司机如下的报价：①乘客的报价为 $(\bar{b}_i, b_i)(i=1,2,\cdots,n)$，其中 $\bar{b}_i$ 指乘客 i 的行驶里程小于或等于 θ 时的起步价报价，b_i 指乘客 i 的行驶里程大于 θ 时的里程价报价。②司机的报价为 $(\bar{s}_j, s_j)(j=1,2,\cdots,m)$，其中 $\bar{s}_j$ 指司机 j 的行驶里程小于或等于 θ 时的起步价报价，s_j 指司机 j 的行驶里程大于 θ 时的里程价报价。将 $\bar{b}_i$ 由高到低进行排序，$\bar{s}_j$ 由低到高进行排序，即

$$\bar{b}_1 \geqslant \bar{b}_2 \geqslant \cdots \geqslant \bar{b}_n, \quad \bar{s}_1 \leqslant \bar{s}_2 \leqslant \cdots \leqslant \bar{s}_m$$

所有赢得交易的乘客的报价均应高于或等于赢得交易的司机的报价。如图 9.1(a) 所示，确定乘客和司机的报价曲线交点 k，k 即为 $[0,\theta]$ 距离内赢得交易的乘客和司机的数量，并满足 $\bar{b}_k \geqslant \bar{s}_k$，且 $\bar{b}_{k+1} < \bar{s}_{k+1}$，其中 $1 < k \leqslant \min(n,m)$。$k$ 个乘客的报价为 $\bar{b}_1, \bar{b}_2, \cdots, \bar{b}_k$，同时 k 个司机的报价为 $\bar{s}_1, \bar{s}_2, \cdots, \bar{s}_k$，且乘客的报价高于司机的报价，这 k 个乘客和 k 个司机进入里程价比较阶段。特殊情况下，当 $\bar{b}_1 < \bar{s}_1$ 时，图 9.1(a) 中乘客的报价曲线和司机的报价曲线将没有交点，此时交易失败，没有达成任何交易。另一种情况，当所有乘客和司机拥有相同的报价时，无法找到正整数 k，因为条件 $\bar{b}_{k+1} < \bar{s}_{k+1}$ 不能被满足。为了使机制在各种情况下均保持一致性，这里引入报价为 $\bar{b}_{n+1}$ 和 $\bar{s}_{m+1}$ 的虚拟交易者，且取值满足 $\bar{b}_{n+1} = \bar{s}_m - 0.01$，$\bar{s}_{m+1} = \bar{b}_n + 0.01$。这种处理可确保总能找到有效的交易数量 k。

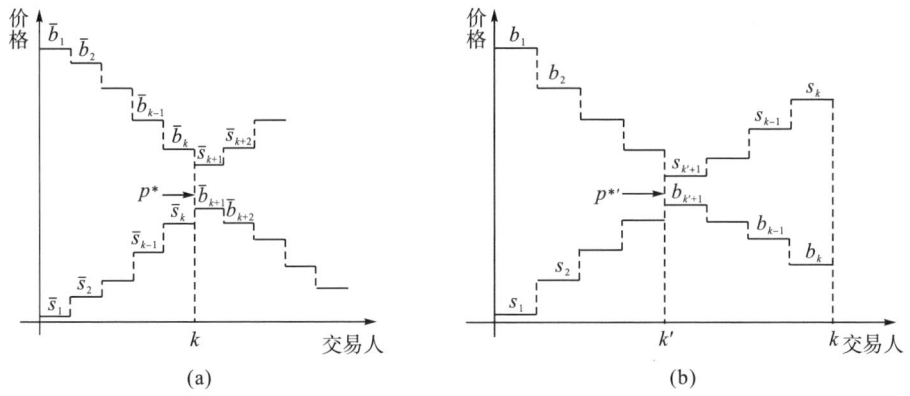

图 9.1 $\bar{s}_k < \bar{b}_{k+1}$ 且 $s_{k'} > b_{k'+1}$ 时的交易匹配及价格生成图

2. 里程价计价阶段

针对行驶里程 $L_i > \theta$ 的部分，对于进入里程价报价比较的 k 个乘客和 k 个司机，将 k 个乘客里程价报价 b_i 由高到低排序 ($i=1,2,\cdots,k$)，将 k 个司机里程价报价 s_j 由低到高排序 ($j=1,2,\cdots,k$)：

$$b_1 \geqslant b_2 \geqslant \cdots \geqslant b_k, \quad s_1 \leqslant s_2 \leqslant \cdots \leqslant s_k$$

如图 9.1(b) 所示，同理，进一步确定乘客和司机的报价曲线交点 k'，k' 即为行驶里程 $L_i > \theta$ 时赢得交易的乘客和司机数量，即最终有 k' 个乘客和 k' 个司机赢得交易，且满足 $b_{k'} \geqslant s_{k'}$，$b_{k'+1} < s_{k'+1}$，其中 $1 < k' < k$。同样为了使机制在各种情况下均保持一致性，这里引入报价为 b^*_{k+1} 和报价为 s^*_{k+1} 的虚拟交易者，$b^*_{k+1} = s_k - 0.01$，$s^*_{k+1} = b_k + 0.01$，虚拟交易者 b^*_{k+1} 和 s^*_{k+1} 将确保供需曲线相交，即确保总能找到成功交易对数 k'。

9.2.2 价格生成

在起步价计价阶段，定义下限价 $\text{lb} = \max(\bar{s}_k, \bar{b}_{k+1})$，上限价 $\text{ub} = \min(\bar{b}_k, \bar{s}_k)$，则最终交易的起步价 $p^* = (\text{lb} + \text{ub})/2$。由于区间 $[\bar{s}_k, \bar{b}_k]$ 与 $[\bar{b}_{k+1}, \bar{s}_{k+1}]$ 必有交集，所以 p^* 必然存在。同时 $p^* \in [\bar{s}_k, \bar{b}_k] \cap [\bar{b}_{k+1}, \bar{s}_{k+1}]$，如图 9.1(a) 所示。报价为 $\bar{b}_1, \bar{b}_2, \cdots, \bar{b}_k$ 的乘客和报价为 $\bar{s}_1, \bar{s}_2, \cdots, \bar{s}_k$ 的司机在起步价计价阶段以同一个起步价 p^* 达成交易。

在里程价计价阶段，将有 k 个乘客和 k 个司机参与报价比较，其他乘客和司机由于起步价不满足前提条件，已经失去交易机会。基于同样的规则，定义下限价 $\text{lb}' = \max(s_{k'}, b_{k'+1})$，上限价 $\text{ub}' = \min(b_{k'}, s_{k'+1})$，则本阶段里程价 $p^{*'} = (\text{lb}' + \text{ub}')/2$，即每公里计算价格。同理，由于区间 $[s_{k'}, b_{k'}]$ 与 $[b_{k'+1}, s_{k'+1}]$ 必有

交集，所以 $p^{*'}$ 必然存在，且有 $p^{*'} \in [s_{k'}, b_{k'}] \cap [b_{k'+1}, s_{k'+1}]$，如图 9.1(b) 所示。报价为 $b_1, \cdots, b_{k'}$ 的乘客和报价为 $s_1, \cdots, s_{k'}$ 的司机在里程价计价阶段以同一个里程价 $p^{*'}$ 达成交易。因此，如果乘客 i 最终以里程 L_i 完成行程，该乘客的最终支付应为

$$\begin{cases} p^*, & L_i \leq \theta \\ p^* + p^{*'} \times (L_i - \theta), & L_i > \theta \end{cases} \tag{9.1}$$

9.2.3 交易配对及预算平衡分析

该机制有 k' 个乘客和 k' 个司机最终赢得交易，并且所有赢得交易的乘客和司机以统一价格 $(p^*, p^{*'})$ 进行交易，其中 p^* 是行驶里程 $L_{ij} \leq \theta$ 部分的费用，$p^{*'}$ 是行驶里程 $L_{ij} > \theta$ 部分的里程单价。由于所有乘客和司机在地理位置上具有随机性，为了最大限度地减小司机与乘客之间的距离，地理位置接近的乘客和司机应尽可能地配对。由于每个乘客和司机的位置可通过定位系统进行定位，每个乘客与司机间的距离可以被计算。记 D_{ij} 是乘客 p_i 与司机 d_j 之间的距离，其中 $1 \leq i, j \leq k'$。机制须确定赢得交易的乘客与司机之间的匹配，匹配矩阵为 $[x_{ij}]_{k' \times k'}$，其中，如果司机 d_j 为乘客 p_i 提供服务，则取 $x_{ij} = 1$；否则，$x_{ij} = 0$。为最小化乘客与司机匹配产生的费用，进行如下规划：

$$\begin{cases} \min \sum_{i=1}^{k'} \sum_{j=1}^{k'} x_{ij} D_{ij} \\ \text{s.t.} \\ \quad \begin{cases} \sum_{i=1}^{k'} x_{ij} = 1, & 1 \leq j \leq k' \\ \sum_{j=1}^{k'} x_{ij} = 1, & 1 \leq i \leq k' \end{cases} \end{cases}$$

一旦确定交易价格，所有乘客从原位置到目的地的行驶成本将不会因不同的司机与乘客匹配而改变。虽然额外成本通常不会影响服务价格，但现有的网约车服务最小化额外成本一方面有利于降低司机总成本，另一方面可减少乘客等待时间。

特别地，本章对司机成本的定义为司机成本=会计成本+人力成本+资源占用导致的社会平均回报率补偿，所以司机交易的基础条件为交易价格高于或等于其成本，平台所收费用也作为司机的会计成本计入司机的总成本，而乘客交易的基础条件是交易价格低于或等于其愿意支付的价格。当交易价格等于司机成本或乘客愿意支付的价格时，司机或乘客获得的利润为零，但仍然会选择交易，因为交易使得资源占用获得了不低于社会平均回报的收益补偿。同时，由于乘客支付的价格即为司机收取的价格，所以该交易机制是满足预算平衡约束的，机制运行不

需要第三方进行补贴。

9.3 机制性质

在9.2节给定的机制中,当乘客报价降低时,其赢得交易的概率下降,但一旦赢得交易其收益会更高,司机的报价也有类似结果。在面临成功交易的概率最大化和收益最大化两个相冲突的目标时,乘客和司机可能偏好以最大概率赢得交易,也可能偏好争取最好的交易价格。为了更好地描述这两类情况,现在分别定义赢得交易偏好型交易者和收益偏好型交易者。假设网约车市场中的乘客和司机要么是赢得交易偏好型交易者,要么是收益偏好型交易者,并认为赢得交易和收益最大化是典型交易情形中乘客和司机的两个相互冲突的目标。

定义1:一个交易者在保证自己的收益非负的前提下,尽自己最大的努力去赢得交易,则该交易者是赢得交易偏好型交易者。当赢得交易和增加收益之间存在冲突时,赢得交易对于赢得交易偏好型交易者来说是更合理的决策。这类乘客为打到车愿意多出一点钱,只要不超过自己的预期。

定义2:一个交易者尽自己最大的努力去赢得更高的收益,即使面临失去交易机会的风险,则该交易者是收益偏好型交易者。当赢得交易和增加收益之间存在冲突时,增加收益对于收益偏好型交易者来说是更合理的决策。这类乘客为获得一个好的价格,即使面临叫不到车的风险,也要尽力压低价格。

定义3:司机成本=会计成本+其他成本。其他成本包括司机人力成本、资源占用导致的社会平均回报率补偿等。平台所收费用也作为会计成本计入司机的总成本,即财务成本。

定理1:双边报价机制对于所有诚实报价的交易者来说满足参与理性约束。

证明:如果说真话对于交易人来说为占优策略,那么交易人 t_i 以自己的真实估价进行报价并赢得交易时,其均衡期望收益 $u_i \geq 0$,此时称该机制是满足参与理性约束的。换句话说,如果乘客按对一段行程的真实估价即按真实支付意愿来报价,则如果赢得交易,交易价格应该低于报价,以保证赢得交易后效用非负。如果司机以一段行程的真实成本来报价,则若赢得交易,交易价格应该高于报价,以保证赢得交易后效用非负。假设乘客 p_i 和司机 d_j 在某次双边报价交易中赢得交易,司机 d_j 为乘客 p_i 提供服务,且司机和乘客均诚实报价,行驶距离为 L_{ij},则双边报价交易机制下这时乘客 p_i 在交易中所获得的效用为 $U_i = (\bar{b}_i - p^*) \times \theta + (b_i - p^{*'}) \times (L_{ij} - \theta)$,司机 d_j 在交易中所获得的效用为 $U_j = (p^* - \bar{s}_j) \times \theta + (p^{*'} - s_j) \times (L_{ij} - \theta)$。由于机制要求满足 $\bar{b}_i \geq p^* \geq \bar{s}_j$ 及 $b_i \geq p^{*'} \geq s_j$,则必有 $U_i \geq 0$ 及 $U_j \geq 0$,即乘客 p_i 和司机 d_j 的效用非负。特别地,乘客和司机未赢得交易时，其效用为零。因此该机制满足参与理性约束，可确保交易人参与交易时的效用不低于不参与交易时的效用。

定理2： 诚实报价是赢得交易偏好型交易者的占优策略。

证明：第一步，针对起步价报价。假设 $r\bar{b}_i$ 是乘客 p_i 的报价，并且 $\bar{b}_i$ 是乘客 p_i 对其行程的真实估价，即真实支付意愿。现分析乘客的不诚实报价带来的结果。当乘客 p_i 不诚实报价时，其有两个选择。

(1) 选择高报策略，即 $r\bar{b}_i > \bar{b}_i$。

考虑乘客 p_i 诚实报价 ($r\bar{b}_i = \bar{b}_i$) 但失去交易机会，此时，由于其诚实报价但没有赢得交易，其真实报价必排在第 k 个位置以后，即排在第 $k+1$ 个位置或更靠后的位置，所以有 $\bar{b}_i < \bar{b}_k$，且 $\bar{b}_i < \bar{b}_{k+1}$，乘客 p_i 的效用 $u(p_i) = 0$。现在考察采取高报策略是否给乘客 p_i 带来效用的增加。如果乘客 p_i 高报但仍然失去交易机会，则高报并未带来效用的增加。反之，如果乘客 p_i 高报 ($r\bar{b}_i > \bar{b}_i$) 并赢得交易，则存在两种情形。

情形1：乘客 p_i 的高报导致一对新的乘客和司机赢得交易，则此时 $k+1$ 对乘客和司机赢得交易。重新对所有乘客的报价排序，报价 $\bar{b}_{k+1}$ 将移动到第 $k+2$ 个位置，即 $\bar{b}'_{k+2} = \bar{b}_{k+1}$，这里 $\bar{b}'_{k+2}$ 表示重新排序后第 $k+2$ 个位置的报价。重新排序后第 $k+1$ 个位置的报价就是乘客 i 高报后的报价，$r\bar{b}_i = \bar{b}'_{k+1}$ 表示重新排序后第 $k+1$ 个位置的报价。由于此时分别有 $k+1$ 个乘客和司机成交，则有 $\bar{b}'_{k+1} \geqslant \bar{s}_{k+1}$，且 $\bar{b}'_{k+2} < \bar{s}_{k+2}$。由于机制给出的价格 $p^* \geqslant \max(\bar{s}_{k+1}, \bar{b}'_{k+2})$，则有 $p^* \geqslant \bar{b}'_{k+2} = \bar{b}_{k+1} \geqslant \bar{b}_i$，因为此时诚实报价但未赢得交易，所以 $\bar{b}_i \leqslant \bar{b}_{k+1}$，则乘客 p_i 将有新的效用 $u(p_i) = \bar{b}_i - p^* \leqslant 0$，即此时乘客高报并赢得交易带来的效用要么为负，要么为零。

情形2：乘客 p_i 的高报导致另一个乘客失去交易机会，而乘客 p_i 挤进了赢得交易乘客的行列，所以此时仍然有 k 对乘客和司机赢得交易，原来排在第 k 个位置的乘客由赢得交易变成失去交易机会，且原来的 $\bar{b}_k$ 在重新排序后移动到第 $k+1$ 个位置，即重新排序后 $\bar{b}'_{k+1} = \bar{b}_k$，$\bar{b}'_{k+1}$ 表示乘客报价重新排序后第 $k+1$ 个位置的报价，且 $p^* \geqslant \max(\bar{b}'_{k+1}, \bar{s}_k)$。因此，可得 $p^* \geqslant \bar{b}'_{k+1} = \bar{b}_k$。此时诚实报价但未赢得交易，所以 $\bar{b}_i \leqslant \bar{b}_{k+1}$，则有 $p^* \geqslant \bar{b}'_{k+1} = \bar{b}_k \geqslant \bar{b}_i$，乘客 p_i 的新效用 $u(p_i) = \bar{b}_i - p^* \leqslant 0$，即因高报而赢得交易带来的效用为负或零。

总结上述两种情形可知，乘客 p_i 在诚实报价但失去交易机会时，为赢得交易而选择提高报价的策略将不能增加收益，相反此时赢得交易将很有可能使效用为负。

当乘客 p_i 采取诚实报价策略 ($r\bar{b}_i = \bar{b}_i$) 并赢得交易时，其真实报价必排在第 k 个位置或更靠前，所以有 $r\bar{b}_i = \bar{b}_i \geqslant \bar{b}_k$。由于机制给出的价格是 $p^* \leqslant \max(\bar{b}_k, \bar{s}_{k+1})$，所以 $p^* \leqslant \bar{b}_k \leqslant r\bar{b}_i$，此时乘客 p_i 的效用 $u(p_i) = \bar{b}_i - p^* \geqslant 0$。

现在假设不管什么原因乘客 p_i 仍然选择高报策略。

情形 1：若乘客 i 的真实估价排在乘客报价序列的第 k 个位置，由于价格上限 $\text{lb} = \min(\overline{s}_{k+1}, \overline{b}'_k)$，则高报将使得 lb 值变大或者不变，所以交易价格 p^* 很有可能提高。因此，乘客 p_i 的效用 $u(p_i)$ 将不可能因为高报而提高，相反可能下降。

情形 2：若乘客 i 的真实估价排在乘客报价序列的第 k 个位置之前，即第 $1 \sim k-1$ 个位置，则高报不会影响交易价格。

因此，此时对于乘客 p_i 而言，高报不会带来交易价格的降低，反而有可能提高交易价格，故高报不是一个好的策略。

总而言之，无论一个乘客诚实报价时是赢得交易还是没有赢得交易，高报策略与诚实报价策略相比较其效用将不会增加，甚至面临负效用的风险，因此高报是比诚实报价更坏的策略。

(2) 选择低报策略，即 $r\overline{b}_i < \overline{b}_i$。

当乘客 p_i 诚实报价 $(r\overline{b}_i = \overline{b}_i)$ 但失去交易机会时，必有 $r\overline{b}_i = \overline{b}_i < \overline{b}_k$，且 $\overline{b}_i < \overline{b}_{k+1}$，即 $\overline{b}_i$ 排在第 $k+1$ 个位置或更靠后。此时乘客 p_i 没有赢得交易，因而效用 $u(p_i) = 0$。现在假设乘客 p_i 选择低报策略，即 $r\overline{b}_i < \overline{b}_i$，则其将仍然不能赢得交易，因此乘客 p_i 的效用 $u(p_i)$ 将不会增加。

当乘客 p_i 采取诚实报价策略 $(r\overline{b}_i = \overline{b}_i)$ 并赢得交易时，其真实估价 $\overline{b}_i$ 必排在第 k 个位置或更靠前，所以有 $r\overline{b}_i = \overline{b}_i \geq \overline{b}_k$，乘客 p_i 的效用 $u(p_i) = \overline{b}_i - p^* \geq 0$，因为 $p^* \leq \min(\overline{b}_k, \overline{s}_{k+1})$。现在假设乘客 p_i 选择低报策略去增加效用。为了不因低报而失去交易，其低报的下限不能低于 $\overline{b}_{k+1}$。由于乘客 p_i 不知道 $\overline{b}_{k+1}$ 的取值，其报价可能意外使得 $\overline{b}_i < \overline{b}_{k+1}$，这将导致其失去交易机会。当其确实因低报而失去交易机会时，其效用 $u(p_i)$ 将下降到零。由于乘客 p_i 为赢得交易偏好型交易者，虽然低报将让其陷入赢得交易和增加收益的矛盾之中，但赢得交易是其更理性的选择。由于诚实报价将在保证效用非负的同时增加赢得交易机会的概率，此时乘客不会为可能的更高的收益而冒失去交易机会的风险。

总之，与诚实报价策略相比，低报策略要么不能增加效用，要么会使乘客面临失去交易机会的风险，因此对于赢得交易偏好型交易者而言，低报策略不是起步价报价阶段的占优策略，诚实报价策略才是占优策略。类似地，诚实报价策略也是赢得交易偏好型司机的占优策略。

针对里程价报价，假设有 k 个乘客和 k 个司机进入以里程价计价的报价阶段。每个乘客和司机均有三个策略：高报、低报和诚实报价。与起步价报价阶段的情形类似，当乘客 p_i 高报时，其效用将不会比诚实报价时的效用更高，甚至会面临效用为负的风险；当乘客 p_i 低报时，其要么没有增加效用，要么面临更高的失去交易机会的风险。对于司机而言，情况类似。因此，诚实报价在里程价报价阶段也是赢得交易偏好型交易者的占优策略。

定义 4：如果一个策略带给决策者的收益几乎等于其采取占优策略时的期望收益，同时该策略与占优策略相比较而言，能带给交易者显著的替代利益，则称该策略为近似占优策略。

定理 3：当市场参与人数足够多时，诚实报价对于收益偏好型的乘客和司机均是近似占优策略。

证明：首先证明当交易者的数量趋于无穷多时，诚实报价导致的交易者预期收益等于占优策略带来的收益，这里占优策略指能为交易者带来最大收益的策略。现在分析一个真实支付意愿为 $(\bar{b}_i, b_i)$ 的收益偏好型乘客，其报价为 $(r\bar{b}_i, rb_i)$ 时的报价策略。

(1) 当 $L_i \leqslant \theta$ 时，机制给定的起步价 $p^* = (lb + ub)/2$，其中 $lb = \max(\bar{s}_k, \bar{b}_{k+1})$，$ub = \min(\bar{b}_k, \bar{s}_{k+1})$，则有 $p^* \in [\bar{s}_k, \bar{b}_k] \cap [\bar{b}_{k+1}, \bar{s}_{k+1}]$。如果第 i 个乘客的报价高于 $\bar{s}_k$，其中 $i < k$，则乘客 p_i 有机会通过低报来增加收益。因此，乘客有一定空间通过采取低报策略影响交易价格并且不会失去交易机会。第 i 个司机也处于类似的情形，其有一定空间通过采取高报策略影响交易价格并且不会失去交易机会。对于 $1 \leqslant i \leqslant k-1$ 的乘客 p_i，他们不知道自己在乘客报价序列中的位置，如果其中任意一个乘客想要通过采取低报策略来影响交易价格，其就必须报出低于第 k 个乘客的价格，且报价还必须同时高于第 k 个司机的报价和第 $k+1$ 个乘客的报价，以确保赢得交易并降低交易价格，从而提高自己的收益。然而，此时第 1 至 $k-1$ 个的乘客中的任何一位，必须较大幅度降低自己的报价，才能获得与第 k 个乘客一样的影响交易价格的能力水平。由于第 1 至 $k-1$ 个乘客，并不知道其真实排序，在此情形下，无论其排第几个位置均贸然追求通过降低报价，以使其报价低于价格区间的上限价 ub，以此来降低交易价格的话，该乘客将显著增加自身失去交易机会的风险，同时并不能显著降低交易价格(因交易价格被价格区间的下限所限定)，这是不理性的。所以，每个收益偏好型的乘客若想通过降低报价来影响交易价格，只需假设其为第 k 个乘客即可。

现在分析第 k 个乘客投机报价和其真实支付意愿之间的关系，前面的结论显示，非诚实报价为乘客带来的收益增加值随着交易人数的增加而趋近于零。假设第 k 个乘客的真实起步价估值为 $\bar{b}_k$，如果乘客 p_k 采取低报策略 $(r\bar{b}_k < \bar{b}_k)$ 并赢得交易，则仍然有 $r\bar{b}_k > \bar{s}_k$。同时，诚实报价 $\bar{b}_k$ 和压低后的报价 $r\bar{b}_k$ 均赢得交易，但压低后的报价同时压低了交易价格。诚实报价赢得交易时，有 $\bar{b}_k \geqslant \bar{s}_k$ 和 $\bar{b}_{k+1} < \bar{s}_{k+1}$；低报赢得交易时有 $r\bar{b}_k \geqslant \bar{s}_k$ 和 $\bar{b}_{k+1} < \bar{s}_{k+1}$。低报赢得交易后，乘客的报价仍然排在第 k 个位置，此时机制给出的交易价格 $p^{\#} = (lb + ub^*)/2$，与诚实报价相比，价格上限降低，即 $ub^* = \min(r\bar{b}_k, \bar{s}_{k+1}) \leqslant ub = \min(\bar{b}_k, \bar{s}_{k+1})$，并且 lb 没有改变，因此乘客 p_k

采取低报策略时，交易价格将低于或等于其诚实报价时的交易价格。乘客 p_k 通过低报使交易价格降低了 $p^*-p^\#$，且 $p^*\leqslant\min(r\overline{b}_k,\overline{s}_{k+1})$，$p^\#\geqslant\max(\overline{s}_k,\overline{b}_{k+1})$，则 $p^*\leqslant r\overline{b}_k\leqslant\overline{b}_k$，$p^\#\geqslant\overline{b}_{k+1}$，所以 $p^*-p^\#\leqslant(\overline{b}_k-\overline{b}_{k+1})/2$，则乘客 p_k 的低报带来的交易价格下降将不超过 $(\overline{b}_k-\overline{b}_{k+1})/2$。

假设在起步价计价阶段，n 个乘客的真实估价在区间 $[\hat{b},\check{b}]$ 独立服从分布函数为 F 的正态分布，分布密度函数为 f；m 个司机的真实成本在区间 $[\hat{s},\check{s}]$ 独立服从分布函数为 G 的正态分布，分布密度函数为 g。同时，密度函数 f 和 g 的函数值非零，$\varPhi=\min\{f(x),\hat{b}\leqslant x\leqslant\check{b}\}>0$，且 $F(\hat{b})=0$，$F(\check{b})=1$。对于所有 k（$k=1,2,\cdots,n-1$），假设 $\overline{b}_{k+1}=x$，$\overline{b}_k=y$，则 $\overline{b}_{k+1}$ 和 $\overline{b}_k$（$\overline{b}_{k+1}\leqslant\overline{b}_k$）的联合分布密度函数为

$$f_{k+1,k}(x,y)=n(n-k)c_{n-1}^{k-1}F(x)^{k-1}f(x)f(y)[1-F(y)]^{n-k-1}$$

为更方便地计算 $E(\overline{b}_{k+1}-\overline{b}_k)$，假设

$$\begin{aligned}I&=\frac{1}{n(n-k)c_{n-1}^{k-1}}\times E(\overline{b}_{k+1}-\overline{b}_k)\\&=\frac{1}{n(n-k)c_{n-1}^{k-1}}\int_{\hat{b}}^{\check{b}}\int_{\hat{b}}^{y}(x-y)f_{k+1,k}(x,y)\mathrm{d}x\mathrm{d}y\\&=\int_{\hat{b}}^{\check{b}}\int_{\hat{b}}^{y}(x-y)F(x)^{k-1}f(x)f(y)[1-F(y)]^{n-k-1}\mathrm{d}x\mathrm{d}y\\&=\int_{\hat{b}}^{\check{b}}f(y)[1-F(y)]^{n-k-1}\times\left[\left.\frac{(x-y)F(x)^k}{k}\right|_{\hat{b}}^{y}+\int_{\hat{b}}^{y}\frac{F(x)^k}{k}\mathrm{d}x\right]\mathrm{d}y\\&=\int_{\hat{b}}^{\check{b}}\frac{f(y)[1-F(y)]^{n-k-1}}{k}\times\left[\int_{\hat{b}}^{y}F(x)^k\mathrm{d}x\right]\mathrm{d}y\end{aligned}$$

令 $U(y)=\int_{\hat{b}}^{y}\frac{F(x)^k}{k}\mathrm{d}x$，且 $U(\hat{b})=0$，则有

$$\begin{aligned}I&=\int_{\hat{b}}^{\check{b}}\frac{f(y)[1-F(y)]^{n-k-1}U(y)}{k}\mathrm{d}y\\&=\left.\frac{-u(y)[1-F(y)]^{n-k}}{k(n-k)}\right|_{\hat{b}}^{\check{b}}+\int_{\hat{b}}^{\check{b}}\frac{[1-F(y)]^{n-k}}{k(n-k)}\mathrm{d}U(y)\\&=\int_{\hat{b}}^{\check{b}}\frac{F(y)^k[1-F(y)]^{n-k}}{k(n-k)}\mathrm{d}y\end{aligned}$$

由于 $F(\hat{b})=0$，$F(\check{b})=1$，则

$$E(\bar{b}_{k+1} - \bar{b}_k) = I \times n(n-k)c_{n-1}^{k-1}$$

$$= n(n-k)c_{n-1}^{k-1} \times \int_{\hat{b}}^{\check{b}} \frac{F(y)^k [1-F(y)]^{n-k}}{k(n-k)} dy$$

$$= c_n^k \int_{\hat{b}}^{\check{b}} F(y)^k [1-F(y)]^{n-k} dy = c_n^k \int_0^1 f^{-1}(v) u^k (1-v)^{n-k} dv$$

且 $f^{-1}(v) = 1/f(y)$, $0 < f^{-1}(v) \leqslant 1/\Phi$, $\int_0^1 u^k (1-v)^{n-k} dv = \dfrac{k!(n-k)!}{(n+1)!}$，则可得

$$E(\bar{b}_{k+1} - \bar{b}_k) \leqslant c_n^k \times \frac{1}{\Phi} \times \frac{k!(n-k)!}{(n+1)!} = \frac{\Phi}{(n+1)}$$

乘客 p_i 的投机收益与每次交易人数量之间的关系满足：

$$\lim_{n \to \infty} E(p^* - p^\#) \leqslant \lim_{n \to \infty} \frac{1}{2} E(b_{k+1} - b_k) \leqslant \lim_{n \to \infty} \frac{1}{2(n+1)} \Phi = 0 \quad (9.2)$$

(2) 当 $L_i > \theta$ 时，机制给出的里程价 $p^{*'} = (\text{lb}' + \text{ub}')/2$，其中 $\text{lb}' = \max(s_{k'}, b_{k'+1})$，$\text{ub}' = \min(b_{k'}, s_{k'+1})$，则有 $p^{*'} \in [s_{k'}, b_{k'}] \cap [b_{k'+1}, s_{k'+1}]$。与 $L_i \leqslant \theta$ 时类似，如果第 k' 个乘客采取低报策略，即 $rb_{k'} < b_{k'}$，且赢得交易，则必有 $rb_{k'} \geqslant s_{k'}$ 且 $b_{k'+1} < s_{k'+1}$。因此，乘客 $p_{k'}$ 低报后的统一里程价 $\hat{p} = (\text{lb}' + \text{ub}^{*'})/2$，其中 $\text{ub}^{*'} = \min(rb_{k'}, s_{k'+1})$，且 lb' 没有改变，机制生成的里程价 $p^{*'}$ 同样将低于或等于诚实报价时机制生成的里程价 $\hat{p}$。假设当 $L_i > \theta$ 时，n 个乘客的真实里程价估值在区间 $[\ddot{b}, \tilde{b}]$ 独立服从分布函数为 F' 的正态分布，m 个司机的真实里程成本在区间 $[\ddot{s}, \tilde{s}]$ 独立服从分布函数为 G' 的正态分布，分布密度函数分别为 f' 和 g'。同时，分布密度函数 f' 和 g' 的取值不等于零，记 $\Phi' = \min\{f'(x): \ddot{b} \leqslant x \leqslant \tilde{b}\} > 0$。同理，由于 $p^{*'} \leqslant b_{k'}$ 且 $\hat{p} \geqslant b_{k'+1}$，因此乘客 $p_{k'}$ 的低报策略导致的里程价的变化为 $p^{*'} - \hat{p}$，且 $p^{*'} - \hat{p} \leqslant (b_{k'} - b_{k'+1})/2$。与式(9.2)类似，乘客 p_i 的收益改变可按式(9.3)计算：

$$\lim_{n \to \infty} E[(p^{*'} - \hat{p}) \times (L_i - \theta)]$$
$$\leqslant \lim_{n \to \infty} \frac{1}{2} E[(b_{k'} - b_{k'+1}) \times (L_i - \theta)] \leqslant \lim_{n \to \infty} \frac{L_i - \theta}{2(n+1)} = 0 \quad (9.3)$$

乘客的低报下限被第 k 个司机的报价 $(\bar{s}_k, s_k)$ 严格限制，而司机的高报上限被第 k 个乘客的报价 $(\bar{b}_k, b_k)$ 严格限制。式(9.2)和式(9.3)表明，当交易者的数量足够多时，交易者的预期收益改变将足够小。由于乘客 i 的起步价和里程价估值往往并不排在第 k 个和第 k' 个位置，所以他们的低报在很多时候对交易价格是没有影响的。

当 $L_i \leqslant \theta$ 时，由乘客低报导致的交易价格下降值与乘客诚实报价时的交易价格的比率可以按式(9.4)计算：

$$\lim_{n \to \infty} \frac{(p^* - p^\#)}{b_k} = \lim_{n \to \infty} \frac{\Phi}{2b_k(n+1)} = 0 \quad (9.4)$$

类似地，当 $L_i > \theta$ 时，由乘客低报导致的交易价格下降值与乘客诚实报价时的交易单价的比率可以按式(9.5)计算：

$$\lim_{n \to \infty} \frac{(p^{*'} - \hat{p}) \times (L_i - \theta)}{b_{k'} \times (L_i - \theta)} = \lim_{n \to \infty} \frac{(p^{*'} - \hat{p})}{b_{k'}} \leqslant \lim_{n \to \infty} \frac{1}{2b_{k'}(n+1)} \times \varPhi' = 0 \quad (9.5)$$

由式(9.4)和式(9.5)可知，当平台交易人数量增加时，乘客的投机性压低报价导致的收益增加值趋近于零，司机的投机性抬高报价与其类似。同时，在乘客低报、司机高报的情况下，图9.1中的交点将向左移动，这导致交易成功率下降。

简而言之，当交易者的数量足够多时，诚实报价策略带来的收益几乎等于交易者最高的收益，并且诚实报价会给交易者带来交易成功率的显著提高。因此，根据定义4，在活跃市场中诚实报价是收益偏好型交易者的近似占优策略。由于在密封报价环境和博弈结构下，乘客和司机并不知道其他乘客和司机的报价，因而无法准确计算自己的收益，从而无法确定哪个策略为自己的占优策略，而说真话为近似占优策略，所以在本章的机制下收益偏好型交易者采用诚实报价策略是符合参与理性约束的。

9.4 投机报价策略仿真分析

根据9.3节将乘客和司机的报价相互比较，可确定成功交易者及最终交易价格。现分析不同情形下乘客和司机采取投机报价策略时的结果。由于在一定规模的城市中网约车平台上的乘客和司机数量足够多，因此可以假设乘客真实支付意愿和司机真实成本服从正态分布。不失一般性，现以图9.2~图9.5中的情况为例，分析乘客和司机在起步价报价阶段的投机报价会导致的结果，并类推到里程价报价阶段。假设乘客和司机对行驶距离 $L_i \leqslant \theta$ 部分的起步价的估值和成本分别服从正态分布 $N(\mu_1, \sigma_1^2)$ 和 $N(\mu_2, \sigma_2^2)$。通过随机生成服从正态分布的乘客估价和司机成本，以及一个Java软件工具，可根据9.3节中的交易规则计算每次的交易价格及成功匹配对数。在接下来的仿真中，设定乘客报价的期望均值 $\mu_1 = 2.2$，司机报价的期望均值 $\mu_2 = 1.8$，在一个有活力的市场中乘客的期望估价应高于司机的期望成本，由此可确保该市场形成有效的供需关系。更进一步地，在每次仿真中，随机产生参与报价的乘客和司机的数量，每次单边最多为20人。基于多次仿真，分析不同投机报价策略下交易价格和成功率的变化趋势。

9.4.1 单个投机报价交易者仿真

收益偏好型乘客可能会通过采取投机报价，报出比其真实估价低的价格来尽可能地提高收益，即使面临失去交易机会的风险。现根据起步价的仿真，研究乘客的投机报价对交易成功率和最终交易价格的影响。假设乘客估价期望中值 $\mu_1 = 2.2$,标准差 $\sigma_1 = 0.5$,司机成本期望中值 $\mu_2 = 1.8$,标准差 $\sigma_2 = 0.5$。在每次仿真中,运行交易 100 次,即 $L = 100$。在每次交易中,随机选择一名乘客低报,低报率(underbidding rate)为 β,比如,当 $\beta = 0.9$ 时,表示该乘客的报价在其真实估价(诚实报价策略)的基础上下浮 10% 后作为最终报价。L 次交易的平均交易价格和平均成功率(average success rate)分别按式(9.6)和式(9.7)进行计算:

$$p^*_{\text{avg}} = \frac{1}{L} \sum_{l=1}^{L} p^*_l \tag{9.6}$$

$$\text{succ\_rate}_{\text{avg}} = \frac{1}{L} \sum_{l=1}^{L} n_l, \ n_l = \begin{cases} 1, & \beta b_{\text{sp}} \geq p^{*'}_l \\ 0, & \beta b_{\text{sp}} < p^{*'}_l \end{cases} \tag{9.7}$$

其中,b_{sp} 是投机报价的乘客在第 l 次交易中对服务的正常估价;β 是低报率;$p^{*'}_l$ 是第 l 次交易的价格。特别地,当 $n_l = 1$ 时,表示该投机报价的乘客低报后赢得交易;否则,表示该投机报价的乘客失去交易机会。图 9.2 和图 9.3 分别显示了乘客的低报策略对平均成功率和平均交易价格的影响。

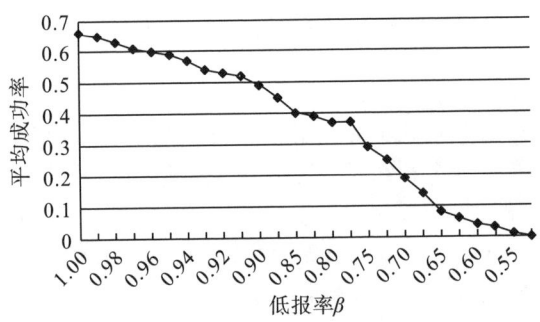

图 9.2 单个投机报价乘客不同低报率下的平均成功率趋势图

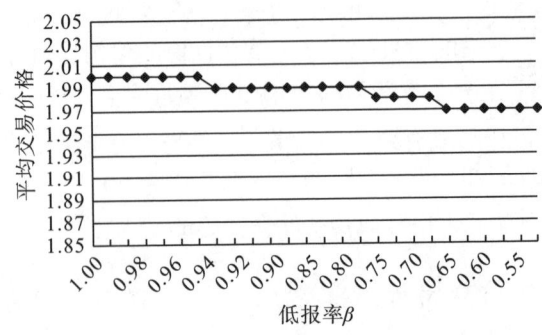

图 9.3 单个投机报价乘客不同低报率下的平均交易价格趋势图

从图9.2中可以看出,当投机报价的乘客使用低报策略时,该乘客的成功率(即赢得交易的概率)显著下降。根据仿真分析,当低报率等于0.5时,该乘客赢得交易的概率接近于零。根据图9.3,投机报价乘客的低报策略对交易价格的影响非常有限,平均交易价格下降了2%～3%。这表明尽管低报策略可能会略微增加乘客的效用,但非常有限。考虑到失去交易机会的风险显著增加,低报策略不值得选择。上述分析也适用于试图使用提高报价策略来提高效用的司机,类似地,司机的高报策略对效用的增加作用非常有限,且失去交易机会的风险会显著增加。由于同样的匹配和支付规则,里程价计价阶段的报价和赢得交易的概率将有同样的规律。同时,由于起步价计价阶段和里程价计价阶段两个阶段赢得交易的概率的乘积为交易者最终赢得交易的概率,这将导致交易者赢得交易的概率进一步下降,所以应减少乘客和司机投机报价的行为。

9.4.2 多个投机报价交易者仿真

为了进一步分析乘客和司机投机报价的效果,本节增加了仿真中投机报价交易者的数量。假设每次交易中有多个乘客和司机采取投机报价,研究他们的投机报价将如何影响交易成功率和交易价格。每次交易中随机选择一定比例的交易者作为投机报价交易者,其中乘客采取低报策略,投机报价率记为 $\gamma=1-\beta$;司机采取高报策略,投机报价率记为 $\gamma=\alpha-1$。比如, $\beta=90\%$(表示投机报价为诚实报价的90%),则乘客的低报率为10%; $\alpha=110\%$(表示投机报价为诚实报价的90%),则司机的高报率也为10%。在接下来的仿真中,考察 γ 分别为5%、10%、15%和20%时的情况。对于每次仿真,运行100次交易(L=100),每次随机选择所有交易者中一定比例的交易者作为投机报价交易者,该比例称为投机者比例(percentage of speculative traders),记为 φ,不对其是乘客或司机进行区分。比如, $\gamma=5\%$, $\varphi=30\%$,则表示随机选择所有乘客和司机构成的交易者中的30%进行投机报价,其中乘客的 β 值为0.95,司机的 α 值为1.05。平均交易价格按式(9.6)计算。每次交易中 n 个乘客和 m 个司机的交易成功率按式(9.8)计算, L 次交易的平均成功率 $\mathrm{sr}_{\mathrm{avg}}$ 按式(9.9)计算:

$$r_l = \frac{1}{n+m}(\sum_{i=1}^{n} n_i + \sum_{j=1}^{m} n_j),\ n_i = \begin{cases} 1, & \beta b_{\mathrm{sp}} \geq p_l^{*} \\ 0, & \beta b_{\mathrm{sp}} < p_l^{*} \end{cases},\ n_j = \begin{cases} 1, & \beta s_{\mathrm{sp}} < p_l^{*} \\ 0, & \beta s_{\mathrm{sp}} \geq p_l^{*} \end{cases} \quad (9.8)$$

$$\mathrm{sr}_{\mathrm{avg}} = \frac{1}{L}\sum_{l=1}^{L} r_l \quad (9.9)$$

其中, s_{sp} 是投机报价交易者对服务的估价或成本。图9.4显示了多个投机报价交易者投机报价对交易成功率的影响。从图9.4中可以看到,在某一给定的投机率(如 $\gamma=5\%$)下,投机报价交易者人数越多,交易成功率越低。这是因为越多的乘客低报及越多的司机高报,有效交易数量 k 的值就会变得越小,即越少的交易人成交。γ值越大,这一倾向越显著。图9.4表明,当γ=20%时,平均成功率由0.63下降到0.37,降幅为41.3%。如图9.5所示,在不同投机报价率和不同投机者比例的情况下,平均交易价格没有显著的改变。例如,当投机报价率γ=20%时,如果所有交易者均投机报价,则平均交易价格由2.00下降到1.96,仅有2%的降幅。因为当所有交易者均投机报价时,虽然有效的交易者数量(k)会减少,但是价格是由$[s_k,b_k]$和$[b_{k+1},s_{k+1}]$决定,且$p^* \in [s_k,b_k] \cap [b_{k+1},s_{k+1}]$,所以交易价格不会剧烈改变。

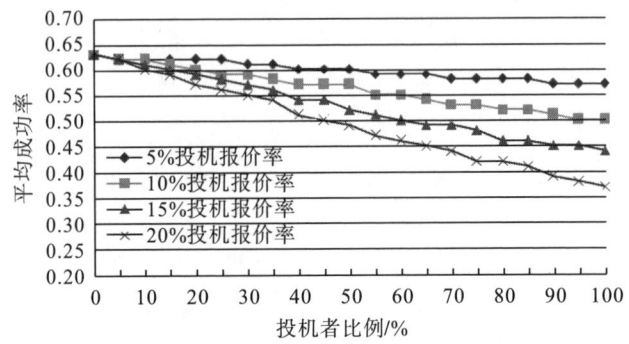

图9.4 多个投机报价乘客不同低报率下的平均成功率趋势图

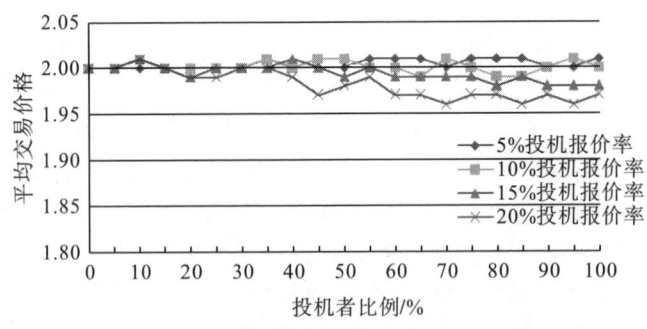

图9.5 多个投机报价乘客不同低报率下的平均交易价格趋势图

通过仿真可知,当交易者投机报价时,交易价格不会发生显著变化,而投机交易者失去交易机会的风险显著提高。因此,本章所设计的双边报价交易机制对于所有交易者来说,投机报价并不是一个好的策略。同理,由于起步价计价阶段和里程价计价阶段的交易规则及价格生成规则相同,里程价计价阶段,乘客和司机的报价和赢得交易的概率将与上述仿真有同样的规律,两个阶段赢得交易概率的降低将进一步降低交易者最终赢得交易的概率,所以同样应减少乘客和司机投机报价的行为。

9.5 结 论

现有的网约车平台上,多数情况下乘客和司机只能被动接受平台所提供的价格,这使得平台获得了所有交易剩余,让平台交易者有被剥削感。传统的动态定价方法不考虑乘客和司机的实际支付意愿和行驶成本,而乘客和司机都是市场的重要贡献者,市场机制应根据乘客和司机的实际支付意愿和行驶成本形成最终的合理交易价格,使市场实现更有力的动态供给和需求均衡。

本章设计了乘客和司机分别进行报价的双边交易机制,交易价格由所有乘客和司机的报价决定,并实现交易匹配。通过理性分析和仿真验证可以得出,诚实报价对于赢得交易偏好型交易者是占优策略,对于收益偏好型交易者是近似占优策略。对于收益偏好型交易者而言,由于该交易机制是密封报价和具有博弈结构,其不知道其他交易者的报价,无法计算自己的收益,而对于赢得交易偏好型交易者而言,其无法确定和选择自己的占优策略,所以该交易机制满足参与理性约束。同时仿真结果也表明,该机制不鼓励乘客和司机进行投机报价,因为投机报价对交易价格的改变有限,反而会显著增加交易者失去交易机会的风险。

参 考 文 献

[1] 张爱萍,林晓言,陈小君. 网约车颠覆性创新的理论与实证:以滴滴出行为例[J]. 广东财经大学学报,2017,32(2):31-40.

[2] 程絮森,朱润格,傅诗轩. 中国情境下互联网约租车发展模式探究[J]. 中国软科学,2015(10):36-46.

[3] 徐天柱. 创新与管制:互联网约租车管制制度研究[J]. 江淮论坛,2017(2):64-70.

[4] BELK R. Why not share rather than own?[J]. The Annals of the American Academy of Political and Social Science,2007,611(1):126-140.

[5] DIAKOPOULOS N. How Uber surge pricing really works[N]. The Washington Post,2015-04-17.

[6] HALL J,KRUEGER A. An analysis of the labor market for Uber's driver-partners in the united states[J]. Industrial and Labor Relations Review,2018,71(3):705-732.

[7] MCAFEE R. A dominant strategy double auction[J]. Journal of Economic Theory,1992,56(2):434-450.

[8] KOJIMA F,YAMASHITA T. Double auction with interdependent values:incentives and efficiency[J]. Theoretical Economics,2017,12(3):1393-1438.

[9] TANIGUCHI T,KAWASAKI K,FUKUI Y,et al. Automated linear function submission-based double auction as bottom-up real-time pricing in a regional prosumers' electricity network[J]. Energies,2015,8(7):1-26.

[10] VICKREY W. Counterspeculation,auctions,and competitive sealed tenders[J]. Journal of Finance,1961,16(1):8-37.

[11] GROVES T. Incentives in teams[J]. Journal of Econometrica,1973,41:617-631.

[12] KRISHNA V. Auction theory[M]. Pittsburgh: Academic Press, 2010.

[13] 高广鑫, 樊治平. 考虑投标者有限理性行为的网上临时一口价拍卖的卖方收益分析[J]. 中国管理科学, 2017, 25(7): 102-112.

[14] HUANG P, SCHELLER A, SYCARA K. Design of a multi-unit double auction e-market[J]. Computational Intelligence, 2002, 18(4): 596-617.

[15] 杨晶玉, 李冬冬. 基于双边减排成本信息不对称的排污权二级交易市场拍卖机制研究[J]. 中国管理科学, 2018, 26(8): 146-153.

[16] ZHAN X, QIAN X, UKKUSURI S. A graph-based approach to measuring the efficiency of an urban taxi service system[C]//IEEE Transactions on Intelligent Transportation Systems, 2016.

[17] 段文奇, 柯玲芬. 基于用户规模的双边平台适应性动态定价策略研究[J]. 中国管理科学, 2016, 24(8): 79-87.

[18] CICI B, MARKOPOULOU A, LAOUTARIS N. Designing an on-line ride-sharing system[C]//The 23rd SIGSPATIAL International Conference. ACM, 2015.

[19] GABEL D. Uber and the persistence of market power[J]. Journal of Economic Issues, 2016, 2: 527-534.

[20] PUEBOOBPAPHAN S, PAYOONG N, OPASANON S. Experimental analysis of variable surcharge policy of taxi service auction[J]. Transport Policy, 2017, 8: 1-15.

[21] EGAN M, SCHAEFER M, JAKOB M, et al. A double auction mechanism for on-demand transport networks[C]//Proceedings of the 18th International Conference on Principles and Practice of Multi-Agent Systems, Bertinoro, FC, Italy, 2015.

[22] 周乐欣, 宋山梅, 李露. 大数据条件下物流采购竞价交易模式创新研究[J]. 贵州大学学报(社会科学版), 2018, 36(2): 63-68.

第十章　公路货运平台竞价交易机制

国家经济的转型升级，对物流行业也提出了新的要求。未来，提高物流的服务质量和效率是物流行业的发展方向。近年来，我国物流业发展迅速，物流的服务质量和效率也得到了一定的提高。2017年，我国社会物流总费用为12.1万亿元，同比增长9.2%，物流总费用占GDP的14.6%[1]，而发达国家的这一比例在8%~9%，因此，我国物流业仍需进一步降本增效。在物流总费用中，运输成本占较大的比例，而在我国的综合运输体系中，公路货运承担着重要角色，75%左右的货运量都是由公路运输承担。公路货运行业最大的困难在于"货主找车难，车主找货难"，大多数从事货运行业的人都是依靠熟人关系来找货源，这种找货模式阻碍了货运市场的长期发展。而且，在货运市场上，中国800万家注册货运公司中，约有95%是小公司，拥有50辆以上卡车的公司不足1%，货运信息资源缺乏，信息透明度低，这就造成我国公路运输的平均空载率达到40%，而德国和美国仅为10%~15%[①]。公路运输车货两端都存在严重的信息不透明问题，层层倒手不仅使得货运信息的真实度降低，而且增加了货运交易的成本。同时车和货之间的信息不对称，造成车辆运输的空载率居高不下和高昂的时间成本、车辆的低效运输，从而导致物流运输成本增加，社会物流成本居高不下。因此，打通货运市场和货车之间的信息通道是解决货运市场困境的第一步。

在信息技术的推动下，云计算、物联网、大数据等与传统行业进行了有效的融合，为各行各业带来了新的发展机遇，催生了新的业态。"大数据+物流"将会有效地促进物流产业的升级。近几年来，在"互联网+物流"的推动下，市场上出现了大量货运信息平台，平台型企业抓住公路货运行业的关键点，打造了货主和车主之间的信息桥梁，通过平台将货主和车主有效地连接起来，使车主和货主直接沟通，从而减少了中间环节，打破了传统货运市场信息不对称的现象，改变了之前货运市场"货主找车难，车主找货难"的状况，同时也有效解决了货运市场空载率高的问题，大大提高了社会物流的效率，促进了我国公路货运行业的发展。货运信息平台型以"传化物流""货车帮""运满满""福佑卡车"等为代表。

目前，货运信息平台已经建立了覆盖全国的货源信息网，整合了大量社会散乱运力，改变了寻找货源和车源的途径，将传统的"小黑板"找货(车)模式

---

① 数据来源：https://www.gov.cn/xinwen/2018-02/07/content_5264467.htm。

改为通过线上平台找货(车),提高了公路货物运输的效率。但是,该类信息平台还处于初步发展阶段,运作模式可复制性强、盈利点低、缺乏核心竞争力[2]。在这种情况下,提高车货的精准匹配率尤为重要。竞价作为一种重要的资源配置方式,其参与的市场范围日益扩大,资源配置效率越来越高,极大地改变了市场交易格局[3]。同时竞价作为一种交易形式正在被越来越多地应用,这也是市场发展的结果,合适的竞价方式能够实现资源的最优配置。因此,为了更好地实现车和货的最优匹配,提高车货匹配的效率,保障交易的质量,本章将竞价交易机制应用到车货交易的过程中,将交易过程也搬到线上,以实现闭环交易,这不仅能提高车货匹配的效率,还能保证交易的顺利实施,有利于平台的长期发展。

10.1 研究目的和意义

我国公路货运信息平台发展时间短但发展迅速,随着货运量的快速增长,市场对平台的功能要求越来越高,现有平台的功能已经满足不了市场发展对快速合理生成物流服务价格的需求。平台的主要功能是实现车货匹配,车货匹配问题也属于资源配置问题,而竞价交易机制是一种较好的资源配置和价格发现机制。本章的主要研究目的是将竞价交易机制应用到公路货运信息平台的车货匹配过程中,使信息平台的功能进一步完善,从而更为有效地提高平台的服务效率和车货匹配的效率。随着互联网技术的发展,将竞价交易机制引入信息平台的交易过程中,越来越有可能。在公路货运信息平台上,存在大量的信息,且货源信息和车源信息都是公开透明的。在竞价的过程中,每个平台用户都有同等的机会参与竞价,而竞价的过程也是一个价格发现过程,参与竞价的人越多,越能够把以往被覆盖的信息更为全面地反映出来,这样平台就能够在一个信息量更大且更透明的环境下做出车与货的最优匹配。本章的研究意义包括:①理论意义。由于公路货运信息平台发展时间较短,相关理论研究还很少。本章针对车货匹配进行研究,将竞价交易机制应用到车和货的匹配过程中,这具有一定的理论意义。②实践意义。本章分析了大数据环境下实现竞价交易机制的机理,将 VCG 机制应用到平台上车和货匹配的过程中,并基于"货车帮"信息平台,对具体的应用过程进行了详细说明,验证了该机制的可实现性,有助于提高平台自身的核心竞争力,具有一定的实践意义。

10.1.1 国内外研究现状

1. 国外研究现状

Mats 等对物流信息平台的概念进行了界定,并指出运作良好的物流信息平台能够有效地提升企业灵活性[4]。Mejjaouli 和 Babiceanu 通过射频识别技术(radio frequency identification,RFID)和无线传感器网络(wireless sensor network,WSN)技术对物流信息系统进行优化,并生成决策模型。通过分析,他们认为该模型能够实时监控货物在途中的状态,这提高了货运工作的抗风险能力,同时也减少了货运成本[5]。Domenico 和 Cassone 通过随机离散事件模型,对区域物流信息平台的运营情况进行仿真分析,并且选择相关的元素来规定平台的性能指标[6]。Chen 和 Hua 通过对电子商务物流系统与物流模式的特征和中国电子商务信息平台目前存在的问题进行分析,提出了电子商务物流系统信息化发展的思路[7]。Antún 和 Alarcón 针对墨西哥的边境物流信息平台,通过分析市场环境,提出构建该信息平台所需的技术支持以及商业模式,并做出可行性分析[8]。

国外物流信息平台起步早,20 世纪 80 年代,一些发达国家开始建立物流公共信息平台,这极大地推动了当地物流业的发展。例如,美国的 Transwork 公司,将大型生产企业的货运信息进行公开招标,并以招标的形式寻找合适的承运人。该公司通过信息撮合实现托运人和承运人的交易,利用信用机制对双方进行约束,并对每笔交易收取中介费用。新加坡的 Portnet 电子信息系统,是国家级的电子商务系统,它有效地将客货运参与方(包括政府职能部门、货运代理、海关、港务集网、用户等)连接起来,这使得新加坡成为国际航运中心。德国汉堡港的数据通信系统 Dakosy,可为港口经营者、货运代理、经纪人、企业提供数据交换服务。日本港湾物流信息平台是一站式物流综合管理服务平台,该平台可以一次性完成对海关、税务、交通等职能部门的申请请求,方便了货运业务的办理[9]。可以看出,国外的物流信息平台起步较早,可通过建立信息平台为各货运参与方提供高效的运输服务。

目前,固定价格交易、双方讨价还价成交以及竞价交易这三种交易方式是国际上主要的网络交易方式。学者们对网络交易定价机制的研究还很少,很多学者只是对固定价格交易和竞价交易进行对比研究。Hammond 对 eBay 网二手 CD 交易数据进行了实证研究,研究结果表明,持有较大库存的卖家更有可能采用固定价格,虽然定期竞价交易会提高销售率,但会降低交易价格[10]。Chen 等研究了卖家时间偏好率(即耐心程度),以及卖家对固定价格交易和竞价交易的选择,结果表明,只有耐心的卖家才会采用竞价交易[11]。关于固定价格交易和竞价交易有很多研究,但是对讨价还价模式的研究还很少。Huang 等利用 eBay 网二手汽车的交易数据,讨论了讨价还价机制下买方的议价行为,认为买方提出的议价会受到卖方设定的直购价和议价人数的正向影响以及商品出售时间的负向影响[12]。这一研究主要关注买方的行为策略,没有考察其他两种机制并存的情况下卖方关于定价机制选择的行为策略。Caldentey 和 Vulcano 从投标人行为的角度,研究了多单位同质物品的双边在线竞价交易和定价策略[13]。

2. 国内研究现状

1) 关于物流信息平台方面的研究

曾宇容等通过对政府职能部门、物流企业和工商企业关于物流信息的需求进行分析,认为物流公共信息平台是整合区域物流资源的有效工具[14]。董千里等分析了公用物流信息平台和共用物流信息平台的区别,并提出了政府模式、企业模式和混合模式三种模式的区域性物流公共信息平台[15]。葛禄青和刘仲英通过分析传统公共信息平台服务模式的不足,并根据物流服务需求的复杂程度和利用技术实现的难易程度,总结出三种物流公共信息平台服务模式,分别是信息资源共享模式、物流服务交易模式、价值链集成模式[16]。王柏谊和孙庆峰通过对现有的典型大数据物流信息平台进行分析,提出大数据时代下物流信息平台的构架与对策[17]。宋娟娟和刘伟从双边理论市场的视角分析了公路货运平台的运营机制,并研究了平台间的竞争策略[18]。韩雍和陈恭平从卖方视角分析了竞价交易、固定价格交易、讨价还价交易三种交易之间的选择策略,并对 eBay 网做了实证研究[19]。赵刚和王小迪借助讨价还价博弈论方法,对北京市物流信息服务平台两步收费的最优定价问题进行了探讨,并构建了两步收费的基础会员费定价模型[20]。吴铭峰和王慧敏分析得出物流信息平台具有双边市场特征,并在此基础上探讨了三种交易服务定价模式对平台盈利能力的影响[21]。

2) 关于竞价机制应用方面的研究

周乐欣等对大数据的长尾效益进行了分析,并用博弈机制解决了交易过程中信息不对称的问题,探讨了物流采购中竞价交易模式的创新[22]。宋玮和赵跃龙以及刘觉夫等将 VCG 机制具体应用到计算机的存储系统和网络动态频谱的分配中,实现了最优分配[23,24]。刘志新等提出将 VCG 机制用在网络资源分配过程中,并证明了该机制具有占优性,能够引导用户做出最优策略,从而实现带宽资源的合理分配[25]。史武超等基于 VCG 机制,合理地制定出每个等级之间的价格,实现了隐私数据分级保护,优化了社会资源的配置[26]。杨洋将 VCG 机制应用到运输采购服务中,实现了多因素条件下的运输采购,且满足激励相容约束和参与理性约束[27]。

3) 在大数据方面的研究

来自不同学科方向的专家在关于大数据环境下的管理与决策系列研讨会上，阐述了大数据带来的管理与决策的挑战。冯芷艳等具体阐述了大数据给商务管理带来的新的发展模式[28]。徐宗本等论述了大数据给未来公共管理、商务管理、金融管理、制造业、服务业、医疗健康、开放式教育等的发展带来的新的发展方向[29]，这为学术界提供了新的研究领域。朱建平等从统计学的角度定义了大数据的概念，并根据大数据的特点，明确了统计工作和统计研究需要转变的基本思路[30]。俞立平研究了大数据给经济学带来的挑战[31]。陈美主要对大数据在公共交通中的应用做了相关研究[32]。赵云山和刘焕焕以及谢斌等都对大数据技术在电力市场的应用做了相关研究[33,34]。马洁和郑彩云用案例分析的方法对企业应用大数据进行物流服务的现状和需求分析进行了研究[35]。姚源果和贺盛瑜通过交通大数据平台获取运输过程中实时路况的信息，并对农产品冷链物流的配送路径优化进行了研究[36]。大数据的价值在于数据本身产生的价值，对于大数据的应用，国内很多学者都在相关领域进行了相关研究，大数据的应用已经成为学术界研究的热点。

通过对物流信息平台、竞价机制的应用和大数据这三个方面的国内外相关文献进行梳理，可以看出学者们对物流信息平台的有关研究大都聚焦于物流信息平台的重要性、服务模式以及信息技术下物流信息平台的构建等方面，对公路货运信息平台上物流服务竞价方面的研究还很少。竞价机制作为一种市场交易机制已经被各需求方广泛接受，并且很多领域都解决了竞价机制下的分配问题。信息平台本身也是大数据聚集的地方，现有的平台拥有大量的数据，其应该发挥作用，通过竞价机制提高车货匹配的效率，实现车和货之间的最优匹配。

10.1.2 研究内容和技术路线

本章研究的是公路货运信息平台的线上竞价交易机制，主要分析单边竞价，即由承运方对货运信息报价，平台负责竞价的发起以及实施，托运方发布货运信息并等待匹配。该机制鼓励承运方讲真话，其在大数据平台上更容易反映出市场价格，平台按照社会效益最大化的原则进行车货匹配，可实现闭环交易。通过将竞价交易机制应用到车货的匹配过程中，可以降低交易费用，实现车货资源最优配置，以及社会效益最大化。技术路线见图10.1。

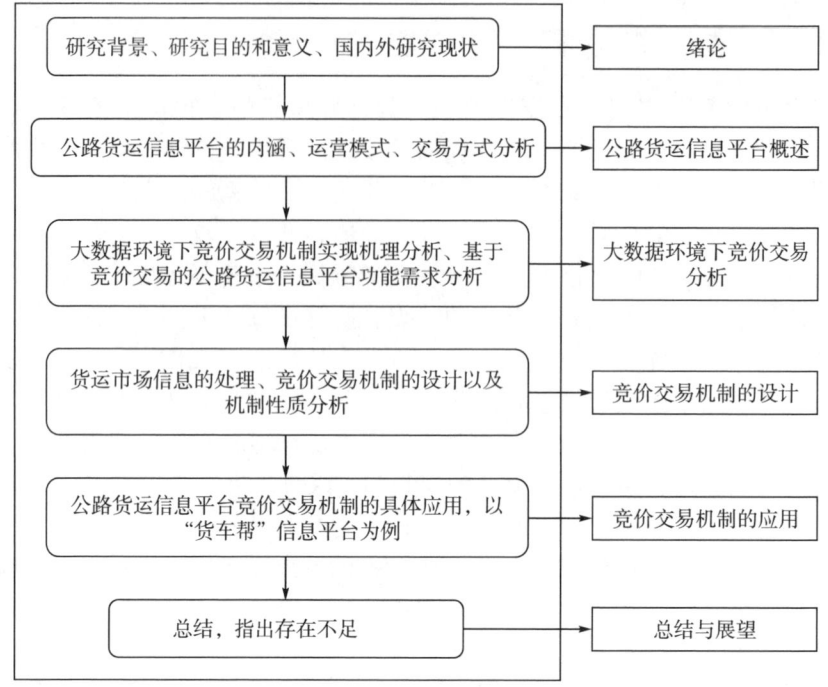

图 10.1　技术路线图

10.2　公路货运信息平台概述

10.2.1　公路货运信息平台的内涵

公路货运信息平台是"互联网+物流"的产物。平台抓住公路货运行业的关键点，在互联网、大数据环境下，充分利用信息实现运输环节的去中间化，通过将线下的车源信息、货源信息整合到平台上，建立货运信息网，整合市场的运力，专门服务于公路运输中的车货匹配。公路货运信息平台由主体要素和客体要素构成，主体要素包括平台运营者和平台服务对象，客体要素是指要借助平台运输的货物[37]。平台运营者是指平台的构建及经营主体；平台服务对象是指公路货运的参与者，即托运人和承运人。其中，托运人分为直接托运人和间接托运人。直接托运人是货源的直接提供者，间接托运人是指中间信息提供者。承运人分为直接承运人和中间承运人。直接承运人是车辆的直接提供者，中间承运人是间接车辆提供者。

公路货运信息平台实际上就是网上的一个货运信息大集合，平台上有大量的运输服务需求方以及提供运输服务的承运人。这类信息平台通常针对平台用户开发两款应用软件，一款软件面向需要运输服务的托运人，一款软件面向提供运输服务的承运人。公路货运信息平台一般具有以下主要功能。

(1) 基本信息管理功能。平台对平台用户的基本信息进行登记核实，平台用户只有在身份得到认证后才能通过平台开展业务。

(2) 信息发布与信息查询功能。平台用户将货源信息和运力信息(包含车辆的基础信息、位置信息、状态以及货源的基本信息、装车时间)发布到平台上，需求方可通过条件筛选，查询到自己所需的货源或运力，并与对方沟通，达成交易。

(3) 车辆后服务市场功能。大多数的平台都提供车辆后服务市场功能。在积累了大量的客户资源后，平台将深耕车辆后服务市场，为司机提供货运过程中的相关服务，这些服务涉及住宿餐饮、汽车零配件、轮胎、维修救援、新车、二手车、结算代支付、物流金融等。车辆后服务市场也是平台的盈利来源之一。

10.2.2 公路货运信息平台的运营模式

随着互联网技术的快速发展与普及，国内物流信息平台发展迅速，出现了以"传化物流""货车帮""运满满""福佑卡车"等为代表的企业，这些企业都是第三方物流企业，为货运从业者提供货源信息和车源信息，是服务于车货匹配的信息平台。目前，公路货运信息平台的运营模式主要有纯信息平台模式、物流经纪人模式、线上平台+线下公路港模式。

1. 纯信息平台模式

该类信息平台只做信息的发布者，并没有提供车货匹配的服务，即匹配过程主要由司机和货主根据自己的需求，在海量的信息中通过筛选找到合适的货源或车源，并进行私下沟通，最终达成交易，费用结算可以通过线上支付实现，也可以通过线下支付实现，且交易方式由双方协商，平台并没有规定统一的支付路径(图10.2)。这种模式的典型代表是满帮集团，该企业主要整合的是货运市场上零散的个体用户，货主通过平台发布货源信息，司机主动找货，有时也发布空车信息，供需要整车服务的货主查询。这种平台型企业采用的是轻资产模式，主要通过整合信息资源，搭建桥梁连接运输双方，为双方提供信息资源以及运输相关服务。以"货车帮"为例，"货车帮"早在2006年就开始了对货运行业改革的探索，打造了货源信息网络，构建了强大的运力池，突破了传统货运市场车货之间信息不对称的问题。

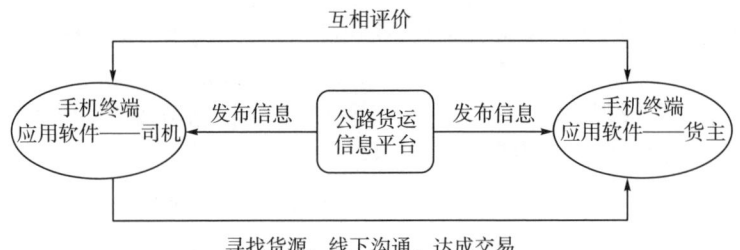

图 10.2　纯信息平台运营模式

2. 物流经纪人模式

大多数公路货运信息平台建设的初衷是把货运中间人这个中间环节去掉，但是"福佑卡车"的创始人认为"中间人"的存在是有一定的价值的，基于这个理念，物流经纪人模式的公路货运信息平台得以建立。该类公路货运信息平台面向司机、货主、物流经纪人，物流经纪人是车货双方的"中间人"，托运方和承运方并不直接沟通协商，而是通过物流经纪人完成车货匹配。具体流程是：货主通过平台提交询价订单，经纪人在平台规定的时间内根据路线、货物性质等进行匿名报价，报价信息只有货主可以看到，货主根据自己的意愿选择一个经纪人，由经纪人负责为货主找到车源，如果经纪人无法完成这次车货匹配，则平台介入处理。这种模式的典型代表是"福佑卡车"，它的主要服务对象是货运市场中的城际整车运输。物流经纪人模式如图 10.3 所示。

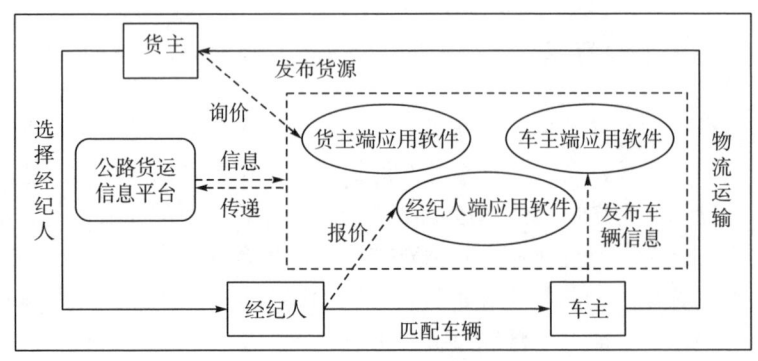

图 10.3　物流经纪人模式

3. 线上平台+线下公路港模式

具有线下公路港的线上信息平台相对于纯信息平台采用的是重资产模式，其不仅提供线上信息，在线下也建立了很多公路港，主要为货运司机提供与运输相关的服务。"传化物流"是线上平台+线下公路港模式的典型代表[38]，致力于成为物流平台整合运营商，主要整合的对象是第三方物流企业，通过整合第三方物流企业、物流工具与设施、货物等资源，同时借助线上信息平台，实现线上车货匹配。"传化物流"采用重资产模式，建立了"实体公路港"的线下网络，可为企业和个人提供信息服务、城市配送、仓储服务、多式联运以及综合配套服务等。同时，"传化物流"通过云联科技将运力资源整合到平台上，并借助"好运联联"管理运力池，打造了专门服务于城市物流运输的"易货嘀"信息平台和服务于干支线运输的"陆鲸"物流平台。其中，"陆鲸"物流平台同时面向货主和司机提供智能化的匹配：司机添加关注线路后，平台可自动匹配适合此线路的货源以供司机选择，而且平台能够根据历史交易信息，自动为平台用户推送一些车货信息。"传化物流"以智能信息系统和支付系统为核心，依靠公路港城市物流中心，对互联网物流业务与金融业务进行融合，并且通过为供应链的上下游提供服务，打通了供应链各个环节，借助运力资源、金融产品和大数据丰富了"传化物流"生态圈。

在互联网的浪潮下，我国公路货运信息平台发展很快，平台的基本发展理念是方便"车找货，货找车"，实现车和货的匹配。同时，平台借助移动互联网技术，推出了相关应用软件，使用户随时随地能够查询货运信息。经过过去几年的发展，公路货运信息平台已初见成果，其建立了关于运力、货源的信息网，改变了以往通过物流园区的"小黑板"找货的方式，打破了车货匹配过程中存在的信息不对称现象，提高了货运市场信息的透明度，降低了车辆空载率，节约了大量的时间成本，提高了运输效率，给我国物流货运行业带来了新的发展机遇。

10.2.3 公路货运信息平台现有交易方式分析

当前，公路货运信息平台已经完成初步发展，形成了物流信息高速公路，通过信息平台可将公路货物运输的各参与方有效地连接起来，从而改变了以往的交易模式，固化了交易场景。而且不管是纯信息平台模式还是物流经纪人模式或线上平台+线下公路港模式，都实现了货运市场资源的整合和货运信息的网络化，车主和货主双方的信息可以在平台上实时更新，从而打破了信息不对称的局面，方便了找货、找车。但是，货运市场长期以来并没有进行系统化的规划，也没有制定统一的货运标准。虽然货运信息平台的出现改变了传统的"车找货、货找车"的局面，但是车主和货主双方的基本交易方式并没有改变。现有的交易方式大都是依靠车主和货主双方在线上直接沟通或者通过第三方(经纪人)间接沟通协商达成交易，平台只是提供了交易场所，并没有直接参与交易的过程。这种交易方式大都依靠的是车主和货主双方之间的信任，虽然平台会对平台用户的准入资格进行严格的审查，但是难免会存在一些虚假信息。这些虚假信息的存在，降低了交易的安全性，也造成了用户的流失。此外，平台用户在交易的过程中，需要在大量的信息中筛选目标，而用户对信息的辨别能力较低，需要多次尝试才能找到合适的车源或货源。找到合适的车源或货源后，在交易的过程中，车主和货主仍需要进行线上沟通，或者通过第三方来确定交易费用，平台并没有具体的定价策略。因此，车主和货主需要耗费大量的时间和精力寻找合适的车源或货源以及与对方博弈，这会降低车货匹配的效率，也很难保障交易的顺利实施，还会使用户活跃度降低、流失率增大，不利于平台的长期发展。

10.3 公路货运信息平台的竞价交易机制分析

通过对公路货运信息平台的运营模式和现有交易方式进行分析，可知现有的公路货运信息平台很少参与车和货的匹配过程，交易过程并没有形成一个线上闭环。公路货运信息平台本身也是一个大数据环境，具有大数据的特征，本节主要分析基于大数据的公路货运信息平台实现竞价交易的内涵以及竞价交易所需的平台功能。

10.3.1 主要大数据理论基础

大数据正在对社会管理、国家战略决策、企业管理决策、业务流程、个人决策等产生巨大的影响。大数据是信息时代的产物，渗透于各个领域的方方面面，同时也是一种经济性资产。数据连接世界，大数据的价值在于有利于数据分析以及基于数据分析的数据挖掘和智能决策。对于大数据的定义，学界没有完全统一，但一致认为大数据具有"3V"特征[39]，即规模性(volume)、多样性(variety)和高速性(velocity)。在此基础上，还有一些学者将其扩展到"5V"，即将价值性(value)和真实性(veracity)也归结为大数据的特征[40]。其中，规模性是指数据量大。在互联网时代，社交网络平台、服务型平台等都会产生大规模的数据。多样性是指在广泛的数据信息中，数据的种类和格式是多样化的。高速性是指大数据产生得非常迅速，在互联网的环境下，每时每刻都有数据产生。基于这种情况，人们对大数据的处理就有很高的要求，如果平台能够做到实时分析，并快速处理数据，则就具有一定的优势。数据的价值性也是其核心特征。大数据产生量大，但并不是所有数据都能为人们所用，从大量的不相干或者相干的数据中挖掘出对未来趋势预测有价值的数据，并应用于日常生产生活过程，从而改善现状、提高生产率，这就是数据的价值性。数据的真实性是指这些大数据所反映的信息是与真实世界相关联的,是对人们真实生活的数字化反映,而对大数据挖掘提取的过程是从庞大的网络数据中提取出能够解释和预测现实事件的过程。

在互联网时代,将会产生大量的数据信息,包括用户的个人浏览信息、交易信息等,这些信息都可以为生产提供决策依据。因此,对数据的分析非常重要,在大量的数据中,找到能为人们所用的信息并进行相应的处理尤为关键。在大数据时代,数据来源广、产生量大,在这种情况下,发挥数据的价值,挖掘数据之间潜在的关系,为决策者提供依据、预测行情,这是数据带给人们的财富。大数据时代,也是发挥数据长尾效益的关键时期。

10.3.2 平台 VCG 竞价交易运行机理分析

随着需求逐渐增加,市场对车货匹配效率的要求越来越高。现有的公路货运信息平台是信息发布场所,基本不参与具体运作,对于车主和货主之间如何达成交易以及如何支付等方面没有具体的规范要求,全靠交易双方自己协商沟通,当出现纠纷时,平台才会介入处理。因此,这种交易方式不利于平台的长期发展。平台应该充分利用自身优势,参与到车货交易的过程中,为平台用户提供多样化的交易模式,实现闭环交易,使交易更加安全、高效,这样才能在竞争激烈的环境中占据一定的市场份额。

10.3.3 平台功能需求分析

可实现竞价交易的公路货运信息平台,其功能主要分为三大模块,即用户信息管理模块、货运交易管理模块、用户信用管理模块,其中货运交易管理模块是平台的核心模块。

1. 用户信息管理

用户信息管理主要指对平台用户的基本信息进行收集和维护,这是平台的基本功能(表 10.1)。现有的公路货运信息平台已经具备管理用户基本信息的功能。但是,竞价交易对平台用户的信息管理要求更高,货运信息的完整性以及详细程度直接影响车货匹配的效率。因此,平台对货源信息的发布要进行一定的约束,平台用户必须填写货物的名称、车型、车长、载重、货运区间、装卸时间、联系方式等基础信息,信息不全的不予发布。规范货运信息的发布,有利于平台对货运信息进行归类,为竞价交易创造条件。

表 10.1 平台用户基础信息

货运基础信息	具体内容
货主信息	公司名称、公司地址、联系人、联系方式、法人姓名、身份证号、营业执照等
司机信息	姓名、照片、身份证号、联系方式、驾驶证、营运证、行驶证、驾龄等
货源信息	货物的名称、类型、重量、体积,以及所需车型、车长、货运区间、装卸时间、货主联系方式等
车辆基础信息	车型、车长、载重、容积、可承运的货物类型等
车辆运营信息	车辆所在的位置、是否空载、是否满载、目的地等

2. 货运交易管理

货运交易管理是实现竞价交易的关键。本章主要构建一个能够实现竞价交易的平台,其功能主要分为以下几个模块:竞价模块、运输合同签订模块、商业保险服务模块、交付管理模块。其中,竞价模块主要是实现竞价交易;运输合同签订模块负责运输合同的签订,为了保障车主和货主的利益,合同一旦生成,双方就要履行相应的责任;商业保险服务模块,主要是为运输业务提供保险服务;交付管理模块主要记录货物运输的全过程,包括车辆的定位、货物追踪等,从而便于货主实时了解货物的动态信息,在货物运输完毕后,货主进行在线支付,这样便实现了闭环交易,能够保障交易的顺利实施,降低交易风险。

(1)竞价模块。包括竞价窗口的创建、报价、中标等几个子模块。平台会将某一时间段的信息整理归类,并根据货运信息的属性创建多个竞价窗口,竞价窗口展示了该窗口所需的车型以及货源的具体信息。司机可根据自身的需求进入竞价窗口,并在规定的时间内提交报价信息。司机相互之间不知道对方的信息,只能看到自己的报价信息。报价结束后,平台将选择具有社会效益的报价结果。对于运费,则是报价最低的中标。未中标的选择进入其他竞价窗口,中标者则进入下一环节。

(2)运输合同签订模块。由平台针对具有不同属性的货物提供相应的基础运输合同,在此基础上,对于责任的界定、支付方式等,车主和货主双方再做补充。同时,双方通过在平台上加盖电子章等完成合同签署。签署电子合同后,合同即生效,双方按合同履行责任。

(3)商业保险服务模块。该模块的主要功能是为平台用户提供交易保险服务。平台与保险公司合作,为车和货的交易过程提供保险业务,交易双方可按照自己的意愿购买相应的货物运输保险,以为货物运输提供更为安全的保障。

(4)交付管理模块。合同签署后生成交易订单,订单一旦生成,交易双方就开始履行合同内容。这一模块主要是实现车辆位置的实时定位,以保证运输线路的最优以及车货的安全性。其中,运输路线的智能优化,主要借助于一些路径优化算法。同时，平台会根据路况、天气等信息智能推送最优路线，供司机参考。另外，平台主要依靠全球定位技术、RFID 技术、传感器技术等来实现对车辆位置的追溯和货物实时状况的监控，并将相关数据存入车货运营信息数据库。在发生异常情况时，平台会记录车辆等的相关信息并发出报警，以降低事故发生率，保障交易的质量和安全。

3. 用户信用管理

用户信用管理模块的主要功能是负责平台用户的信用管理。平台为货运从业人员提供了信息服务，方便了货运交易，但是要保障交易的顺利实施，以及维护平台上的交易秩序，需要有一套完善的规则来约束交易双方。货运从业人员数量庞大，并且结构较为复杂，管理起来难度大。因此，平台用户的信用管理尤为重要。平台主要通过设置评价模块，在每一次交易结束后，让交易双方按照评价指标(表 10.2)一一打分。平台将根据用户的历史交易情况以及车主和货主的互评，对用户的信用进行定期评分。平台用户的信用是交易的通行证，有了良好的信用记录，平台用户才能更好地进行车货匹配，享受更多的权益。因此，完善的信用管理体系，有利于创建更为真实的交易环境，净化平台交易市场，促使平台健康发展。

表 10.2　评价指标

评价对象	评价内容	评价得分(百分制)
承运方(车主)	车辆基础信息 车辆外观完整度 证照是否齐全	
	运输能力 车辆承载能力 是否存在违规操作	
	服务水平 按时到达货源地 按时到达目的地 准确到达目的地 货物完整度 服务态度	
托运方(货主)	货源信息 货源信息真实度	
	服务水平 积极配合承运方 是否按合同付款 服务态度	

10.4 公路货运信息平台 VCG 竞价交易机制设计

要实现公路货运信息平台上的竞价交易，首先要为竞价交易的发生创造条件。目前货运信息平台上的货运信息量大，这不利于竞价交易的发生。因此，应该将货运信息进行分类整理，并逐步细分货运市场，通过创建不同的竞价窗口实施竞价以提高交易的效率。而平台上竞价的发起者，应事先公布竞价流程以及配置规则、支付规则。竞标者则根据成本、偏好以及市场价格，进行理性报价。

本章研究的是单边竞价，竞标的发起者是货运信息平台，拍品是货主发布的货源信息，竞标者是车主。竞价机制的设计，主要是明确货运信息的分配规则，以及货主需要支付的费用，也就是中标者(车主)完成此次运输交易能够得到的报酬。竞价流程如图 10.4 所示。

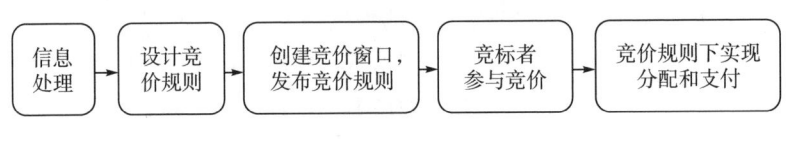

图 10.4　竞价流程

10.4.1　货运市场信息处理

每时每刻都有大量的货运信息出现在货运信息平台上，平台拥有大量的货源信息数据和车源信息数据，在大数据环境下，平台更容易实现车和货的最优匹配和社会效益最大化。而通过竞价交易的方式，平台能够更为全面地掌握信息，并挖掘尾部数据及其价值，促使车和货实现最优匹配，使市场价格越来越透明。因此，货运信息平台首先应该为竞价交易的发生创造条件，而其中的第一步则是对货运信息进行处理。由于货物运输的多样性、非标准化，为保障信息筛选的有效性，货主发布货源信息时需要发布货源的名称、重量、所需车型以及所需车辆数量、运输区间、装车时间等。同时，为避免同一货源信息重复出现在信息平台上，应规定同一货源信息一天内不得重复发布。

在货运信息平台上，货运信息分为整车运输信息和零担运输信息，零担运输涉及拼装问题，较为复杂，因此本章只针对整车运输的货源进行竞价交易的讨论。竞价交易的发生需要平台为其创建竞价窗口，本章主要通过对货运信息进行细分来缩小货源范围。

首先，按照运输区间对平台上的货运信息分类，一般以市为字段进行筛选。那么，海量的货运信息就被分为多个"货运信息圈"，每个货运信息圈中的信息有一个共同点，即出发地与目的地的市级区间一致。然后，对每个货运信息圈中的信息再次进行分类，这次的分类标准是需求车型。目前在货运市场上，主要的车型有平板车、高栏车、高低板车、厢式车、冷链车、危险品运输车等（图 10.5）。

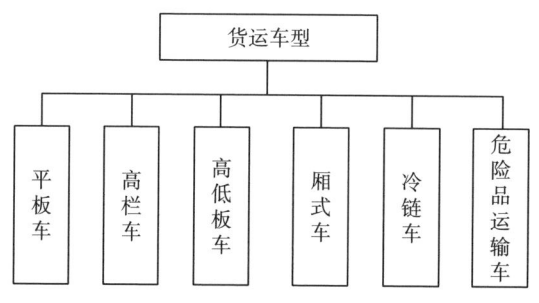

图 10.5 货运车型分类

对车型分类后，同货运区间且同车型的货运信息就被划分在一起。此时，需要对这些货运信息进行再次区分，若存在相同货物且运输区间一致（即市级区间一致），但是具体的装货地点和卸货地点不同，则将这种货物称为同质货物，除此之外的称为异质货物。因此，每个竞价窗口中的竞价可分为同质货物间的竞价和异质货物间的竞价。将货运信息按上述规则分类后，平台创建竞价窗口，并且可以同时发布多个货物的竞价信息。车主首先根据自己的需求筛选货运区间，在找到符合自己需求的货物后，进入竞价环节。而网络竞价可以实现多个竞价的同时进行，从而大大提高了竞价的效率，这也是传统线下竞价模式做不到的。

10.4.2 同质货物间 VCG 竞价机制设计

对于同质货物间的竞价，因为货物属性相同，运输区间的市级单位也一致，只是具体装卸货物的地点不同，因此，竞标人在报价时是对单位运距（吨/公里）进行报价。那么，总运费=总运距×货物重量×单位运距报价。

假设有 m 批同质货物，n 个竞标人参与竞标。其中一批货物需要 1 辆车运输，同一交易人若交易多批货物则被虚拟为多个交易人，同一竞标人有多辆运输车辆则被虚拟为多个竞标人。竞标人在竞价过程中不知道竞价交易市场的情况，且竞标人匿名报价。

(1) 质量符号说明：m 批同质货物，n 个竞标人；N 表示竞标人的集合；M 表示货物的集合；$\hat{v}_i$ 表示竞标者 i 的报价；v_i 表示竞标者 i 的真实估价。

(2) 分配规则：对报价进行排序可得 $\hat{v}_1 \leqslant \hat{v}_2 \leqslant \cdots \leqslant \hat{v}_m \leqslant \hat{v}_{m+1} \leqslant \cdots$，报价较低的前 m 个竞标者中标。货物被随机分配给中标者。

(3) 支付规则：①赢得交易的采购方支付所有失标的竞标方中的最高报价，即赢标者支付 $p_j = \hat{v}_{m+1}$（因有 m 个单位的货物需运输，所以失标的转入报价人中的最高报价用 $p_j = \hat{v}_{m+1}$ 表示）；②当转入方 j 失标，支付为零。

中标者 j 的单位运距收益为：$u_j = \hat{v}_{m+1} - v_j$。由中标者收益的结果可知，中标者 j 的收益与他的报价无关，与其他人的报价有关，和自己的真实估价有关。

1. 公路货运信息平台 VCG 竞价交易的运行机理

公路货运信息平台本身造就了货运信息的大数据，大数据不仅包括平台上大量的货源信息和车源信息，还包括用户浏览信息以及历史交易数据，这些数据能够反映我国货运行业的市场运营情况，对物流运输行业的发展产生巨大影响。现有的公路货运信息平台已经拥有了大量的货源信息和车源信息以及交易信息，那么这些数据信息怎样发挥其价值才能更好地服务于车货匹配过程，是挖掘数据价值的关键。传统的公路货运市场无法较为全面地掌握货运信息，因此只能进行小范围的车货匹配，而具有海量货运信息和车辆信息的公路货运信息平台，能够全面地反映市场需求。当前，虽然公路货运信息平台还处于发展阶段，但是平台已经具备信息集聚的功能，可运用相关经济学理论和交易机制的设计去分析和揭示货运信息所蕴含的市场价值，通过有效的供需匹配机制去推动货运资源的有效配置，充分发挥平台的价值。

竞价机制是一种较好的价格发现和资源配置机制。竞标者根据机制设定的配置规则和支付规则，通过竞争性报价作出最优的决策。随着互联网、大数据、云计算等技术的不断发展，利用网络技术将竞价交易机制应用到公路货运信息平台的交易过程中越来越有可能，信息平台上的网络竞价，与传统竞价最大的区别在于参与主体和竞价速度不同。首先，传统竞价的参与主体局限在一个较小的范围内，参与主体的数量比较少，而在信息平台上，参与主体不再局限于某个范围，整个信息平台上的用户都可以参与竞价。其次，网络竞价具有较快的竞价速度，且更为有效便捷。传统的竞价是在小范围内实施，参与竞价的人数有限，且参与者必须到交易现场，而网络竞价能够避免这一缺点，平台用户可以通过信息平台参与竞价，也可以通过移动端应用软件随时随地参与竞价。不过，由于现有的公路货运信息平台大都整合的是货运市场中的零散用户，且这些零散用户的需求不同，因此存在大量的"长尾数据"。而通过竞价的过程可将这些长尾数据反映出来，体现用户的真实需求，从而实现车和货的最优匹配，发挥长尾数据的价值。因此，在大数据环境下，若将竞价机制很好地应用到平台车货交易的过程中，则会给整个货运市场带来巨大的经济效益。

现有的公路货运信息平台大都是由司机来寻找货源，在车货匹配的过程中，司机是主动方。因此，本章也从司机的角度出发，主要研究单边竞价，即由货运信息平台对货运信息进行整理分类并发起不同的竞价窗口,车主根据自己的需求参与竞价。竞价结束后,由平台在竞价规则下实现资源配置和运费支付。在这个过程中,平台能够掌握更为真实的价格信息,从某种程度上讲,这也是当下市场条件下发现资源价值的一个过程。因此,在大数据环境下,对公路货运市场中的车货匹配过程应用竞价交易机制,能够提高车货匹配的效率,在较大范围内实现车货的最优匹配,提高平台的核心竞争力,在很大程度上改变货运市场的格局。

2. 竞标者策略分析

根据上述分配规则和支付规则,这里讨论交易规则是否满足激励相容约束与参与理性约束。

1) 激励相容性分析

首先,在上述的支付规则下,分析竞标者的最优策略。竞标者对货运信息的真实估值是 v_j,那么竞标者在投标时,报价可能会高于真实估值,也可能低于真实估值。

第一种情况,竞标者高报,即 $\hat{v}_j > v_j$,分为两种情况讨论:

(1) 在真实报价中标的情况下,竞标者高报依然中标,此时,其收益不变(收益与自身的报价无关);高报可能会失去中标机会,收益为 0。因此高报无意义。

(2) 在真实报价失标的情况下,高报仍然失标,高报无意义。因此,竞标者高报将会使之处于劣势地位。

第二种情况,竞标者低报,即 $\hat{v}_j < v_j$:

(1) 在真实报价中标的情况下,低报仍然中标,但由于其报价与收益无关,所以低报不能增加其收益,所以此时低报无意义。

(2) 在真实报价失标的情况下,其低报有两种可能:若低报没中标,没有意义;若低报中标,此时中标者 j 的单位运距收益 $u_j = \hat{v}_{m+1} - v_j$,又由于 $\hat{v}_{m+1} > \hat{v}_j$,且 $\hat{v}_j < v_j$,所以 $u_j = \hat{v}_{m+1} - v_j$ 可能小于零,即此时竞标者可能因低报中标而获得负效用,由于是非完全信息博弈,竞标者不知道其他人的报价,竞标者不能排除低报而获得负效用的情况,所以低报是劣策略。

综上,竞标者的最优策略是"讲真话",即报价等于真实估值,因而使得该规则也满足激励相容约束。

2) 参与理性分析

参与理性就是参与者参与竞标得到的收益不会低于不参与竞标的收益。由上文分析知,竞标者的报价即为真实估价。那么,对于中标者,由于真实报价为其占优策略,所以 $\hat{v}_j = v_j < \hat{v}_{m+1}$,如果此时其参与竞标,获得的收益 $\hat{v}_j = \hat{v}_{m+1} - v_j > 0$;对于失标者,参与竞标,收益为 0,不参与竞标,收益也为 0。因此,参与竞标,不管是中标,或者是失标,其收益都不会小于 0,满足参与理性。

3. 算例

设有 4 批同质货物,货物类型是重货,从 A 市运往 B 市,8 个竞标者参与竞标。为便于计算,对每吨货物每一百公里的费用进行报价,如表 10.3 所示。

表 10.3　竞标者的报价　　　　　　　　　　　　　　　(单位:元)

竞标者	v_1	v_2	v_3	v_4	v_5	v_6	v_7	v_8
报价	35	40	50	55	60	65	70	80

通过报价,前 4 个竞标者中标。每个中标者得到的单位运费,即交易价格为 $v_5 = 60$,获得的收益为:$u_1 = 60 - 35 = 25$,$u_2 = 60 - 40 = 20$,$u_3 = 60 - 50 = 10$,$u_4 = 60 - 55 = 5$。

从算例中可以看出,每个中标者得到的单位运费相同,即同属性的货物从 A 地运往 B 地所需的单位运费一样,这也符合实际情况。但是每个中标者的单位收益有所不同,这与中标者自身对货物的真实估价有关。

10.5　以"货车帮"信息平台为例

10.5.1　"货车帮"信息平台现状

1. "货车帮"的发展现状

"货车帮"发展至今,已成为公路互联网物流产业的领先者。"货车帮"的企业愿景是让三千万货运司机活得更有尊严,完善中国公路物流基础设施。经过几年的发展,在"互联网+高效运输"领域,"货车帮"在降低公路货运物流成本方面已取得成果,其货运供需信息已经实现线上平台的实时共享,从而将分散的货运市场有效地整合起来,提高了公路物流运输的效率。据"货车帮"官网介绍,其诚信会员有 520 万人,认证货主会员有 125 万人,每日货源信息 500 万条。"货车帮"已经实现了货源信息和车源信息的网络化,以及车主和货主之间的直接沟通,并且仅 2017 年一年就节省了 860 亿元的燃油损耗费用,减少了 4600 万吨的碳排放[①]。目前,"货车帮"已经成为公路物流信息平台领域的"独角兽"。在过去的几年里,"货车帮"主要从以下几个方面促进自身的发展。

第一,建立了公路货运信息平台,推出了面向货主和车主的两款应用软件,整合了社会零散运力,形成了强大的"公共运力池";同时,通过地推,建立了货运信息网。平台拥有强大的运力池和货运信息网,实现了线上车货匹配,有效地提高了运输效率,降低了货运成本,提升了货物周转效率。

第二,开发车辆后市场。"货车帮"不仅是提供车和货的信息平台,而且还对车辆后服务市场进行业务拓展,这也是"货车帮"的盈利来源之一。此外,"货车帮"是中国货车 ETC 最大发卡和充值渠道,同时还为货车司机提供汽配、保险、贷款等多项服务,具有一体化的服务体系,这不仅增加了平台的收益,而且也为司机提供了优质的服务,让货车司机享受到了更为人性化的服务。

第三,随着互联网、云计算等技术的发展,"货车帮"联合阿里云大数据团队共同打造了"全国公路物流指数"。在"货车帮"的信息平台上,有专门反映全国公路物流指数的信息,其能够反映出日货运量、日发货量、日交易额,全国各地的货运活跃指数、流入和流出的货运量、货车分布的情况、车型数量、占比等,也能够较为直观地反映出我国公路货物运输流向,以及车和货的分布情况,从而为分析和预测我国公路货运行业的发展趋势提供了依据。同时"货车帮"还将大数据应用到"一带一路"、公铁联运、公共服务等多个领域,促进了我国物流行业的发展。

2. 平台现有交易方式

"货车帮"信息平台分别面向司机和货主推出了应用软件,司机通过司机端应用软件完成车和身份信息验证后,便可在应用软件上寻找货源信息。货主通过货主端应用软件完成身份信息验证后,便可发布货源信息。在现有的应用软件上,货车司机可以选择货物的出发地和目的地,通过筛选货运区间查看货源,在找到合适的货源后,需要联系货主,核实货源信息,并协商运输相关事宜。在车主和货主双方达成交易后,结算方式由双方协商确定,可在线下自行结算,也可通过平台在线上结算。"货车帮"信息平台车货匹配流程如图 10.6 所示。

当前这种交易方式能够实现车和货之间的线上匹配,改变以往线下"车找货"的现象。而线上车与货的成功匹配,在很大程度上取决于货源信息和车源信息的真实程度,以及双方的信任程度。虽然在平台的初步发展阶段,这种交易方式改变了公路货运车货匹配的方式,但是随着业务需求对平台的要求越来越高,如何利用平台优势提高车货匹配的效率,并尽可能地促成车和货的最优匹配,实现社会效益最大化,成为平台需要深入研究的问题。

---

① 数据来源:http://www.huochebang.cn/details#dynamic/57。

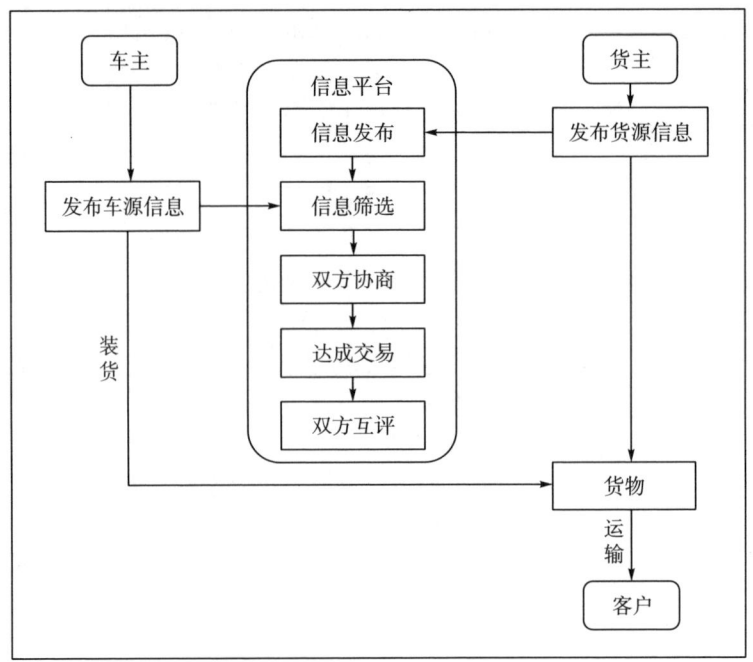

图 10.6 "货车帮"信息平台车货匹配流程

10.5.2 "货车帮"信息平台竞价交易构思

平台会针对某一时间段 T 内的货源信息进行整理,并将这些货源信息按照分类规则进行分类,然后创建不同类型的竞价窗口。当竞价窗口开放后,设置其开放时间 t,在时间 t 内,竞标者随机进入窗口进行报价。由于竞标者参与竞价具有动态性质,因此竞标者的人数是未知的。竞标者匿名参与竞价,并在竞价窗口内提交报价,当竞价结束后,平台对报价进行排序,同时按照分配规则和支付规则完成车货匹配,然后进入交易阶段。具体流程如图 10.7 所示。

1. 货源信息的处理

图 10.8 是"货车帮"信息平台的货源信息界面。平台用户在界面上能够选择出发地和到达地,并根据需求选择相应的货运信息圈。以"贵阳—遵义货运信息圈"为例,选择运输区间后,货源实时信息将会出现在界面上。

这里,本书借助这些实际货源信息,给出具体的竞价流程。首先将这些货源信息整理到表格中,并进行分类。将需求车型为平板高栏的归为高栏,平板高栏高低板的归为高低板。货源详细信息见表 10.4。

第十章 公路货运平台竞价交易机制

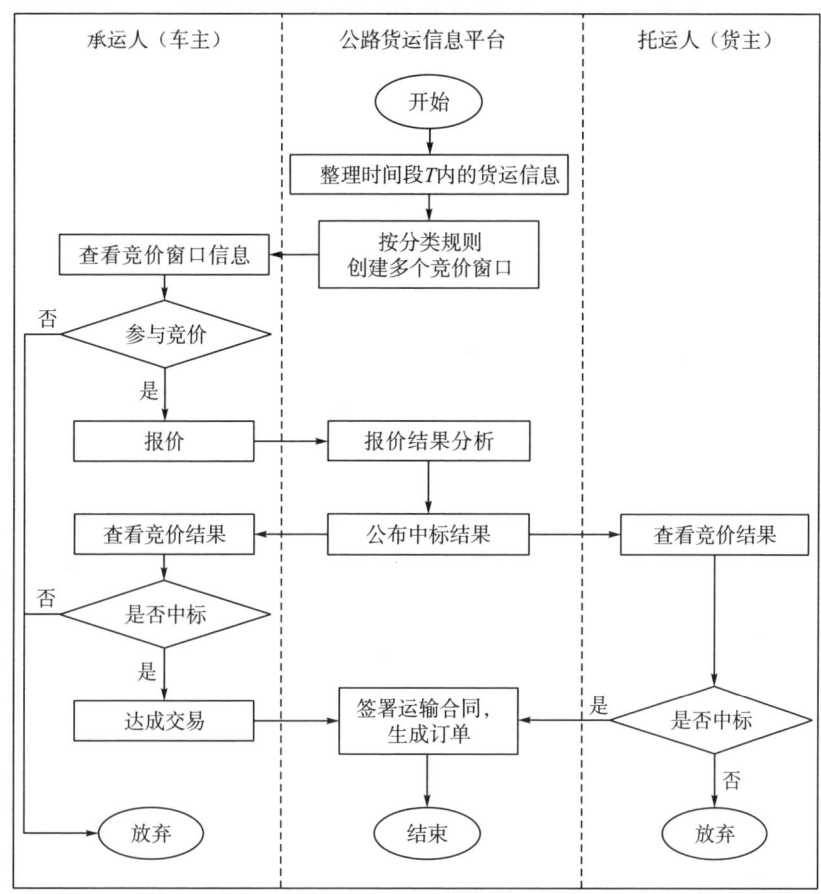

图 10.7 "货车帮"信息平台竞价交易具体流程图

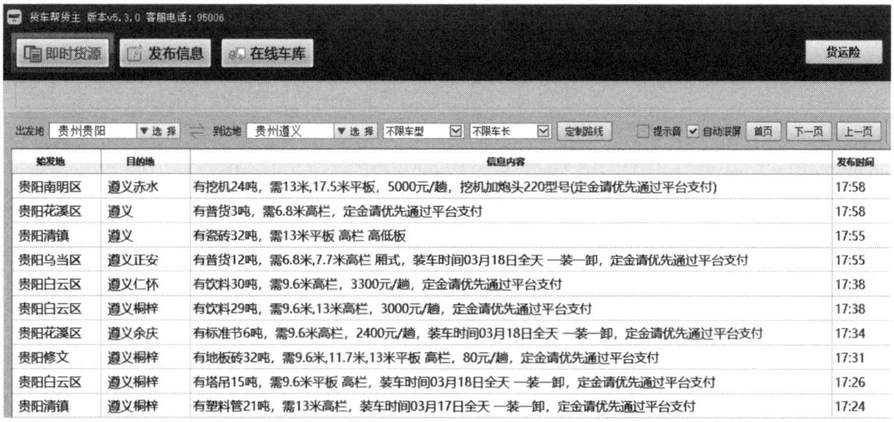

图 10.8 "货车帮"信息平台的货源信息界面

表10.4 货源信息

货源编号	始发地	目的地	详细信息
1	贵阳南明区	遵义赤水	有挖机24吨，需13米、17.5米平板
2	贵阳花溪区	遵义	有普货3吨，需6.8米高栏
3	贵阳清镇	遵义	有瓷砖32吨，需13米平板 高栏 高低板
4	贵阳乌当区	遵义正安	有普货12吨，需6.8米、7.7米高栏 厢式
5	贵阳白云区	遵义仁怀	有饮料30吨，需9.6米高栏
6	贵阳白云区	遵义桐梓	有饮料29吨，需9.6米、13米高栏
7	贵阳花溪区	遵义余庆	有标准节6吨，需9.6米高栏
8	贵阳修文	遵义桐梓	有地板砖32吨，需9.6米、11.7米、13米平板 高栏
9	贵阳白云区	遵义桐梓	有塔吊15吨，需9.6米平板 高栏
10	贵阳清镇	遵义桐梓	有塑料管21吨，需13米高栏

根据表10.5中的信息，首先按需求车型进行分类，货源2和货源5～10的需求车型为高栏，其中货源5和货源6为同质货物。货源1的需求车型为平板，货源3的需求车型为高低板，货源4的需求车型为厢式。货源信息的具体分类如图10.9所示。

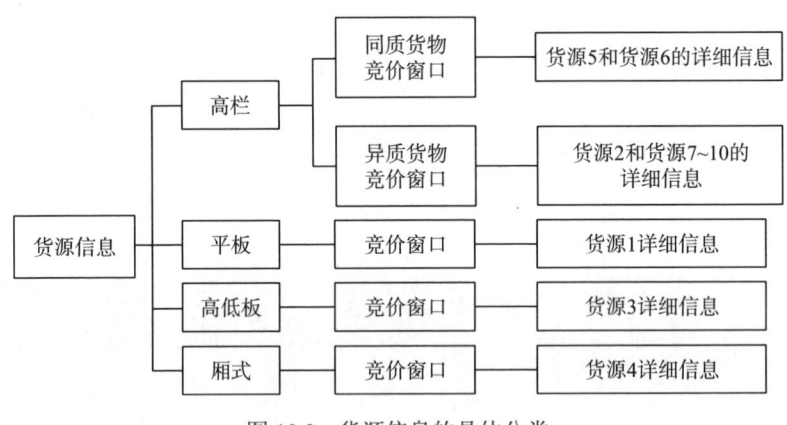

图10.9 货源信息的具体分类

2. 竞价过程

车主选择"贵阳—遵义货运信息圈"，并根据自己的车辆的车型，进入不同的竞价窗口参与竞价。在规定的竞价时间内，车主进行匿名报价，即车主相互之间不了解对方的报价。竞价结束后，竞价窗口关闭，平台对竞价结果进行分析，若某货源信息没有报价，则其竞价失败，继续进行下一轮竞价。对于n批同质货物的报价，对报价结果进行排序，报价较低的前m个竞标者中标。若$n \leqslant m$，则

第十章 公路货运平台竞价交易机制

n 批货物全部被匹配；若 $n>m$，那么只有前 n' 批货物被匹配，$n'=m$。未匹配成功的货物将进行下一轮竞价。对于异质货物间的竞价，对每个货源的报价分别进行排序，报价最低的中标。若一个竞标者同时中标多个货源，则由竞标者自己选择交易对象。下面针对不同车型进行竞价分析。

1) 高栏车型的竞价

竞标者对单位运距进行报价，为便于计算，对每吨货物每一百公里的运费进行报价。假设有五个竞标者进入高栏车型下的同质货物竞价窗口，报价信息如表 10.5 所示。对报价进行排序，第一个竞标者和第三个竞标者中标，系统自动分配货物，将货源 5 匹配给 b_1，货源 6 匹配给 b_3。中标者得到单位运费 $p=b_2=40$ 及收益为：$u_1=40-35=5$，$u_3=40-37=3$。

表 10.5 同质货物的报价信息 （单位：元）

竞标者	b_1	b_2	b_3	B_4	b_5
报价	35	40	37	42	45

2) 平板车型的竞价

只有货源 1，假设有 4 个竞标者参与竞价，报价信息如表 10.6 所示。

表 10.6 货源 1 的报价信息 （单位：元）

竞标者	b_1	b_2	b_3	b_4
报价	5000	5200	4900	5300

分析报价结果，b_3 中标，其获得的运费和收益如下：$p=b_1=5000$，$u_3=5000-4900=100$。

3) 高低板车型的竞价

只有货源 3，假设有 3 个竞标者参与竞价，报价信息如表 10.7 所示。

表 10.7 货源 3 的报价信息 （单位：元）

竞标者	b_1	b_2	b_3
报价	4500	5000	4600

分析报价结果，b_1 中标，其获得的运费和收益如下：$p=b_3=4600$，$u_1=4600-4500=100$。

4) 厢式车型的竞价

只有货源 4，假设有 5 个竞标者参与竞价，报价信息如表 10.8 所示。

表 10.8　货源 4 的报价信息　　　　　　　　（单位：元）

竞标者	b_1	b_2	b_3	b_4	b_5
报价	1900	2000	2100	2300	2200

分析报价结果，b_1 中标，其获得的运费和收益如下：$p=b_2=2000$，$u_1=2000-1900=100$。

上述所有中标者，应接受匹配结果，按照交易流程完成交易，如果因个人原因拒绝匹配，则应支付一定金额的赔偿。未中标者可继续参与下一轮竞标。

3. 签订运输合同

匹配成功的车主和货主，进入下一流程，即签订运输合同。平台会给出不同类型货物的运输合同范本。车主和货主双方可根据实际情况做相关补充，如结算方式以及其他权责关系等，签订运输合同后，运输合同生效，车主和货主双方必须履行各自的责任。

4. 货物交付

在公路货运业务中，运输也是关键的一步。将货物安全、高效地送达客户，是提高货运质量的核心。现代物流技术对于打造高效物流扮演着重要的角色，其中，基于 RFID 技术和全球定位技术的智能物流管理信息系统，可以高效准确地对货物信息进行收集、存储、传输、加工、整理、维护和输出，是物流过程中制定运输路线时强有力的支撑。并且出现异常情况时，该系统能及时发出警报通知物流人员，可避免货物的丢失，降低损失。货物卸车完毕后，由接收方通知发货人货物已安全送达，然后货主通过平台结清运费，交易完成。

5. 信用评价

在交易结束后，还有尤为重要的一环，即评价环节。货主须对车主的服务水平打分，车主须对货主的服务水平打分，这是平台完善用户信用评价的一个重要参考依据。

10.5.3 竞价交易的价值体现

将竞价交易引入公路货运信息平台的交易过程中，给公路货运信息平台的发展提供了方向。该交易方式下平台为竞价组织方，货主和车主是参与方，平台不仅为信息交换提供了场所，同时也是促使车货匹配的主体，这充分发挥了平台的价值，并提高了平台的核心竞争力。将竞价交易应用到公路货运信息平台的车货匹配过程中，其优势在于以下四个方面。

(1) 提高车货匹配效率。要实施竞价交易，首先应使平台上货源信息、车源信息的发布更为规范化、标准化，并对复杂的货源信息进行分类，使平台用户更容易找出自己所需的货源。竞价交易将货运交易的过程从线下转移到线上，并通过第三方促成交易，这节约了司机寻找合适货源的时间和车主与货主之间直接谈判协商的时间，提高了车货匹配的效率。此外，平台通过对货运信息进行分类、整理并创建多个竞价窗口，可以实现多个竞价交易同时进行，从而大大提高了交易的效率。因此，竞价交易的实施，能够提高平台车货匹配的效率。

(2) 促进资源的最优配置。有效的资源配置要求资源流向能发挥其最大价值的地方。竞价交易过程是一个能够反映卖家或买家估价的价格发现过程。在特定的分配规则和支付规则下，"讲真话"是竞标者的占优策略。在竞价交易的过程中，通过竞价，能够使货源以相对较低的运费成交，从而实现车和货的最优匹配。

(3) 提高交易的安全可靠性。将竞价交易应用到平台的车货交易过程中，使交易全过程都在线上进行，由此便实现了闭环交易，保障了货物的交易安全性，使交易更加规范、安全。

(4) 提高平台的核心竞争力。现有的货运信息平台大都依靠车辆后市场来盈利，随着"互联网+"、大数据、云计算等技术的飞速发展，车货匹配平台越来越多地出现在物流市场中。平台采用竞价交易机制进行车货匹配，可提升车货匹配的效率和平台用户的体验感，吸引更多的货源和运力，促进平台的健康发展，提高平台的核心竞争力。

10.6 结　　论

本章主要是对公路货运信息平台上的车货匹配过程进行研究。在大数据环境下，将竞价交易机制应用在车和货的匹配过程中，可实现车和货的最优匹配。本章主要的研究内容如下。

(1) 对现有公路货运信息平台的内涵和运营模式进行了梳理总结，并对纯信息平台模式、物流经纪人模式、线上平台+线下公路港模式和现有公路货运信息平台的交易方式及特征进行了分析。

(2) 对大数据环境下实现竞价交易的机理进行了相关分析，指出大数据环境更能发挥竞价机制的优势，通过竞价机制可提高车货匹配的效率。同时，对可实现竞价交易的公路货运信息平台的功能进行了分析。根据货运信息平台上的业务需求，将其功能分为三大模块：用户信息管理模块、货运交易管理模块、用户信用管理模块。

(3) 基于公路货运信息平台，对货运信息进行分类。首先将平台上所有的货源信息按照出发地和目的地的市级区域不同划分为一个个"货运信息圈"，在每个"货运信息圈"中，按照货源需求车型不同，对货运信息进一步细分。然后将同一需求车型的货源信息的竞价按照货物属性不同分为同质货物的竞价和异质货物的竞价，并给出同质货物竞价的支付规则、分配规则和异质货物竞价的支付规则、分配规则，同时对竞标者的策略进行分析，证明机制满足激励相容约束和参与理性约束。

(4) 以"货车帮"信息平台为例，给出具体的竞价交易流程。

由于关于公路货运信息平台运作方面的研究资料有限，本章还存在一些不足之处，需进一步研究和解决：①只考虑了单边竞价，即只有承运方参与竞价，托运方没有参与竞价，双边竞价是未来的研究方向。②只研究了整车运输的竞价交易机制，由于零担运输的复杂性，并没有对零担运输货物间的竞价交易机制进行研究。③对平台货运信息的处理还不够成熟，在实际应用中，仍需进一步完善。④虽然 VCG 机制是分配有效率和防策略性的，但是在合谋情况下是很脆弱的。本章只考虑了竞标者之间不存在合谋的情况，研究能规避竞标者之间互相串通合谋的竞价交易机制也是未来的研究方向。

参 考 文 献

[1] 何黎明. 2017年我国物流业发展回顾与展望[J]. 中国流通经济，2018，32(2)：3-7.

[2] 胡培，孙玺慧，张东芳. 车货匹配平台运营优化研究[J]. 中国储运，2018(3)：108-111.

[3] 周乐欣. 拍卖理论在物流交易中的应用研究[D]. 武汉：武汉大学，2010.

[4] MATS A，ALDIN N，STAHRE F. Logistics platforms for improved strategic flexibility[J]. International Journal of Logistics Research and Applications，2003，6(3)：85-106.

[5] MEJJAOULI S，BABICEANU R F. RFID-wireless sensor networks integration：decision models and optimization of logistics systems operations[J]. Journal of Manufacturing Systems，2015，35：234-245.

[6] DOMENICO G，CASSONE G C. Micro-simulation model supporting the management of an interregional logistic platform[J]. Procedia Social and Behavioral Sciences，2012，54：557-566.

[7] CHEN X，HUA L. Research on e-commerce logistics system informatization in chain[J]. Procedia Social and

Behavioral Sciences, 2013, 96: 838-843.

[8] ANTÚN J P, ALARCÓN R. Bases for feasibility analysis of logistics platforms at borders[J]. Procedia Social and Behavioral Sciences, 2014, 162: 6-14.

[9] 李慧. 配载型物流信息服务平台的车货供需匹配研究[D]. 北京: 北京交通大学, 2015.

[10] HAMMOND R G. Comparing revenue from auctions and posted prices[J]. International Journal of Industrial Organization, 2010, 28(1): 1-9.

[11] CHEN Y, BERKHIN P, ANDERSON B, et al. Real-time bidding algorithms for performance-based display ad allocation[C]//Proceedings of the 17th ACM SIGKDD International Conference on Knowledge Discovery and Data Mining, 2011.

[12] HUANG C I, CHEN J R, LEE C Y. Buyer behavior under the best offer mechanism: a theoretical model and empirical evidence from eBay motors[J]. Journal of Economic Behavior and Organization, 2013, 94: 11-33.

[13] CALDENTEY R, VULCANO G. Online auction and list price revenue management[J]. Management Science, 2007, 53(5): 795-813.

[14] 曾宇容, 王林, 袁泽沛. 物流公共信息平台与区域物流资源整合[J]. 科技管理研究, 2007, 170(4): 125-126, 130.

[15] 董千里, 尚鸿雁, 刘小东, 等. 物流信息平台的区分及规划构建研究[J]. 广西大学学报(哲学社会科学版), 2008, 30(2): 13-16.

[16] 葛禄青, 刘仲英. 物流公共信息平台的服务模式[J]. 现代管理科学, 2008(5): 36-37, 40.

[17] 王柏谊, 孙庆峰. 大数据时代物流信息平台构建与建设对策研究[J]. 情报科学, 2016, 34(3): 52-56, 61.

[18] 宋娟娟, 刘伟. 双边市场理论视角下物流平台运营机制分析——以公路货运平台为例[J]. 中国流通经济, 2015, 29(10): 28-33.

[19] 韩雍, 陈恭平. 拍卖、讨价还价还是固定价格?——网络交易定价机制选择的实证研究[J]. 外国经济与管理, 2016, 38(11): 29-44.

[20] 赵刚, 王小迪. 基于博弈论的物流信息服务平台收费定价分析[J]. 中国储运, 2012(11): 108-110.

[21] 吴铭峰, 王慧敏. 物流公共信息平台定价策略研究[J]. 统计决策, 2013(17): 51-54.

[22] 周乐欣, 宋山梅, 李露. 大数据条件下物流采购竞价交易模式创新研究[J]. 贵州大学学报(社会科学版), 2018, 36(2): 63-68.

[23] 宋玮, 赵跃龙. VCG 机制在 P2P 存储系统副本放置中的应用[J]. 计算机应用, 2010, 30(4): 860-864.

[24] 刘觉夫, 朱丙虎, 王华锋. 基于 VCG 机制的动态频谱分配算法[J]. 计算机工程与设计, 2015, 36(6): 1415-1419, 1424.

[25] 刘志新, 申妍燕, 关新平. 一种基于 VCG 拍卖的分布式网络资源分配机制[J]. 电子学报, 2010, 38(8): 1929-1934.

[26] 史武超, 吴振强, 刘海. 一种基于 VCG 机制的差分式隐私服务定价机制[J]. 计算机技术与发展, 2017, 27(6): 119-123, 129.

[27] 杨洋. 多因素运输采购服务的 VCG 机制设计[J]. 商界论坛, 2016(7): 265.

[28] 冯芷艳, 郭迅华, 曾大军, 等. 大数据背景下商务管理研究若干前沿课题[J]. 管理科学学报, 2013, 16(1): 1-9.

[29] 徐宗本, 冯芷艳, 郭迅华, 等. 大数据驱动的管理与决策前沿课题[J]. 管理世界, 2014(11): 158-163.

[30] 朱建平, 章贵军, 刘晓葳. 大数据时代下数据分析理念的辨析[J]. 统计研究, 2014, 31(2): 10-19.

[31] 俞立平. 大数据与大数据经济学[J]. 中国软科学, 2013(7): 177-183.

[32] 陈美. 大数据在公共交通中的应用[J]. 图书与情报, 2012(6): 22-28.

[33] 赵云山, 刘焕焕. 大数据技术在电力行业的应用研究[J]. 电信科学, 2014, 30(1): 57-62.

[34] 谢斌, 宋晓波, 窦国贤. 大数据技术在电力行业的应用研究[J]. 数字通信世界, 2018(1): 176.

[35] 马洁, 郑彩云. 应用大数据进行供应链物流服务升级的现状和需求分析[J]. 中国商论, 2019(4): 12-13.

[36] 姚源果, 贺盛瑜. 基于交通大数据的农产品冷链物流配送路径优化研究[J]. 管理评论, 2019, 31(4): 240-253.

[37] 王凯丽. 城际整车货匹配平台的模式选择与优化[D]. 北京: 北京交通大学, 2018.

[38] 郝聪. 公路干线货运中的车货匹配研究[D]. 杭州: 浙江理工大学, 2018.

[39] BRYNJOLFSSON E, MCAFEE A. Big data's management revolution[J]. Harvard Business Review, 2012, 90(10): 61-67.

[40] 孟小峰, 慈祥. 大数据管理: 概念、技术与挑战[J]. 计算机研究与发展, 2013, 50(1): 146-169.

后　　记

　　本书在分析以第三方物流崛起为代表的现代物流市场的基础上，结合信息技术的发展，认为将竞价交易制度引入我国物流交易市场来提升交易效率具有可行性；同时讨论了如何基于互联网信息技术构建物流竞价交易平台，并针对多种物流交易市场结构讨论了相对应的竞价交易形式和机制，以及物流资源竞价交易中可能的合谋机制。

　　竞价交易是一种简单但实用的能够反映卖者或买者估价的价格发现机制，特别是当物品或服务的价值不确定时。随着互联网使得信息传递和汇聚变得日益便捷，将竞价交易运用到竞争性产业的交易中变得更加现实。可以预见，竞价交易将被越来越多地运用在经济活动中。在物流领域，竞价交易要变成一个成熟的交易模式，需要注意以下几点：

　　第一，竞价交易模式的运用，需要买卖双方对被交易物品或服务达成共识，并且使得拍品可被刻画、可被约定、可被交付。所以，物流竞价交易的成功实施需要建立完善的物流标准、配套的物流评价机构和相关的政策法规支持。

　　第二，本书讨论的竞价交易机制，大多都假设竞标者的估价是同分布和独立的，在一个接近充分竞争的物流市场中，这样的假设是可行的，但现实中却存在估价分布可能不对称的情况，我们需要对这类情况做更多的研究。

　　第三，一个好的竞价交易模型，应该从大量的实验性研究中对运行效果进行评估，并在此基础上对自身和运行环境进行不断的完善。